九思堂集

이 책은 2014년도 정부(교육부)의 재원으로 한국고전번역원의 지원을 받아 수행된 '권역별거점연구소협동번역사업'의 결과물임.
This work was supported by Institute for the Translation of Korean Classics-Grant funded by the Korean Government.

韓國古典飜譯院 韓國文集校勘標點叢書/慶北大學校 嶺南文化研究院

九思堂集

金樂行 著 金英玉 校點

凡例

本文

1. 이 책은 金樂行의 文集인 《九思堂集》을 標點·校勘한 것이다.
2. 이 책의 底本은 韓國文集叢刊 第222輯에 실린 《九思堂集》이다.
3. 原底本은 著者의 子 始全이 家藏草稿를 바탕으로 蒐集하여 李象靖의 校正을 받은 것을 從弟 道行이 柳道源·長源 兄弟와 함께 編次하여 1801年 木板으로 初刊한 原集에, 著者의 後孫 鎭誠이 原集에서 漏落된 詩文 및 附錄을 蒐集·編次하여 1893年 木板으로 刊行한 續集을 合附한 것이다. 所藏處는 原集은 서울大學校 奎章閣藏本(圖書番號:古3428-377)이고, 續集은 同館藏本(圖書番號:奎12288)이다.
4. 이 책의 對校本은 奎章閣(奎12288), 國立中央圖書館(우촌古 3648-文10-163, 한46-가1851)을 참고하였다.
5. 校勘에 사용된 주요 參考資料는 다음과 같다.
   - 義城金氏大同譜:義城金氏大同譜編纂委員會, 1992年에 서울에서 刊行.
   - 密菴集:李栽 撰, 1810頃刊, 韓國文集叢刊 173, 國立中央圖書館(圖書番號:한46-가2250) 所藏, 民族文化推進會, 1999.
   - 霽山集:金聖鐸 撰, 1801年刊, 韓國文集叢刊 206, 延世大學校 中央圖書館藏本(圖書番號 811.98-김성탁-제) 所藏, 民族文化推進會, 1999.
   - 江左集:權萬 撰, 19世紀 後半頃刊 韓國文集叢刊 209, 延世大學校 中央圖書館藏本(圖書番號:811.98-권만-강-목) 所藏, 民族文化推進會, 1999.
   - 大山集:李象靖 撰, 1802年刊, 韓國文集叢刊 226·227, 國立中央圖書館(圖書番號:한古朝46-가530) 所藏, 民族文化推進會, 1999.
   - 百弗菴集:崔興遠 撰, 1816年頃刊, 韓國文集叢刊 222, 國立中央圖書館(圖書番號:한46-가835) 所藏, 民族文化推進會, 1999.
   - 大學衍義補:丘濬(明) 進呈;陳仁錫(明) 評閱, 國立中央圖書館(圖書番號:M古1-2007-717) 所藏.

• 昌黎先生集:韓愈(唐) 著;李漢(唐) 編;朱熹(宋) 校, 國立中央圖書館(圖書番號:古3747-3127) 所藏.
• 朱子大全:朱熹 著;柳希春 校, 國立中央圖書館(圖書番號:古朝44-나1) 所藏.
• 朱子語類:朱熹(宋) 撰;黎靖德(宋) 編, 國立中央圖書館, 1998.

6. 影印 과정상의 문제로 인해 현재 底本에서 判讀이 어려운 글자나 變形된 글자는 原底本에 의거하여 補充·訂正하고 별도의 校勘記는 달지 않았다.
7. 여러 參照本과 글자의 차이가 있을 경우 이를 校勘記에서 밝히고, 本文은 修訂하지 않았다. 혹 차이 나는 글자의 正誤와 관련해 校勘記에 校勘者의 見解를 밝히기도 하였다.
8. 本文의 誤謬가 명백한 경우 본문을 고치고 校勘記에 그 근거나 사유를 밝혔다.
9. 本文의 誤謬로 의심 가는 점이 있으나 根據할 만한 對照本이 없을 경우에는 校勘記에 그 내용을 언급하였다.
10. 底本과 異本 간에 글자의 차이는 있지만 어느 쪽이 옳은지 확정할 수 없는 경우 校勘記에 그 내용을 밝혔다.
11. 本文에 쓰인 異體字 가운데 현재 일반적으로 通用되지 않는 글자는 모두 代表字로 고쳐 쓰고 校勘記는 달지 않았다. 代表字 여부의 판정은 韓國古典飜譯院 異體字 檢索 시스템을 準據로 하였다.
    예) 盖, 蓋 / 窃, 竊
12. 板刻이나 筆寫 과정에서 관행적으로 通用하던 글자는 文脈에 맞게 고쳐 쓰고 校勘記는 달지 않았다.
    예) 己, 已, 巳 / 蕭, 簫 / 藉, 籍
13. 이 책에 사용된 標點符號는 다음과 같다.

。	疑問文과 感歎文을 제외한 敍述文 및 語調가 약한 命令文의 끝에 쓴다.
?	疑問文의 끝에 쓴다.
!	感歎文이나 感歎詞의 끝, 강한 語調의 命令文, 請誘文, 反語文의 끝에 쓴다.
,	한 文章 안에서 일반적으로 句의 區分이 필요한 곳에 쓴다.
、	한 句 안에서 竝列된 單語 사이에 쓴다.

·	名詞의 竝列이 重層的인 경우, 모점(、) 안에서 竝列語를 구분하는 데 쓴다. 書名號(《 》) 안에서 書名과 篇名 등을 구분하는데 쓴다.
;	複文 안에서 구조상 분명하게 竝列된 語句 사이에 쓴다.
:	완전한 引用文의 경우 引用符號와 함께 쓰거나, 話題 혹은 小標題語로서 文章을 이끄는 語句 뒤에 쓴다.
" " ' ' 「 」『 』	각각 1차, 2차, 3차, 4차 인용문에 쓴다.
【 】	原文의 註를 나타내는 데 쓴다.
《 》	書名, 篇名, 樂曲名, 書畫名 등을 나타내는 데 쓴다.
__	人名, 地名, 國名, 民族名, 建物名, 年號 등의 固有名詞를 나타내는 데 쓴다.
□	빠진 글자의 자리에 쓴다.
▨	毁損된 글자의 자리에 쓴다.

目次

1. 目次는 底本의 目錄과 관계없이 별도로 整理·收錄하였다.
2. 本文에 제시된 題目을 그대로 싣는 것을 원칙으로 하되, 題目이 없거나 文體名이 題目을 대신하는 경우 등은 여타의 제목에 準하여 임의로 작성하였다.
3. 底本의 誤謬가 분명한 경우는 修正된 사항을 目次에 반영하였다.
4. 題目 아래 附記된 紀年·人名·篇數 등은 原註로 처리하였다.
5. 底本에 被傳者의 이름이 明記되지 않은 墓誌·碑銘·行狀 등 傳記資料에는 그 이름을 조사하여 밝혔다.

目次

九思堂集 卷一

詩

九思堂集 卷二

書

九思堂集 卷三

書

九思堂集 卷四

書

九思堂集 卷五

書

九思堂集 卷六

書

九思堂集 卷七

雜著

九思堂集 卷八

雜著

序

記

識跋

箴銘

上樑文

九思堂集 卷九

告辭

祭文

哀辭

九思堂續集 卷一

詩

書

九思堂續集 卷二

雜著

九思堂續集 卷三

雜著

九思堂續集 卷四

附錄

九思堂集

卷一

詩

詩

除夜

燈懸耿不寐，牕外雨森森。
歲色爭今夜，人心惜寸陰。
過庭詩禮在，開卷聖賢臨。
多少丈夫事，從玆著力深。

謹次密庵先生韻【己酉】

滿庭青草證人心，夜雨新添活水深。
千古聖賢傳授法，試從夫子一言尋。

元夜會宿晴峯

拍拍鷄鳴盡，依依曙色侵。
雪風猶臘氣，梅柳已春心。
同志此俱在，含杯時復吟。

追從貴切琢，努力惜光陰。

送春日，同忍齋兄【宇漢】登晴峯，次程子韻

野闊山開際遠天，明花芳草挾晴川。
河南當日胸中樂，分與千秋此少年。

喜雲若【翼溟】書至，吟寄要次

草草逢前夕，蕭蕭望北隅。
千金雙木札，初日一童奴。
索我《中庸》說，知君學問儒。
村閭差淨帖，能復往來無？

忍齋兄寄長律，意寄甚遠，令人起懦，步其韻謝之

頹慵慙我粪墻然，見說眞工暗誓天。
《朱子節要》看兩歲，墨卿司戒告新年。
功名駁雜陳同甫，詩酒浮華李謫仙。
前日吾兄微受病，如今得力《近思編》。
【元韻有"暗將心事誓蒼天"之句】

忍兄及雲若送詩別，搆四韻謝之【庚戌】

清朝童子捧詩牋，彩鵲雙鳴屋下田。
古節中和回二月，暫時離別較三年。
池塘入夢新生草，山水知心獨有絃。
料得一溪還往處，賦梅吟柳已千篇。

登峩洋臺口占

有意過江洲，峩洋步暫休。
兩崖青雨後，雙鷺耿風頭。
地廢悲先躅，沙明媚遠眸。
浩歌歸落日，垂柳繫漁舟。

東海舟游

紫海輕舟倚晚風，黃雲秋色際寒空。
江河日夜朝宗處，天地東南廣蕩中。
銀浦問津憐漢客，蓬山採藥杳秦童。
酒酣欲寫玄虛賦，暘谷扶桑一望通。

仲春望日講會呼韻

遺規元自適翁傳，無恙青氈憶古先。
升座說經皆碩德，攝衣趨席共韶年。
春來氣色生楊柳，罇裏芳香比聖賢。
秉燭更成奇絶會，況當三五月盈天？

雲谷用陳潗韻

雨後春溪上碧苔，滿山桃李七分開。
君家正熟葡萄酒，今夜東臺候月來。

伏次族父雨溪公【命錫】韻

明時山野不知憂，麗日招邀到處游。
俗輩未應譏勝事，吾家元自篤風流。
芳華爛熳青梅節，杖屨婆娑碧柳洲。
獨有清詩輸好意，敦恩須向此中求。
【安石常携中外子姪游集，俗輩譏之。】

遣懷用《仙庵寓榻》韻

一隅乾淨地，千疊翠微中。
時節冰消壑，生涯冊滿籠。
大人停藥物，慈母有書封。
所以常開口，詩篇與子同。

辭家非浪跡，爲客自愁顏。
淨土終何處？潛居又此間。
氣來春木暗，風靜晝牕閒。
共是思親苦，萱堂隔幾山？

次權士安【正宅】韻

不有高符仲，難摸此洞天。
風樓無六月，雲物自千年。
涼韻朝生竹，澄光夜印泉。
淹留還惜別，叢峀月初圓。

象外雲霞卽爾居，灑然身世道人如。
追從自謂金蘭契，講討頻開布帛書。
濃翠滴樓山氣合，微涼生座雨聲疏。
偶成淹滯歸心切，徙倚闌干睡起餘。

元日遣懷【壬子】

南山松栢鬱千春，晨入高堂祝老親。
暖日和風初氣色，小梅疏柳已精神。
村隣雜沓爭呼侶，歲月蹉跎自感人。
一弟臘前江右去，離懷更切此佳辰。

扶仲【正漢】**送詩，次謝**

荒村門掩獨蕭然，土雨戎戎漲午天。
江上白雲看幾日？池邊青草夢新年。
惠來詩律吟驚鬼，淸坐書齋望若仙。
近日客懷頗慰瀉，與君酬唱欲成編。

里閭消息問樵兒，春盡悠悠小枕欹。
三面江山臨廣闊，幾家桑柘見參差。
題詩半是懷羣語，有夢無非拜母時。
爲客一旬驚節物，隔牕啼鳥似黃鸝。

落梅聯句【丙辰春，陽坡 柳正字丈訪家君留宿，夜有是作。】

爲愛寒梅樹，開花傍草堂。【陽坡】

芳根隣菊砌，疏影近書床。【雲谷】
縱乏西湖伴，能分庾嶺香。【霽山】
培成高品格，吐出好心腸。【晉行】
雨後增淸致，月中見淡粧。【宇漢】
方謀良夜賞，翻厭颶風狂。【陽坡】
瓊蝶飛當戶，玉妃舞倚牆。【霽山】
飄空還妬雪，鋪地却疑霜。【雲谷】
已壓羣花白，寧爭晩柳黃？【晉行】
落英不足惜，佳實且宜嘗。【宇漢】
曾怨遺《騷》屈，今逢和鼎商。【陽坡】
會當需此物，安得獻吾王？【霽山】
但恐靑黃色，同歸桃李場。【宇漢】
莫將曹酒煮，羞向狄籠藏。【霽山】
覽物憐蒲柳，論心勖桂薑。【陽坡】
吟詩當索笑，聊以佐淸觴。【霽山】

伏次大人《述懷》詩【丁巳】

忍淚讀詩罷，追憶在洛日。
四面起戈戟，危機諒非一。
兩兒伏街路，呼父聲未歇。
圜門咫尺間，半歲隔顔色。
廛岷或凝涕，井女歎忘汲。

人心同惻隱，胡爲彼愈激？
聖主肉骨恩，直欲隕闔室。
扶侍夜歸館，悲喜共未宿。
窮海一千里，不敢嫌瘴疾。
寢寤在父側，心同枯苗勃。
島俗頗義氣，周急如舊結。
伊我誠頑愚，未覺家鄉邈。
鬢底肉漸厚，寧非分所越？
天運迭流遷，夜晝及晦朔。
漸可得好會，滄海掛歸席。
願乞强餐飯，安意送時節。
少睡醫家忌，心虛不藏血。
末疾尙可治，弱氣難調息。
萬一致感傷，豈翅愁窮蟄？
堂闈自康寧，仲父日在側。
早晚北風至，手書替面目。

伏和《漢拏山歌》

漢拏山上天一尺，漢拏山下滄溟碧。
滄溟萬里隔塵土，天上羣仙下山石。
蓬萊、方丈平地起，豈如此山孤拔水？
借問本是何處山，流落何年乃於此？

海風掀山海濤怒，浮游動盪常欲去。
山英那得長自在？扶護眞是巨鰲助。
疊嶂橫嶺下遮藏，儼然中間勢特倨。
青霞白雲日蔚蔚，冷風霏雨無時歇。
南方從古苦熱爍，六月寒氷堆巖穴。
岡頭碧潭深不測，想應海水湧相屬。
一島黑墳獨此沙，白鹿仙人來濯足。
翠石點苔如巧冶，尋常溪壑皆詭奇。
異樹滿山不識名，柯榦雪白葉猗猗。
窮冬風雪青不改，紫花開落子離離。
攀崖穿林自蕭爽，彷彿新過仙人杖。
瓊漿灑滴萬樹露，鸞簫杳杳凝餘響。
城塵市喧焉得浼？咫尺人烟都滌蕩。
漢拏山容難悉陳，漏泄恐被仙曹嗔。
平生夢想何杳茫，那知今爲漢拏人？
開牕直可喚仙子，問我形骨幾分眞？
昨日偶過山之阿，山中獵夫何其多？
射殪麋鹿血灑林，涴却仙山仙應嗟。
寄語獵夫莫復爾，漢拏自是仙人家。
仙人上訴玉皇帝，殺爾鷹犬爾奈何？

伏次《苦雨》詩

苦哉耽羅雨！庯、蜀焉比方？
凡物皆刱見，玆事尤非常。
我來三月間，祇得數時暘。
理勢亦宜然，地在海中央。
隱隱乍見日，冥冥忽復滂。
狂飆送撩亂，寒雪助飄揚。
紙牕幾濕破？庭薪常走藏。
漸看野成川，不辨陂與塘。
洞獠已慣習，泥潦輒顚僵。
何但壞鞋屐？叵耐沾衣裳。
枕席驚青花，飮食愁濁漿。
有時逢驟至，出門歸蒼黃。
觸處多妨礙，隨事敗料量。
朝來忽覩天，相賀如獲祥。
倘令在夏月，政不憂旱蝗。
大暑豈肆虐？嘉苗豈枯傷？
今年時氣乖，不直由土鄉。
我欲訴上帝，雲蔽無由望。
上帝自愛民，寧可汨陰陽？
想得南海龍，專擅恣顚狂。
不然漢挐神，偸水長翱翔。
何時返清爽，里落除湫荒？

願將此日雨，甘霈趁春光。
飄零多感懷，獨坐青燈傍。

玉溝歌

海岸有村名玉溝，玉在崑山豈在溝？
崑山之玉天下寶，美質高價誰與侔？
合作瑚璉享太廟，合作圭璧贄公侯。
可以飾之王者輅，可以佩之君子裘。
方看玉人去上崑山頭，胡爲落此溝水流？
溝水汨濁浣玉面，兒童拾作瓦礫投。
韜光含彩竟不怨，知者過之獨繁愁。
崑岡自古多烈火，玉在溝中復何尤？
由來天寶不終棄，會見玉人還向溝水求。

南海歌

我家何在東海隅？漂泊如今落明都。
堂前百步南海水，南海之若坐可呼。
海岸中低平野闊，送我兩目入虛無。
汪汪大勢忽難測，漠漠萬里天與俱。
南去有國吾不信，北望寰土眇一稃。

桑田變化問何年？混沌開闢亦須臾。
鴻濛古氣獨不死，令我灝然懷唐、虞。
鳳鳥不至河無圖，夫子當年欲乘桴。
宇宙自有寬大地，快哉萬累何所拘？
丘陵坑坎皆遁形，一掃人間路崎嶇。
安得扁舟橫萬古，杳與無極以爲徒？
鯨潛波伏風送帆，南北東西任所徂。
悵然寄語南海若，知我不是小丈夫。

十二月十五日夜

我來方未久，似夢無分別。
但知隨親喜，未覺思家切。
日月漸遒逝，忽已冬之末。
故鄉阻音書，海國多風雪。
頑腸日以弱，愁緒日以結。
日入罷營爲，癡坐對寒月。
歷歷家中事，欲忘難決絶。
重闈體能康，阿季能無疾。
曾聞疫氣逼，安頓何可必？
北土異南方，今夜寒應烈。
床前酹魂處，南望倍愴咽。
我在大人側，慰解亦無說。

耽羅烏

耽羅烏! 耽羅烏!
天下有烏, 無如耽羅烏。
爾羣一何多? 飛鳴一何逼人廬?
人皆憎爾形與聲, 庭中之石打爾無。
或言烏鳴人病死, 死生在天烏奈如?
秖能作鬧擾, 亦足添一虞。
白晝傍人窺廚竈, 蹴破器物偸飧魚。
有雞生卵不成雛, 被爾攫食巢無餘。
人家惜雞不惜烏, 肯將雞雛飽爾徒?
彎竹注之能覺慮, 拍翅欲去蹲仍居。
種樹本要來祥禽, 祥禽不來爲爾棲。
夜宿高樹上, 曉已鳴相呼。
風喧海吼共愁亂, 使我孤夢不到太白山之隅。
欲斫樹樹可愛, 欲遠驅計亦疏,
吾將往請東家之獵夫。
獵夫金丸穿鹿脇, 射汝殺汝在須臾。

觀獵

東家曉飯西家催, 今日上山捉豬來。
五尺鐵銃橫兎袭, 十隊猛犬前徘徊。

睢盱啁哳相指顧，去向漢挐林藪隈。
窺广撲樹行且嘯，羣狗曳鼻走却回。
豬驚鹿駥竄不得，處處跳出生風埃。
青烟滿林齊發丸，勢如電掣聲如雷。
縱橫高下皆巧遇，不洞心胸卽貫腮。
一吼頓踣忽復騰，此時趕逐氣難裁。
尋常側身擁頭處，一齊曠然平地開。
懸崖絶壑度如飛，樹木撞胸自拉摧。
輕車突騎撕殺賊，驟雨狂風山冢頽。
俄然砲響更裂谷，已看殷血染蒿萊。
彼獸亦云猛且捷，遇之輒獲何其才？
【以下缺】

伏次《冬柏花》韻【花如牧丹小者，四時葉不改。窮冬亦放花結子，葉如山梔。】

富貴花兼松柏節，春光爛熳雪中條。
仍看結子和羹鼎，非是尋常紅紫嬌。
【土人取冬柏實油調味，如荏子。】

裁鄕書，伏次二絶

海陸茫茫萬里分，音書欲寄思逾紛。
和鳴自在堂前樹，遙羡鄕山鳥雀羣。

歲色行看舊換新，他鄕猶有未歸人。
但令世事隨天運，共是陰厓早得春。

元朝上大人【戊午】

共誰今日拜中庭？血祝祗應天地聽。
疾厄洗從滄海水，精光收盡老人星。
春生陰谷寃仍白，風送歸舟草正青。
報答君親終亦大，不妨重起在明廷。

今年王母八十一歲，病在床褥。自前夏禍作，凡危報不忍直告，獨抱離恨，迄于今茲，恩赦杳然，人理極矣。世之仁人孝子有聞於此，其必有動心者矣。亦以達於天聽，則聖明或有所惻然者矣。然顧安可得耶？北望涕泣，聊成一絶

危禍中間諱不知，倚閭空望好歸時。
西山日迫萊衣遠，天地悠悠奈此悲？

夢拜母氏

平生勤苦合膺休，晚景如何抱百憂？
顏面隔年空入夢，蕭蕭白髮已渾頭。

大人心事慰無辭，敢道愚兒戀母私？
最是百憂叢集處，高堂床褥獨扶持。

元夜成一絶，擬寄舍弟季通【霽行】

君如游鳥返林丘，我似浮萍逐水流。
萬里思親還一樣，不堪今夜兩鄉愁。

作內書，漫賦一絶

相逢十歲但憂虞，生育曾無一丈夫。
蓬首塵奩何足說？獨憐身命兩崎嶇。

記濟州城形，歸呈大人

別島堡西莽蒼地，漢挐北臂垂海流。

平岡環合中開局，乃有千年古雄州。
石城鞏緻可阻守，數丈其高五里周。
城下枳林何茂密，城上飛甍列譙樓。
板橋駕塹通人馬，兩邊木偶鐵索鉤。
登城引索橋拆開，蓋云緩急備外憂。
曲堞回複鐵關壯，陸地州郡鮮此儔。
完城隔海相表裏，國家政不憂南陬。
北岸石門虹霓臥，海水走入一城溝。
城南地勢依山高，歷歷城形坐可收。
門外數里演武堂，莫是是處閱操不。
城外未暇周覽遍，且就城裏一二求。
觀德亭在衢路上，亭前百步懸鵠帿。
武庫西畔布政司，其中營舍深而幽。
重門繚垣迷所向，朱碧玲瓏盪人眸。
延曦、臥仙兩閣裏，涼燠隨宜坐州侯。
閣下庭甓曠且闊，堂簷夜垂青布幬。
南牆碧色是果園，橘柚千樹相綢繆。
閣東近有望京樓，朱楹畫棟雲外浮。
登臨俯視萬里海，遠客羈人可暢愁。
廣宇正臨鐘閣北，軒名愛梅侯所游。
未及梅軒東轉步，長廊布列六碧油。
藥房東邊工肆連，壁上無數掛弨鍭。
又聞中有弘化閣，營廳更在梅軒頭。
其餘堂廨俱鉅麗，錯落重疊難悉搜。

北有客館西貳衙，黌堂書院直南丘。
院祠躋享問誰某？沖庵、淸陰與宋尤。
黌堂之後屹兩堂，名以運籌及贊籌。
閭閻櫛比可千戶，人物頗與中土侔。
夾道荒碑石兼銅，古昔賢侯功德留。
臨溪叢石自成岑，石面紅字臺名鏤。
樂育齋中養州士，建置云自舊侯由。
舊侯金公多異績，在在修葺勤度謀。
城東小榭臨官道，拜箋延赦於焉庥。
昔時露設多褻慢，金公刱之事尤休。
此島本是彈丸地，興廢由來幾千秋。
往事茫茫憑誰問？山雲海色同悠悠。

寒食日賦長律二篇，上大人

天恩隆重死難酬，其奈私情尙未休？
寒食佳辰窮海外，白雲何處故山頭？
庭林日暮慈烏咽，水國春深旅鴈愁。
聞道朝廷方大赦，不知論議及孤囚。

絶域扶將度幾時？漸看髭髮白垂垂。
私心每愧淳于女，知舊叨推蔡氏兒。
藥物愆宜誠轉薄，餱糧貽念職全虧。

故鄉尙有羣兄弟，阿季南來莫太遲。

自歎

從前頹懦壞心田，患難歸來轉苶然。
春氣困人晨未覺，雲邊憶弟晝仍眠。
數三爛簡何當了？九十韶光正可憐。
不識古賢胡命數，名成業就已吾年？

三月四日遣懷

當年未覺此行悲，袞袞羈懷漸不支。
海月幾看生白夜？春風又過踏青時。
家鄉杳杳無書札，父子寥寥對棘籬。
摠是人生前定在，小兒躁妄亦何爲？

常期隨父答鴻私，誰謂含冤負盛時？
街路半年長走泣，瘴鄉千里獨扶持。

奉次忍齋兄古詩，呈謝寓軒

珍重雲谷兄，遙慰我父子。
老親起居節，細諳自露齒。
我亦報羈況，請以慰閭倚。
大人自讀書，愚兒能不死。
萬事委天命，從傍聞義理。
古人至窮處，每令持以比。
神明默扶持，漸看蘇積毁。
便旋昔須人，如今能自起。
遂可停藥物，不復要醫視。
時時奉杖履，喜較蒼海水。
館主頗相敬，耳邊不聞諱。
吏隷亦慕德，僕僕拜庭戺。
州伯是新識，周餽如舊喜。
凡百皆苟完，可以送日晷。
較曩果焉如？得此亦足矣。
風土陋何傷？習俗同鄉里。
久恨阻家信，忽復見星使。
胸中極快活，有若《泰》變《否》。
此外多少事，不必更云爾。
吾道未終廢，公論有非是。
窮通與乘除，天運迭遷徙。
宗祊稱大慶，早晚下恩旨。

全釋縱難必，故鄉可稍邇。
聖主天地仁，豈無保終始？
島人爭來言，必不久於此。
或傳洛下議，其言亦如彼。
前年卜人云，吉在黃羊耳。
次第遂歸田，何用悲陟屺？
明歲亦不遠，安心姑且竢。
願兄告此意，曰非斯語詭。

聞赦差已過村外，積月，祝望之餘，心膽墜落，流涕賦之

聖代方多雨露垂，天涯正切祝望私。
赦書已報過門去，心事眞如落岸時。
公議秖今誰再發？卜人疇昔漫相欺。
極知愁色傷親意，觸境無緣可展眉。
【前年京城卜者謂“大赦時，當放還”，今歸虛妄矣。】

中秋夜雨中占韻【己未】

中秋月色向誰明？孤客惟聞滴雨聲。
但願朝來雲霧捲，碧天紅日照衷情。

旣望夜，伏次大人韻

寒聲淅瀝海門潮，對月秋風故國遙。
此夜何人吹玉笛，頓令心地自飄飄？

江上漫吟

平湖潮漲汎輕舟，望裏蒼蒼智異秋。
一棹尋眞容易事，可堪隨處自生愁？

待季通不至

鴻雁蕭蕭烏鵲飛，石墩東畔眼寒時。
渡頭立馬渾疑爾，門外呼僮却是誰？
嶺海間關非不念，庭闈朝夕苦相思。
應知密密縫衣處，寸草情深未便辭。

岳陽諸勝，固與巴陵眞境有大小，亦自奇特。顧無人粧點，精華不呈露，致來訪者憮然失圖可歎

不須喚作洞庭湖，自是沿江第一區。

無那世人爭笑侮，年來荒徑斷招呼。

層嶂平湖入草萊，驛亭官道更風埃。
虛加美號曾何補？埋沒無人拂拭來。

花開路，次權琅軒【誓】韻【高麗韓錄事、我朝鄭文獻先生舊墟，皆所經過，韓錄事有“始知名字落人間”之句。】

花開下馬問遺墟，千載依然水竹居。
名字秖今藏不得，斯文一脈悅開余。

欲訪蘇處士凝天，聞其往湖南未歸，不果。家在雙溪洞門外

茅廬瀟灑傍雲開，聞說今年避世來。
凡鳥題門吾豈敢？祇愁君帶俗塵回。

將入雙溪，次琅翁韻

擧鞭指溪北，隱暎梵宮淸。
林梢一抹白，知是洞雲生。

學士堂。在寺上頭近南，蓋孤雲所處云

暮上上層宿，玆爲學士堂。
當時楹棟在，彷彿襲淸香。

朝瞻孤雲影幀于香寂堂，僧爲言“貴人來訪者皆再拜”，琅翁顧余曰：“拜可乎？”余對曰：“式瞻何妨？”公曰“唯”，遂不拜

畫肉心難畫，逃禪意竟何？
一綃藏法界，廡祀是非多。

眞鑑眞

祝髮君家事，胡爲種種然？
蒼髯好男子，可惜未冠顚。

八詠樓【自樓更上一層，爲金堂，金堂之傍爲瀛洲閣。】

欲上瀛洲閣，先憑八詠樓。
千巖與萬壑，盡向此中收。

佛日庵【自雙溪金堂左肩，由山脊而上，又下而谷，又轉而崖，磴磴絶處有棧道，棧凡三曲。庵距雙溪，可七八里。】

去去叢霄盡，迢迢佛日庵。
銀河垂壁面，青鶴峙臺南。
棧道應愁鳥，簫鸞若可驂。
山行此第一，歸去作奇談。

謹次蒼雪韻二首

九曲川流萬疊山，雪翁淸馥水雲間。
當年不盡遊山興，留與今行領略還。

仙軿一去杳千秋，寂寞空悲湖上舟。
世事由來多曠感，不堪追憶戊寅遊。

謹次一蠹《下頭流》韻

不必花紅與草柔，仙區眞面露深秋。
淸宵詠罷菰蒲句，山益高高水益流。
【元韻"菰蒲獵獵弄輕柔，四月花開麥已秋"。】

神興庵【自雙溪北七八里，有神興庵，爲頭流第一。】

更泝川流上，三神直北隅。
雲林諸色靜，水石一塵無。
佳境深方見，仙曹怳可呼。
且休尋七佛，誰與此爲徒?
【三神卽神興洞門也,亦有石刻三字。】

洗耳巖【在神興潭上，巖面三字，孤雲筆云。】

常愛枕流語，今來洗耳巖。
紛紛世間事，散落下寒潭。

神興門外，有鐵佛一軀甚古，大可數十圍，庇以小閣

天下黃金盡釋迦，又偸青鐵寄邪魔。
那能鎔化成田器，分與叢林去種禾?

山固多佳處，以秋後林壑蕭條，未覺其特異。觀者或憮然歎曰："難矣哉，名實之相稱也！"余以其言有可以比興者爲賦一律，解嘲

霜後巖巒尙此奇，況於紅雨綠陰時？
乍看似欠驚人格，遍踏方徵絶俗姿。
高處入雲誰得到？中間有境世無知。
莫將名實煩相較，秖恐吾曹眼目卑。

琅翁到謫舘之數日來樂行語曰："昔先君子以取土官，謁李先生于此，仍携密翁，作頭流之遊。今吾將入頭流而爾適在此，事若有不偶然者，而從我行乎？"樂行竊自惟念耽羅時漢挐在莽蒼間，未嘗一往觀焉。此非但無悰況可以選勝，實以大人在栫棘之中，而獨出游衍，心有所不忍故也。今又限於地界，大人不得一到彼間以暢幽鬱，而吾乃洋洋焉作此豪擧，無乃不可乎？無乃與宿昔自守之義盭乎？且公之風流文彩，足以似續先徽，顧余不肖何敢效顰於密翁乎？但以名山一遊常耿耿於心，而今幸得此援据，夫豈不可而密翁爲之乎，而雪爺要與之偕乎，而又老先生命之行乎？而況奉承長者杖屨，於義尤不敢辭也？遂欣然承命，而大人亦任之而已。入雙溪，琅翁爲《遊山日錄》，首以此意爲說，命樂行寫之。旣寫，奉閱雪爺《晉役志》，始知當時密翁有約而竟不赴，蓋琅翁偶失實爾。密庵時有重制，豈以是爲未安耶？抑有他事相牽掣者耶？抑孝子之心，終有所不忍者，故始則聊與之約，而旋復止之耶？《志》中不明言所以負約之故，然觀密庵書所謂"屈

蠖"、"哀蟬"等語，可知其意之所存矣，則樂行今日之行，果何如也？豈非妄作也耶？余不孝自頃禍變之初，所以自處者甚無狀，然盜不虞之譽多矣。雖親戚，或不能悉知其實。今於此一事，亦足以敗露矣，良爲愧汗。雖然，自今或可因此，有以自勉者，是則不可謂不幸也。既歸累日，不敢釋于中，遂追賦小詩以志之。且欲早晚呈上琅翁座下，庶幾察此區區警畏之意云

仲默何曾游賞爲？密翁當日負幽期。
久知賢孝難希及，放浪如今倍忸怩。

次琅軒韻

人語驢蹄門外喧，何來遠客立黃昏？
聲氣感通今益信，坐諳夫子訪荒村。

急告嚴君倒下堂，慇懃厚意諒難忘。
煩公莫問窮途況，一草陽春獨負霜。

次韻奉別琅軒

客意今宵兩不平，江頭明日送孤征。
故鄉幾箇親知在，畢竟難忘此老情。

把酒聊歌《行路難》，人生何限閱悲懽？
今年又過蟾江上，獨送情親返故山。

琅翁以五言小詩二首，留別家大人，次其韻奉贈

情話淹旬日，他鄉似我村。
窮途得此樂，何處不君恩？

潮上孤舟發，天寒匹馬行。
丈夫無別淚，去矣愼長程。

柳正字【觀鉉】丈委訪家大人，相與傾倒晤語之暇，頗有唱酬。不佞亦嘗從傍竊和之，秪以略叙區區之懷耳，不足奉浼崇覽。顧長者辱令繕寫以相贈，不敢終辭焉。紙窄，不得逐篇標題其命意，輒皆倣元韻

庭樹鳴晨鵲，天涯解顧言。
滄桑今一閱，樽酒幸重論。
異域驚高義，寒廚愧薄飧。
何時川上宅，更賦臘梅盆？

達人高臥似公難，不向侯門學遍干。

獨有靈犀千里照，歲寒來作半旬歡。

冬夜不知長，坐看月隱竹。
興來時一吟，驚起江禽宿。

愚兒忍說禍生初？猶有當時涕淚餘。
一疏適丁天運否，羣猜何但盛名居？
友朋永歎多高義，鄕黨相扶保弊廬。
終始聖恩吾可卜，不須煩答楚江漁。

追憶昔年歡樂初，依然春夢一場餘。
同人盡與龍門選，吾父仍看柏府居。
桂影聯翩歸洛水，雲章輝暎入茅廬。
私家報國今難議，公輩如何說採漁？

休道家門好，深慙不肖兒。
平常多過失，顚沛莫扶持。
行業皆無有，昏愚亦自知。
謂公相悉久，推借乃如玆。

臨當奉送，不勝悵黯，謹賦短律拜贈

漠漠黃茅瘴，蕭蕭白浪舟。

相逢如故土，此別奈吾愁？
父子寒牕下，江山漲海頭。
行塵那可及？瞻望正悠悠。

有感漫述【辛酉京中作】

死草生意歸，斡轉竟是誰？
造化本大公，微物如獲私。
受德久未報，深慙豚犬兒。
床下不腆禮，寸誠或可披？
千里旅食意，所願亶在玆。
但念以我故，貽累已不貲。
若復汚門屛，私分采不宜。
咨且不敢進，瞻望空漣洏。

聞越江笳鼓聲，感吟【壬戌】

掩却床書獨倚軒，隔江何處鼓笳喧？
今年社稷三稱慶，一日天門九往魂。
去國忍言中制畢？報君惟有寸心存。
明時雨露應無盡，至痛孤忠倘見原？

金華子廟傍蘭【小序】

余讀《金華子遺事》，惜其有美質儁才而卒早夭，又悲其爲父死而父故無恙也。嗚呼！父眞危矣，而子不能死者，何如也？視金華子，亦可愧矣。金華子嘗手種四蘭于其家廟傍，金華子死而蘭至今存也。其大人處士君爲《蘭草歌》二疊以寫哀，間爲余誦之。余久欲爲金華子一言，聞此益悲之，乃演其意，作詩三章，章四句。【金華子，載寧人，其父世根遊東都，有訛言爲盜所害，童子夜跣行奔救之，病死。】

幽幽金華谷，青青廟傍蘭。
皎皎金華子，慇懃種成壇。

青青廟傍蘭，童兮莫摧傷。
摧傷可奈何？歲久有餘香。

蘭在廟傍青，魂飛廟中入。
年年春雨時，高堂衣袂濕。

朝食

朝食烹飣東海魚，呼兒却魚進青蔬。
兒言病口魚差適，舍魚喫蔬意何歟？

答云海味助胃熱，食之於病不利且。
擲箸推盤向壁坐，良久歎息淚沾裾。
北關年年被水潦，去歲凶荒無古初。
九重惻然減玉食，廊廟諸公不遑居。
救焚拯溺在移粟，遂命四道分倉儲。
嶺南七十二邑民，轉輸相遞亂離如。
聖主仁政感人心，敢言此土廢犁鉏？
罷役歸來正困睡，呼聲夜震氣更沮。
監司東去祭海神，經過道路當修除。
殘戶寡婦咸出力，葺治輿梁平溝渠。
所到供饋何敢慢？川水捉魚庖殺豬。
里尹官吏恣鞭箠，鼎鐺薪蕘徵里閭。
雕輿飛旆指海岸，舟人裝束立躊躇。
牲酒朝薦觀魚臺，神之格思誰度諸？
其日海中怪氣作，怒濤狂飆相吸噓。
三十四艘萬斛米，一時淪溺靡有餘。
南民北吏無去處，誰能索尸蛟鯨墟？
邇來海魚腸肚滿，呑米囓人如夏蛆。
我見此魚肥且膏，悲憤弸中無由攄。
傳聞北方餓莩積，豐沛故國將空虛。
地接犬戎憂曷極？正宜汲汲備繻袽。
世祿肉食罔聞知，日事朋黨爭上書。
國家多事漸如此，大人何日歸田廬？

留別季通【乙丑】

此別人間有也無，千愁萬恨酒難驅。
天寒旅館烏情繫，風急前程鴈影孤。
海島可能沾雨露，田園久已入荒蕪。
妻兒不欲關懷抱，今日書來又一吁。

又贈

心爲萬事主，爾病由心經。
心靜事乃當，心寬病可寧。
臨分持此勉，日月共邁征。
憂愁且排遣，施爲勿躁輕。
聖朝多仁政，終當好會丁。
今日各忍淚，無傷母氏情。

送宗君景仁【始元】還鄉

竝鑣南下瘴江秋，底事離親作遠遊？
患難從來相仗意，不堪今日別懷悠。

病寓仙庵，仰念庭闈，感成一律

破産南來爲養親，如何半歲病纏身？
便宜自占投閒界，職分專虧愧古人。
經雨定應傷體氣，課僮能不費精神？
都緣豚犬兒無狀，暮景天涯備苦辛。

述懷。十首

還鄕常恨隔庭闈，此日晨昏却自違。
所祝庶幾無疾病，天翁倘識寸誠微？

邇來鄕國少明師，臨卷無緣質所疑。
今日視官還戲事，半年虛負過庭時。

少小無能心獨癡，前程不謂似今時。
行年四十成何事？異域秋風謾自悲。

功名有命本非心，晚把遺經味欲深。
征役未休仍疾病，年年虛送好光陰。
【"功名非心"語近矯飾，然八九年來，此念儘輕。】

談經說理揚非眞，實行修時始做人。

記得色難先聖訓，金鍼箚頂汗沾身。

靜裏尋思悟昨非，言忠行篤可行夷。
寬柔不報南方道，襲土從今法仲尼。

草烟傷目弈妨工，舊嗜新耽毒竝攻。
痛戒從今同酒色，墨卿明告主人翁。
【有二僧爲象戲，因無聊時就觀焉。往往不免自爲之，當自今日，竝南草絶之。】

眉巖嶺北擧家遷，義重三從句尙傳。
一別天涯心九折，板輿何必返鄕先？

當世無人手一垂，向來西走竟何爲？
十年天道終須變，雷雨湘江自有時。

故鄕何處避囂喧？太白山中福地存。
移家一事承嚴命，擬結茅茨待霈恩。

輓河處士【德望】

蒼蒼方丈入雲孤，人與山高我見俱。
萬壑松聲助短瑟，一軒荷月照冰壺。

歸時每說登門拜，他日行謀挾冊趨。
誰謂小微星忽晦？不堪重過晉西隅。

輓李丈【景翼○庚午】

經濟巍評定不虛，相知誰復玉川如？
瑤琴古調無人愛，金鼎靈丹只自儲。
暫出已能驚世俗，平生眞不負詩書。
從今忍過豐山路，寂寞東西處士廬。

輓權江左【萬】

白馬踟躕日欲斜，柳車遙望獨長歌。
青山精魄羣賢盡，何事年來聚斂多？

太白高高白雪樓，等閒咳唾盡瓊璆。
世人題品何輕重？已得廬陵讓一頭。

樂府寥寥藝業衰，齒喉宮羽有誰釐？
當年用力非閒事，秖是人間少子期。

青山依舊暮雲邊，池面風微月滿天。

玉佩繡衣今寂寞，精靈千古獨巖、泉。

玄琴彈出正宮音，聲外悠然古意深。
誰識平生操履義？慇懃都是就中心。

晚歲明牕見伏羲，《乾》門乍闢動經帷。
秖今遺恨陽生說，夫子家奴未可期。

催上襴衫付尙衣，雙擎書匣入彤闈。
分明舊物須公力，重帶天香嶺外歸。

新衣曾脫殯行時，早歲《西銘》義已知。
海曲松林隨處碧，公亡誰復上書爲？

州序當年義將旗，巢奴褫魄檄中辭。
九原埋盡精忠骨，欲訴蒼天淚暗垂。

先生家在洛江源，容易風帆下海門。
失楫蒙兒空悵望，推移虛負父師恩。

輓權琅翁【壬申】

海月圓還缺，山雲去不歸。

風號披蕙帳，猿叫弔蘿衣。
觸目滄桑變，傷心骨肉違。
依然華表柱，魂魄舊令威。

早年推穎達，臨老轉崇深。
砌竹添新韻，楣題見孝心。
霏談傾一座，揮翰抵千金。
利器終埋沒，遺廬泣士林。

天遣兒郎做，榮華在目前。
籃輿從五馬，鈴閣擊三鮮。
倚伏終難必，悲歡奈迭遷？
由來人世事，回首揚茫然。

翰林雙鳥盡，平澤二龍亡。
大運誰能挽？斯文日已荒。
心摧迎旅櫬，淚槁哭靈床。
繼世從游意，還嗟失季方。

輓全陽君【李益馝】

功成身退臥江湖，磊落風流大丈夫。
故舊滿朝書斷絶，繁華一笑夢虛無。

不聞將帥詩中老，獨送精神閣上圖。
卿月輝輝垂厚夜，存亡終是好頭顱。

輓金老燭齋【龍達○甲戌】

每一人從北縣回，爲言風致絶塵埃。
生涯半是清涼月，顔色天然臘雪梅。
不說華銜躋二品，肯將淸福換三台？
老燭齋名今再拜，迷塗恨未早追陪。

輓安處士【命夏】

南州豪傑數先生，伯仲吾公負月評。
美質早承師席許，高名終見士林傾。
詞章筆札渾餘事，德義風流自老成。
斯道如今何運氣？新阡遙望涕交横。

金吾門外寄雙魚，青草湖頭問謫居。
詸語鋪張終大惠，弔車迢遞更寒廬。
此心惻怛非時俗，盛德夤緣見緖餘。
自愧孤蒙無所報，靈筵一酹計還虛。

輓黃處士【道翼】

碌碌平生一拜違，夤緣猶幸替瞻儀。
風存賢子追源想，書抵嚴君在側窺。
德學已欽名稱實，文章更愛理兼辭。
南州此老今難得，零落其如運氣衰。

先人末路久飄零，君子何曾愛惡更？
千里神交惟道義，十年書問盡衷情。
江潭命駕輕炎瘴，筵几操文辱胤兄。
若使重泉如世上，也應精魄笑相迎。

輓宋丈【夏徵】

古有更衣狎市閭，胡爲眷眷苦循初？
身游南北心無變，世閱滄桑義自如。
此道今人多不識，我公遺事特宜書。
婚姻又是師門後，分付兒郎接屋居。

丹城一札已慇懃，出弔星行意益勤。
入海寒兒蒙寄贐，過江歸櫬荷操文。
幽明感德長無極，生死知情古有云。
往歲拜床如一夢，不堪他日問孤墳。

次《金潭庵遺墟》韻【竝序】

潭庵先生金公遺墟在洛江上九潭村。先生後孫諸公，相與立石以表之，訥翁 李公爲記其陰，備載事始終。始先生之南也，平日游從故舊，皆不知其處，蓋燕山戊午前也。大禍再作，名賢虀粉，先生獨超然若冥鴻之在繒繳之外也。歿旣久，遺跡乃發，至于今日而益顯然。區區竊惟置先生故墟於然疑渺茫之中，使人上下徘徊於江上數邑之交、陵谷灌莽之間，而莫得以指名，如其平日之身與蹤，無乃得先生意也歟？ 雖然，先祖有奇偉卓絶之跡，而不忍其終泯，亦賢子孫之心也。雙碧堂丈人公以家門耆德，主其事，旣又遍索詩文於遠近知舊。如樂行者何所輕重？ 顧屢辱長者之命，不敢終辭，謹次韻呈上。

詩軸何須我輩叨？ 風聲百世尙颾颾。
諸生太學林宗最，一士南州孺子高。
遺意尙嫌題墓道，好辭今見暎江皐。
由來美跡終難掩，竹筍斜生石壓牢。

輓李鍾城【世泰○辛巳】

淸輝雅韻滿襟裾，少日陶山識面初。
一隔雲泥靑眼闊，獨聞風範白衣如。

吾儕報國憑賢俊，到處逢人候起居。
千里在前車折軸，可堪身後下除書？

發軔初從右史官，爾來三著惠文冠。
銀臺妙選方虛席，玉塞新歸暫褫鞶。
名利向前終淡泊，芳香依舊是芝蘭。
大夫絶貴貧如許，未有衣裳可斂棺。

南寺，次諸丈韻

招提藏剩馥，華表憶當時。
刦後通泉感，人間失路悲。
有誰尋墜緒？無力買遺基。
欲舞衣裳弊，空吟《薄命》詩。

次《柏湖亭》韻【竝序○庚辰】

眞城縣北芍藥峯下，有所謂"柏巖"者，存齋李先生杖屨游覽之地也。間者縣中諸賢爲作亭其上，以表遺躅，且將以爲一邑學士藏修之所，甚盛事也。先生之曾孫欽夫丈人，寓居于亭之東漢上村，實知事之始終。嘗爲余道諸賢事功之勤敏，旣又辱示其所爲長律一篇及一二長老所步次者，而命之曰"子亦不可無一言"，樂行行過縣境非一再，輒以道途迫，不能一登臨周覽，以盡其山水之勝，然其有感於中則深矣。義不敢辭，謹搆拙呈上。

新亭突兀起巖頭，客路回瞻馬爲留。
勝地廢興非小事，遺芬顯晦此孤丘。
隔喧正合開書櫃，臨水還宜垂釣鉤。
早晚一笻了宿債，桃源何待泝漁舟？

輓權士安

竊聞遺命不令求輓，夫求輓非古也。此固治命，若相知者，初不必求之也。樂行貧無力，旣不能以貨財爲禮，又不能相紼臨壙，非蕪詞拙語，無所用其情，雖欲勿爲，有不得忍者。遂成短律五篇，以抒痛惜之意，欲望孝子昆仲一覽領取此心，卽投之壙土中爾。

弱冠攀遊早，心肝兩盡開。
聯床叢桂月，交臂右泉苔。
落落從窮達，憧憧尙往來。
桑楡更相指，今日送泉臺。

宿昔皆靑歲，居然共禿翁。
睽離猶抱恨，存沒詎堪恫？
喬木鳴春鳥，歸雲叫夜鴻。

相思當此夕，和淚雨濛濛。

聰明自天賦，文雅稱家人。
爛熟《朱書》要，淹通青史陳。
山容經雨好，林韻逐風新。
小試終淪沒，完名獨附身。

先輩凋零後，餘生寂寞中。
猶聞人物論，特數二三公。
藉手期前路，將心托下風。
如今埋玉樹，吾道覺終窮。

珍重儒林事，盧江約掃塵。
蹉跎仍薄相，奄忽失同人。
大義乖堪懼，微言久易湮。
平生無限意，欲說向誰陳？

輓權上舍【錫揆○乙亥】

松壇菊砌色蕭森，寥落賢閭獨敬瞻。
氣味眞堪比薑桂，才華豈必老虀塩？
一人輕重今逾覺，萬事浮沉竟孰占？
憶昔喪歸蒙出弔，薤歌相報淚仍添。

輓李進士【龜煥】

博識精詞皆不說，天資最是與人殊。
中心潔白容顏似，世態浮華毫髮無。
久待青雲騰逸翮，終看滄海有遺珠。
公家多少文書事，漢上如今更孰須？

輓權戚丈愼仲【正始】

北縣古多名進士，鄉評當代屬吾公。
妙年文苑推盟主，晩歲窮居聽化翁。
皎皎襟懷高俗韻，渢渢談笑大家風。
巖、泉自此增寥落，眼閱滄桑半百中。

雲洞書齋會話【竝序】

一直縣南香鑪峯西麓之下曰雲洞，大山公置書齋其中，臨溪築小亭，爲晩年靜養之所。乙酉仲秋，樂行滯客蘇湖，日丁卯，從兩宜翁以下十數人，徒步來會。已而土軒公又儼然臨之，羣賢之至，少長之集，殆蘭亭會乎，獨以樂行之陋而厠席末爲可愧耳。披露情素，間以雅謔，和而有禮，洽洽如也。命童子摘園栗，手煨以噉之，香秔美蔬，各置數器於席前，手自貳，益潔而無華，宛然有洛社古意，誠勝事也。樂行蟄伏窮廬，不齒君子之遊久矣，今者忝從諸公後，得此樂，何其幸也？地雖未有絶特吁駭之觀，然水石洞壑，頗窈深可愛，異日當以人益勝也。諸公咸以爲不可無識，命樂行題會中名姓于冊而書其事。又呼韻共賦長律，錄在左方。

透迤深谷廓還幽，堂室蕭森澗水頭。
眞率饌成耆社會，等閒身入稧亭遊。
靑山佳色雲含雨，晩圃淸香菊待秋。
他日《雜詩》餘韻理，重來準擬破乾愁。

夜會雨谷，扶仲口占一絶，牽率次韻

三月春光媚雨餘，歡聲連夜滿庭除。
亦知外物非干我，試看浮雲過太虛。

養拙堂，和李景文【象靖】韻

老成身計得便宜，座右銘今替揭楣。
世路久從行處熟，法門新向默中持。
誰知大勇元無鬪？要作眞雄却守雌。
我是貧家將掃地，暮年聊與話心期。

歲除與扶仲分韻，得朱字

皚皚陰崖雪，烈烈南山颰。
百感正在中，奈此流光徂？
不有賞心會，何得一日娛？
熒然對青燈，案上拂塵觚。
敬諷《牧齋藁》，淵源遡冰壺。
一千五百年，業廣有是夫。
經世及盡性，皆未中身踰。
顧慙我何人，皓首猶童愚？
同隊盡衰落，君顏亦謝朱。
窮達竟由天，莫須病枯臞。
笑彼扣角歌，慽慽懷唐、虞。
良貴吾所有，聖言卽非誣。
攻玉當用石，追驥可策駑？
及此桑榆景，相期索玄珠。

元日分韻，得潭字【丙戌】

三朝風色佳，士女樂意覃。
賀問修禮俗，來往巷北南。
而我抱百罹，迎新懷可堪？
念昔虧子職，親在乏旨甘。

喪祭俱未盡，哀恨徒自含。
四肢老逾惰，家事付阿男。
弱婦供粢餌，物品頗熟諳。
使我效隣里，寢前免空參。
所慰實在此，怡然逐笑談。
笑談方未已，自顧多愧慙。
生世竟何用？樗散非杞楠。
寡過無忝生，玆惟所負擔。
年今伯玉比，依然騎篠驂。
動作焉所質？幽妙焉將探？
開卷强論說，小蠡酌深潭。
愾然思古人，千年閟優曇。

丙戌上元茶薦畢，獨坐空室，不勝孤露之感，而一妹新年安否不相聞，季通又阻雪不能來會，屬此令節，思想甚切，益悄然無歡。偶閱少陵詩，見《熟食日示兩兒》短律與吾此日意緒有相類者，諷詠數四，遂和其韻以遣懷

人事無今古，依然見我心。
兒方六旬滿，親已九原深。
繫日繩焉用？逢春髮未禁。
遠途書固闊，阿季恐呻吟。

【少陵《韋曲》詩"白髮好禁春"】

河南三絶刻石議旣定，次扶仲韻

萬古崇禎處士碑，未遑猶是一般奇。
如今斷定追先志，淹速人間儘有時。

雪中自陶淵步入仙庵，次扶仲韻

斜陽到僧舍，雪霽仍爲客。
光景炫人目，猶分亭後石。
靑烟出瓊樹，皓月復此夕。
座中勝流多，那得藏行跡？

和呈李上舍公爕【台煥】丈

生平堪笑濫儒巾，一事無能但赤貧。
正似學行還失故，徒然騰口豈知新？
趨風親德今垂老，露拙呈愚亦已頻。
怪底云云問何謂？承當須是別般人。

隔一岑岡室便遐，歸來悄悵望烟霞。
自從呼出中心慕，及得攀遊到處誇。
悲我覆盆難望日，惜公如玉久埋沙。

從今乞勿虛推借，兩膽元無一膜遮。

滯客東坡，和呈公燮丈

自少夤緣久獲私，羣賢去後慰餘悲。
儒林聳出干霄木，文陣高張掃敵旗。
偶近門牆眞好會，兩存形跡揚虛辭。
蓬心日夕方收拾，恭竢先生病間時。
【來詩推借不近情，故頸聯下句云。】

此道元來不是私，家聲自墜獨堪悲。
雖然醜婦顰西里，無那殘兵怯將旗。
舊義追思公不棄，周行相示我何辭？
只緣獎飾踰涯分，背汗橫流跽讀時。

贈李君信【敬和】

一會非容易，蕭蕭兩禿翁。
對床消火日，開戶引溪風。
世事渾身外，交情自意中。
歸驂難復挽，別恨詎能窮？

昔在己酉夏，同志諸人來會于密庵先生門下，講《近思錄》。一日阻雨，各留舍舘，先生以一絶投示，曰"湯年甘澍慰農心，咫尺暌違思轉深。珍重河南持敬說，願從諸子細推尋"，今者來寓，感念舊事，謹次其韻

霜毛種種尚童心，此地歸來愧轉深。
無處再聞持敬說，荒墟燕麥更誰尋？

錦水雜詠

東頭來水繞西頭，帶水脩林盡遠洲。
坐對晝閣烟雨夕，何須去作汗漫遊？
右長林

平郊處處起農歌，無限江山畫裏過。
莫說長亭行役苦，誤從邪徑窘如何？
右大道

閒逐漁人到上流，雨餘芄箔水門浮。
淵魚枉被波濤送，急處欲留那得留？
右漁箔

一道溝渠百道分，旱天何待望霓雲？

無心流去誰偏厚? 得力由來只在勤。

右灌渠

無數淵魚水草中, 他年誰是起雷風?

不妨鱗甲老逾巨, 麗澤須看久遠功。【有大小澤】

右南澤

數楹僧舍不知年, 徑轉山回亦窈然。

咫尺人烟如隔世, 不妨長在驛路邊。

右古寺

九思堂集

卷二

書

書

上密庵 李先生【己酉】

風寒猝嚴，不審道體動靜際玆何如？仄聞入秋來，匕箸頓減，神觀頗損，不勝驚慮，近日不至添劇否？晉行慈患輪瘧，恰滿三朔，貧窶之家，補養失宜，元氣素虛，陷削無餘，私情煎迫可喩。

前者紙尾下問，感誦至今，久擬趨拜以謝，遷就未能。縱有親癠，何至無一日抽身之暇？只是嚮德之誠薄耳。

海上先輩負笈請學於百里之外，聞來益覺愧赧。子實甫亦執經而去，實欲與之同事，卒受鑪鞴之化，適舍妹辭歸，侍病無人，以此未果，尤切伏恨。

上密庵先生【庚戌】

昨日家大人歸言先生患候一樣，驚慮不任下誠。夜落未審加減復如何？

前者晉行以率爾一言，獲蒙警勵開導之恩，自顧無似，何以得此？感幸無已。

藐末後生廁跡門下，意謂先生所以待之者與家庭年少無間也。顧於接迎酬酢之間，每處之以賓主之禮，些少書寫，有何勞苦之可言？而輒以多感爲教。至於簽面所用字，道理當然，亦且謙抑不居，殊非末學依歸之意也。不識古昔聖賢之於門人小子，果如此否乎？

晉行誠意淺薄，不能盡弟子之職，而徒欲假飾於外，爲觀聽之美，先生之所深惡而拒之者，正在此爾。然師弟子之禮缺絶久，當世宗工鉅匠，固宜倡而行之，以復古道，恐不必如是也。頃者拙句區區之意，蓋亦出此，倘入鑑破否？伏望自今不復見加以疏外之道，凡有敎命，一與令孫諸人同之則在私分，尤爲光寵萬萬也。有懷不敢不告，謹因便草上，僭率是悚。別紙稟目竝仰呈，回批無早晩，要竢氣候平適如何？

上李顧齋【槾○辛亥】

大雪後風寒益烈，伏未審浹月鞍馬之餘，道體頤養何如？仰德馳慕，不任下誠。

學舍講道於今見之，藐末蒙陋，亦得廁於諸生之末，而三溪陪奉，重有榮焉。第恨平居汎汎，無所尋究，臯比之下，倉卒塞責，臨卷茫然，不知所以起疑，草草仰稟，實非憤悱之發。居則以門牆稍間爲恨，及當好機會，却又如此，不敏甚矣，慙歎慙歎。

疑義發問，開廸甚至，無論得失，一貢所見，以卒承教，固所願也。況前後勤命之下，尤不可但已？而北縣時閱旬吟病，近纔還家，問目謄本，又自城府火焰中推來，留外多日，昨始奉閱。入思議成文字，非迷滯所可猝爲，敢欲差待後日，逋慢是悚。

與李訥翁【光庭○壬戌】

昨歲家親歸哭之日，伏蒙尊慈遠辱臨問，闔室哀感，無有窮已。竊擬族父還配，身若少閒，一走床下，達此區區之意，顧賤跡一向飄浮，卒莫之遂，慙悚之極，無以自解。

仲春尙寒，伏惟尊體動靜萬福。仄聞向者有風濕之祟，不勝驚仰。然神明所勞，豈至久爲患耶？樂行三冬，往在父側，將護失宜，疾病連仍，重以變制之節、奔迸之餘，哀毁撼觸、澌頓轉甚，私情煎迫，當如何哉？歲時迫，事勢還鄕，數月間，道途益梗阻，不敢任情衝冒，以貽親憂，千里離違，尤不能自遣耳。

樂行自弱冠，因緣出入門屛，猥蒙曠度盛德，有意收教，容許僭妄，多所啓發。私心誠感幸，每於儕類間，持以爲詑。自頃患難以來，絶不復趨陪，今已六七年矣。生乎大人先生之世，在鄕黨子弟之末，而不得終以身依歸，豈非命耶？有時自念，不覺太息耳。

執事文章動一世，操守追古人，造道之地、經世之具，雖非後生蒙陋所敢窺見。然向使出爲世用，展布所蘊，其功德必有大可觀者，而回棹北壁，復入鹿門，杳然有長往之意。每一欽想之餘，未嘗不爲世道歎也。雖然，竊嘗聞之君子之學，有始有終，成己必成物，出處雖殊，其成物一也，表率一方，成就後學之任，執事亦何可中道而辭乎？

鹿門在萬山深處，麋鹿之所游、魍魎之所宅，舊未有人煙，而執事披草斬木，縛數椽而孤居，從外而入者，有谿壑之險、虎豹之虞，驢僕無所接，宿食無所託，時一尋訪，亦必有難之者，況可必其常常往來乎？執事於是而欲接引學者亦難矣，而況餐松咬菜非尊年調養之方？疾病緩急，無隣比藉賴之道，此亦不可不念。

小人妄意竊願自今不復作鹿門之計，仍處黃田舊宅，使貧寠事力專而不分，子弟家人便於奉養，而縣中諸賢、鄉黨小生，得以源源承拜，從容丈席，有親炙薰染之樂，幸甚幸甚。

自世教衰，士皆汨沒於時文，其稍欲脫俗者乃以學古文辭爲事。然亦患專心於此而於其所謂遠者大者，反有所遺落，其或從事於問學者，又不屑屑爲文字之業，往往操筆而不能通其意，是雖有本末輕重之等，然要之其爲病均也。忠信進德、修辭居業，聖人蓋嘗竝言之，彼徒以藻繪綺麗爲能者，固不足道，有德者亦何嘗不有言哉？

不敏少嘗慨然於此，私竊以爲"爲學學程、朱，爲文學漢、唐善矣"。夫程、朱亦豈不至哉？其必取夫漢、唐者亦有說。程、朱於大文字，固未嘗不以古雅爲主，而其往還書牘論事明理處，率多雜以當時俚俗之語，使觀者，易以曉解而已。

今之學者，必欲竝此而效之，以爲"爲文必用語錄，方有雅趣"，是何異於慕文王之嗜昌歜而遂欲以粱肉易之者哉？況彼胸中義理洞然，故發之於言，井井有條，一字一句莫非理之所寓，而今以膚淺固陋之識，徒掇拾模倣於筆墨之間，適足以見其醜拙，何能彷彿一二耶？

若果善學則可矣，其與不善學也，寧學漢、唐。漢、唐之文，程、朱蓋亦取之矣，亦嘗有效而爲之者矣，學之何害於道哉？夫旣有意於文章，則又豈若就文章之高者而學之乎？

區區妄見，欲一質大方之家，故嘗於座下僭論及此，至今追思，爲之悚汗。不意執事久猶省記，頃與家大人書中，頗縷縷及之，愚陋無似，誠荷大君子誘掖勉進之盛意。然竊伏惟念自從妄發以來，今過十餘年，無分寸之進而有尋丈之退，內負父兄之敎，外失師友之望，而患難困苦，終不可復振矣。嗟乎！尙何足道哉？

春內似當在鄕家，而日有牽掣，無數舍抽出之勢，一進承誨，恐不可得。是敢奉書以爲之階，早晚辱賜還答，使摧殘委靡之志氣，復有所興起，千萬懇祈。

與李訥翁【癸亥】

孟春尙寒，伏惟訥翁先生尊體起居萬福。前春癘虐，君子亦不免焉，晩始承聞，驚歎無已。

樂行前日妄以書溷下執事，往往有非所敢言而言之者，誠欲自見其獲私於門下，然恐不知者以爲非尊畏之道也。及其久而未蒙報，又竊意執事者之亦怒之也，益悚懼無所措躬。旣又自解曰"樂行誠僭妄矣，然李先生於我，豈以一言之罪而遂絶之耶？是必有以敎誨之"。於今果然所賜書臘中始到南海上，無事時，輒出而伏讀之甚哉，執事之文似古人也！使樂行終欲學爲文辭，學執事之文足矣，何必遠求之異代哉？

樂行妄稱漢、唐，誠不知量可笑，然亦幼時云云耳。今志氣已苶然矣，又稍稍省事，自審其力不逮萬萬也。前書所陳，特追叙向時所以妄發之故，非今日亦復爾。執事乃若許之以不失其故者然，不勝愧悚之甚。

執事又敎以專用力於六經四子，爲之根本，樂行雖不敢當，然執事所以敎人之意則至矣，所以論爲文之道則純而正矣。韓子有言"師其意，不師其辭"，六經四子，其辭不可得以師，若其意又安可不師哉？執事之敎，其出於是也，樂行雖甚懦，敢不奉以從事？

酉、蘇往復，昨承權丈書，告已罷休，更無可說。然此事無論彼此得失，其爭也文雅之爭也。鄕黨間無此久矣，今二公以老成先達而發之，可爲後輩勸，幸甚幸甚。

但執事以景文爲易而喜其年富而益進，以雪嶺爲難而懼其莫大而不能究，樂行竊以爲執事之爲雪嶺憂過矣。以雪嶺之才之高，其一年，足當凡人十年之勤苦，必無難矣。如何如何？樂行何足道？景文之易，且瞠然望而畏之，況雪嶺翁之難哉？祇辱長者之期勉耳。

樂行今年三十七，古人不必言，以樂行目所及先進言之，三十、四十時，已儼然成熟，今樂行乃如此。然執事者猶惓惓不欲斥絶，若終以爲可教者。樂行所以感激思自奮勵者此也。樂行不自揆而樂爲之盡其愚者亦此也。

此一二年內，杖屨竟入山社否？樂行小兒子，不敢知大君子出處之義，特恐所處太深，與鄕學者相絶，有所云云。謹承敎矣，嗟乎，確乎其不可回矣！匪我求童蒙，童蒙求我，亦何傷之有焉？儻一日蒙天地之德，奉大人歸鄕里者，便以一笈從先生於鹿門山中也。時氣今又不佳，伏祝爲吾道，自愛康寧。

樂行，父母俱在絶域，私情益悲苦，奈何奈何？離違數月，近謀走省，還鄕未易，邈然無以達此區區於門下。玆因風遞，草此仰瀆。

答權拙修齋【相一 ○甲戌】

頃於族姪歸，伏蒙賜書辱存，感戢無已。第適値奔汨，偸隙修謝儀，送付回便而已後矣。先生長者有問，而昧然久未之上復，不敏之罪，何可勝誅？仲冬霿發，伏惟道體調養，神相增福，瞻仰之至，不任下誠。樂行將母菫保，而里閭有不淨之端，連年疾疫之憂如此，悶迫奈何？下敎縷縷，仰認不遺，實切感幸。

樂行本以魯下昏懦之質，內失嚴父之敎，外無親炙賢師之樂，而家幹俗冗，不得不隨分應酬，因徇漸染，自歸放棄，日夕之間，悠悠泛泛，不能尋討書冊，所謂"冗幹"又未嘗著實用心，畢竟爲非文非武，彼此不當之流耳。時一反顧慙恧，不知所以自處。

獨其區區素心，不忍終負父師平日責勉之遺意，及此盛壯之年，庶幾改圖自新，奮發向前，以竭其才力之所至，而天賦氣性終是懦弱，有鼓不起之歎。苟使親近當世大人君子，日受提耳面命之誨，有所嚴畏而觀感，則或可有萬一之幸。以此傾心嚮仰於門下，非若前日隨衆慕德之比。顧道里稍間，勢有不能及者，只爲之悵然不自勝也。

惟幸近日信便陸續，繼此來往，若輒蒙警誨，亦何遽不及於攝齊而陪丈席乎？隨時隨處，無非閒隙之敎，方且常常暗誦，以代古人書紳之意，果能終不墜失否？

所諭"根本頭顱，透見所以然"，固非陋劣所可遽及，亦不知此四字是何所指而云？似是"性情理氣"之謂，而不敢以爲必然。伏望略賜示破，使有所據依如何？

族姪過蒙奬與，且諭以敎導之力，羞愧不知所言。聞其家日間有便，草此上謝。伏祝寒冽，爲道自愛，調候康福。

與權拙修齋

即日栗烈，伏惟台候起居康福，瞻仰之至，不任下誠。樂行將母粗依，惟是貧窶日甚，債糴未了，奴婢或病或逃，菽水樵爇之節，竝無可論，日夕之間，不免憂惱形於聲色，彼簞瓢陋巷，不改其樂，啜菽飲水，得其歡心者，尙矣勿說。下至父母不戚戚，妻子不咨咨，如董生者，亦覺其美質卓行，非人所可及也。

些少佔畢之工，心不敢便自忘忽，而況味似此，多間斷而少接續，向所謂“根本頭顱”竟無可言者。乍見影像，旋復失去，此亦由於獨學固陋，無人啓發之故。以此益切依歸門牆之願，而顧事勢有不可及者，瞻望悵然而已。但四字名義，終未見端的地頭。要不出“性情理氣”之分，而亦不敢以爲必然。鈍滯可悶，伏乞以數語俯賜提破，以開窒塞之胸，如何如何？

妄有所稟，退陶先生與高峯往復末後數書，如云“七情之中節者與四端不異”，“不可謂七情之外，復有四端”，“聖人之喜怒哀樂，氣之順理而發，鄙語果似未盡”【不記本文，其大意如此。】等數條與上下辯說緊緩差不同。不知者或指以爲“近於矛盾”，或又以爲“去泰去甚之外，其小小節目無甚關係者，姑且勉從，以俟彼之自得”，未知此果何如？

嘗見星湖翁所著“四七說”中，擧此“七情中節與四端不異”、“七情之外不可謂復有四端”二條，以爲疑端。近聞洛下一學者有所云云。此中一二年少始迷終覺者，於此猶不無一瞙子。顧自無實見，不能明白說去，幸乞有以敎之也。

《孟子》四端章《集註》所謂"人之所以爲心，不外乎是四者"一段，前日嘗略禀，而未及承究竟之論，今猶耿耿于中，竝幸賜誨，千萬千萬。

一東姪告行，屬此撓汨，草草上候，言不盡懷。伏祝爲道自愛，當寒萬慶。

答權江左【萬○戊午】

客臘下札，二月始承拜。向後豈無一番書郵？而投紙京裏，不無顧慮，德意久未仰答，負罪負罪。

近者仄聞投告還省，伏惟承懽增慶，體候康安矣。高門僉先輩，或伸於久屈之餘，或得於妙少之年，雖在患難羇縶中，曷勝欣聳？

樂行絶海扶侍，感戴天恩，而積毁餘氣呑吸瘴毒，疾病種種，衰敗轉甚。近得祖母手書，有"願速相見"之語，雖使聽鼓熟睡之古賢當之，却恐到此，不能不摧心而傷生。遠近書問，例引"毙勝"、"理怡"等字，妄謂此皆非眞切之言也。不謂執事赤心相愛之意，亦復有此敎，至於爲不肖假借之者，尤令人愧死。

嘗有拙句云"私心正愧淳于女，知舊叨推蔡氏兒"，誠以痛恨塞胸，每奉親舊書非倫之擬，輒不覺掩紙縮頸，倍增不平之懷也。人固以人子之道，期責於我，而我之所處於向日者，無狀無狀，將何面目，歸見鄕里諸父老乎？未涯拜牀，玆敢因書信筆。喜席方張之日，以區區不祥之私仰瀆，悚息悚息。彼時四百銅之惠，一味鐫感，三種珍料、五張敦紙，又入書封，益不知所以仰謝耳。

與權江左【癸亥】

伏惟近日懽侍動靜增福。樂行歸未數日，得家君書，仙庵又被痘迫，轉入黃龍寺，危窘甚矣，憂煎尤不可堪耳。日間意緖如此，餘外事無所關心。獨承拜座下屬耳風味，謦欬灑然，不去耳目，欲忘而未能忘也。

執事於樂行以故人子故，辱愛甚厚，不知陋劣不足以進取，以“留意文藝，占地稍闊”，勤勤勉戒，若將有待於他日者然。樂行誠恐懼不敢當，然其引誘樂成之意，有足感動者，雖甚不敏，敢不奉以從事乎？

但樂行自量已審矣，歷觀而驗之亦多矣。彼皇明諸公，其才力何如，所自期何如哉？薄視歐、蘇，動說漢、唐，然由今以觀，其不出於宋人之下者幾希。我東一二名家，亦頗有高自標致者，要其歸，又皆皇明諸公之糟粕耳。今以不逮之才、區區之力，妄欲步驟古作者，豈非不知量之甚者乎？

今世所謂“科擧之文”，朝變夕化，日趨機巧，士皆專心一力，求合程式，大樸磨滅已盡。其日用應副文字，又自有一體，減字換名，工緻精鍊，如冶女粉飾，悅人眼目，其能犯笑侮脫窠臼，作古人聲響者，果幾人哉？ 如樂行者特以鈍滯之故，於彼實學之而未能。然耳目慣習久，心與手亦已略中其毒，今欲展拓地步，能自樹立，豈不難乎？

至於詩，又何可易言？ 竊以爲詩不可學而能也。彼但以五字七字爲句而可謂之詩乎哉？ 如儷語之類，亦非才致相當者，不可爲也。以樂行之才，一藝尙未必其有成，況可望衆體具備乎？ 執事所以責勉之意則甚盛，樂行之心則誠願學焉，惟恐力不及，卒無以仰副也。

抑嘗聞之父兄"孔子曰'辭達而已矣'，爲文而能達意足矣，何必苦心極力，求必爲如是之文哉？ 況君子事業無窮，而用一生之力於區區小技，其於遠者大者，將如何哉？" 樂行旣自量，雖竭一生之力，必不能庶幾於古人，與其爲無益之求，豈若從事於問學思辨之工，分寸之得，皆切於己者乎？然其實旣不及於彼，又不及於此，二者俱無所短長，其亦終爲庸衆人而止耳。

樂行自幼少時，已患聰明短乏，氣性頹懦，雖使終身靜處，殫其力之所至，亦不足大有所成就，而自頃患難以來，奔南走北，卒卒無數月之間，且緣貧寒，在謫寓則操婦女之任，在鄕家則分僮奴之役。其餘種種事故，日以牽縛，慵懶之習，遂成痼疾。一年之內，對書冊者不滿旬月，而過眼輒復忘失，殆同漏器盛水，如此其能有所得乎？ 物各有分劑，此亦命也奈何？

仍竊伏念執事抱累世不一有之高才，於文章不待刻苦而盡能之。今其所造，不知視古人爲何如？ 而亦足以伏當世諸家矣，於大於小，亦可以左右沛然矣。執事其必有意於置其所已能而益用力於遠大之業，不但以文章名家而已，以執事之才，將何爲而不得哉？愚陋無似，猥蒙奬勉，私心感激，敢以此爲報，僭妄之極，無所逃罪。

答權江左

辱復書，謹審尊體欠和，不勝驚仰。日間伏惟神勞勿藥，令胤連年毒疾，誠可悶然。然今年免此患者天幸，不免而終能無事又幸也。血氣方壯，計蘇完久矣。樂行昨得南信，家君所苦，入秋添發，私情煎迫，當復如何？

伏念執事以盛溢之氣，行夷坦之路，入則有舞綵共被之懽，室家子姓之奉；出則有亭池泉石之娛，朋友游從之樂，所以安身體快願欲者，如彼其全也，區區疾患之侵，似若不足憂者。尙以年衰欠健爲歎，今以家大人所處，疾病衰敗，安得不爾耶？

不肖誠薄，旣不能致力醫藥，又不忍使老母獨守鄕廬，兩兒常各在一處，消息相聞，每在事過之後。父委席呻喟之日是子游衍笑謔之日，凡百都無人理，苦痛苦痛。

家弟及僮奴皆病，不能任事，其勢尤不可不急往以遞，而一軀殼外，皆是須於人者，坐此不免遲退行期。廿四五間，方可發去，度日如年，尤悶尤悶。

還鄕半歲，日有酬應之撓，且所苦目疾，少歇旋作，不能了一卷書。顧念喪難來，無以慰親心，獨有進業一事，或可爲寬解之資，而今將垂槖而往，恐無辭可對矣，咄歎咄歎。

前日所陳，非敢爲謙讓，自量才力，誠有不能承當者。然書旣達而追撿其言，似失執事勉誨之本意。嘗聞鄙諺，有凍餒於道傍者，人告之曰"爾其歸而謀所以衣食"，凍餒人匍匐遜謝曰"吾才短力薄，不能爲東家郎之重帛、西家翁之粱肉"，告之者怒曰"吾何嘗使汝爲重帛、粱肉？吾教汝織屨而賣之，墾山田而種菽粟，縕襖以掩體，饘粥以糊口而已。爾又何遽爲重帛、粱肉"，則凍餒人大慙而道傍觀者皆大笑。今樂行之事，實有類於是。

書上半年，而漠焉不蒙報者，其必有長者之怒而傍觀者之大笑乎。卽私心所以悚悪者將如何？而卒乃不置而復之開示益勤，感幸深矣。但至以晦、退二夫子書見諭，則尤非樂行所敢聞者，悚息悚息。

道學文章非二事之教，深得朱子《唐志》說之意，樂行雖不敏，敢不佩服以終身而又爲儕類同志者誦之乎？李景文長書所論，果何如？其健處爲何語？執事所許以切中病痛者亦何事？兩家往復書，伏乞早晩投示焉。

石泉數月之會，向風欽想之餘，深愧此身無分，不得廁跡於牀下，承緖論而供筆硯之役也。唱酬全軸，亦乞寄示。今所投數篇謹承，玩其提及家大人處，令人感泣。

七月旣望，果汎舟何江？所與游者何客？和蘇子賦乎？抑次陶山韻乎？中元前日，雷雨震滌，瞬息間，天無點雲，月色如晝，不知此夜有樂之者在否乎？亦有發之吟詠者乎？

有感物興懷，反諸人事而爲言者乎？

一進承誨，竟莫之遂，瞻望巖、泉，可勝悵然？南走後當落落矣，惟祝自愛崇深，以副遠誠。

答權江左

在鄉時一進承誨之計，竟未遂，秋末南下，回首悵然。臘間伏承重陽日所賜手書，滿紙懃懇，無異面命，區區欣悚兼至。卽日春寒尚嚴，伏惟侍省之餘，尊體康福，瞻仰不任下誠。樂行親候無一日安，衰敗無餘地，煎泣奈何奈何？所館村裏，癘氣盤礴，託在山頂廢佛舍，今五月矣。黃茅石广，風雪凜然，異鄕孤囚之悲，比前日有甚焉者。臘望大人除衰絰，而僅有晉陽二知舊相問，鄕里親戚，更無來者，獨不肖在側，日夕默默凝涕而已，不復能爲寬譬之術。

昨得家書，弟與妹俱有重病，爲兩地親憂又不少，事事如此，方寸益亂矣。縱令時對書卷，奈不入心何？承諭不勝慙汗。辱投諸篇，謹拜領，盥手而讀之，前後惓惓如此者，豈以樂行爲可與言詩哉？固知盛意有爲也。

春晚以往，大人當輟讀禮，安得一屈文座，使咳唾滿此瘴海頭也？《龜亭》排律、《赤壁歌》，當世無此手法，雖使東坡復作，未必不放出一頭地也。

答景文書，南來時過其書齋，得以奉玩。美哉，其文辭也！景文前書不害爲君子之爭，後書似不無病痛，渠亦已自首，不必深非也。如何如何？如樂行乃齊、楚間之小國也，方不暇於擇所事，齊桓、晉文之事，何可當也？承命悚懼，不知所以仰報耳。還鄉未易，趨拜杳然，惟伏祝體候以時增福。

答權江左【甲子】

昨從槽峴歸，下札留案，擎讀感暢，怳若復置此身於杖几之下也。

日昨縱葦之樂，益令屈蠖艶歎。然鄙蹤徑還，本非慮及於此，實爲槽峴往哭，有不可已者，而尊敎乃歸之以美名，眞所謂"不虞之譽"，而亦恐出於牖迷毖後之盛意，是用感誦耳。《中庸》說，旣承姑留之命，玆敢竢後耳。

與權江左論《中庸》疑義

讀書起疑，前賢所不免。然才高者，率多起疑，蓋才高故見高，見高故疑從而生爾。

朱子於《中庸》自謂"沈潛反復，有年而後，得其要領，乃會衆說而折衷，旣定著《章句》，又爲《輯略》、爲《或問》"。夫以大賢聰明之超絶、義理之精深，用功力如此，是必一字一句無復餘憾，考諸前聖而不謬，百世以竢而不惑，後之學者，惟當熟讀潛玩，以求其旨趣所歸而已。顧往往不無致疑者，蓋亦才高之所致也。

然竊觀高明所箚記，未嘗主張己見，設爲問難之辭。每於推說處，輒繼之曰"眼目不到，有此質問"，其主意在於講討切磨，以得朱子之旨。其視世之立異求多，傲然有自我作經之意者，豈可同年而語哉？

夫爲彼者方輕視朱子，欲刊去章句而行其說於世，況可責其往復問難於師友間乎？師友尙然，況可望其下問於初學後生輩乎？今高明不但有所須於朋友，雖蒙陋藐末如樂行者，亦辱爲之俯示，許令貢其一得之愚，此又何等盛意也？

樂行謹拜受而退，旣讀之卒業。竊感謙虛好問之德，不揆僭妄，敢以淺見所及條錄呈上。但患此眼目眞不到，不惟不明朱子之旨，於高明之論，亦未能領會其所爲言，必多醜差處，是爲愧懼耳。然非敢以論說自處，實出於稟疑之意，伏乞一一批誨，發此蒙蔽，幸甚幸甚。

第一條。

○《或問》此說正與伊川經權之說合，朱子已自引之而見於小註中矣。夫中與庸，名雖殊，理則一，未有中而不庸者也。堯、舜禪授，湯、武放伐，旣可謂"時中"，則亦何可不謂平常之道乎？ 蓋隨所處而各得其當卽所謂"時中"，而所謂"時中"卽平常之道也。 在堯、舜、湯、武之時則禪授、放伐乃平常之道， 在禹、文王之時則傳子、事殷乃平常之道。 若堯、舜不爲天下憂而傳之朱、均， 湯、武不應天順人而任桀、紂之毒痡，則却非平常道理也。如是言之，未知如何？

第二條。

○ “命”、“令”二字，分別似過當。或說“命字帶得令意，故訓以猶令”云者，恐無病。

蓋從古文書中言“命”字處，其大意則雖皆賦予、命令之意，然立言地頭，亦各不同。如“維天之命”，朱子於《周頌》本章及《中庸·二十六章》，皆訓以天道，不直以命令之意解之，是其立言地頭，與“天命之謂性”不同故也。“天命之謂性”命字，必須以命令之意，明白解之，然後可曉後學，故曰“命猶令也”。

“猶”之爲言，蓋謂“命”字之意，如“令”字之意耳。恐非以“上天之載無聲無臭”故嫌於下“卽”字，而以“猶”字下之也。盛論所謂“猶字下得好”者，正在下段“猶命令”之猶字，若上猶字已有此意，則所謂“猶命令”者却成屋下之屋矣。未知如何？

伊川“天所賦爲命，物所受爲性”之說，朱子蓋嘗引之，以明此章之旨，而《易·本義》亦因之，其說誠至矣盡矣。但未見與猶令之訓有深淺，蓋賦與令，其意畢竟同歸，雖子思本文之命字，亦未必深於令字也如何？

子思言性，專言理，不雜氣質而言，則訓以“性卽理”，似無可疑。“從心、從生”，特以造字取義言之，此處註解，恐不必爾也。陳氏所謂“性是在我之理”者，旣曰“在我”，則其在於心，不待言而見。況自天命而言之，謂“在我”却切於謂“在心”？蓋以我對天而言，然後天人賦受之義明矣。如何？

所謂“子思見天理主宰之妙而立言之際，不得已而下命字”者，甚精切。但“眞精合凝之妙，天理爲之主宰?”云者，似未穩。蓋眞已是天理，而又云“天理爲主宰”，此恐爲病。且“眞精合凝之妙”六字與“妙合而凝”，文字似嫌碍，如何?【“繼善”之說，其義甚廣。然所謂“善是天人之際”者，亦至論耳。】

第三條。

○ “氣以成形而理亦賦焉”，許氏說外，恐無復可推者。木齋“覺悟”之意，雖不敢窺測，然曰具則未見天之所以命之之意，曰賦，然後方含命字之意。如何?

第四條。

○ 喜怒哀樂，情也，渾然在中則性也。況沖漠無眹而衆理必具? 雖寂然不動之時，亦自有喜怒哀樂之理，非其中全無苗脈發處，始爲喜爲怒爲哀爲樂也。

答張欽夫書，固嘗以“之未發”三字，下於哀樂之下渾然之上，而未見其語滯，去此三字，亦未見其欠闕。

蓋“在中”云者卽未發之謂也，旣言未發而申言在中，固無不可。但言在中而不言未發，亦未爲不可。未知如何?

第五條。

○ 所謂“聖人之敎只是率性而脩明此道”及“率循天理之正，自然爲道”，“遵循自有之性，略略收拾來”等語，亦或爲名言之一疵否? 夫游氏所謂“因其性之固然而無容私焉，則道在我”，楊氏所謂“無竢乎脩焉，率之而已”者，固若不涉人爲而言。然同歸於呂氏之病，何哉？

蓋率是懸空說，非就行處說。“率性之謂道猶言”從此性去卽是道”，所謂“從”非人從之也，乃懸空說爾。故朱子曰“率性非人率之也”，又曰“率字不是用力字”，又曰“循字非就行道人說”，又曰“或以率性爲循性命之理則爲道如此，却是道因人，方有也”，以此數說推之，其義可見矣。

游、楊之說雖有“無容私焉”，“無俟乎脩”之語，其曰則“道在我”，曰“率之而已”者，終未免有人去行得之意，竊恐此其所以爲病。蓋“率性”二字乃道之名義，道之名，豈待人行之而後立哉？無論私與公，纔就行處說，便不是率字本意，便不是道之名義。如何如何？

第八條。

○ 盛論曰“若言性、道、敎而已，則學者不知所從入處，故繼言‘道不可離’一節，而以戒懼謹獨爲下工之要”，推說甚切。但所謂“性道敎是聖人事”者，恐未穩。敎，固聖人事，若性道，乃出於天者，豈聖人獨有而衆人無所與耶？況子思立言，卽性道名義，不可以事言之，如何？

第十二條。

○ 所謂“心一而不二”者卽所謂“虛靈知覺”一而已之義，而若人心道心則就此一心之中，以其所知覺之不同者而言，蓋統言心之體用則非二也，分其所以爲知覺者則非一也。心合理氣，故從理邊知覺者爲道心，從氣邊知覺者爲人心。然統言之，則其爲心一也，故曰"一而不二"，曰"一而已"。察者，此心自察之也；守者，此心自守之也；使者，此心自使之也，觀程、朱諸賢論操存等說可見。如何如何？

抑以心使心，程子蓋嘗言之，恰似以心觀心之說。朱子說亦有與呂氏此說相近者，而此皆不爲病，彼獨爲病，如"生之謂性"，告子言之則不是，明道言之則是。大抵義理說話，當看其主意之如何，不可以字句近似處相比較，如何？"心者，人之所以主乎身"以下一段乃朱子語，今云"程子曰"者，恐偶失照管，當釐正否？

第十五條。

○"純一無僞"是發處專一不雜，無詐僞之謂。赤子飢便啼喜便笑，皆是眞情，全無智巧，此所謂"純一無僞"也，故曰："因其發而後可見。"若未發時，只當曰"寂然不動而已"，不可以"純一無僞"言之，故曰"純一無僞，不足以名之"，純與一，自是一意，恐不必分而二之。克治工夫，亦恐不當言於赤子。或本意自不如此，而文字有小差否？

第十六條。

○ 水鏡體用之說，蓋以鏡之明與水之淵停爲體，以鏡與水之照物爲用，恐不當以流爲水之用也。然則"明止"二字，言於已發處，亦未爲不襯，如何？

第十八條。

○ 訥門所謂“《中庸》、《周易》爲表裏之書”者，誠至論。但所謂“遇變免於刑戮”者，竊恐容有可論。今不敢盡其說，然姑以《中庸》觀之，“驅而納諸罟擭陷穽之中，而莫之知避”者，固爲不智，而“國有道，不變塞焉；國無道，至死不變”，實爲君子之强。以《易》觀之，“何校滅耳”固爲凶，而“致命遂志”，亦君子遭不幸者之所以也。況人生吉凶禍福，莫不有命存焉，非智力所可圖也？故孟子曰“夭壽不貳，修身以俟死，所以立命也”，蓋君子行己，惟視道之當然而裁之以義而已。禍患之來乃命也，亦將如之何哉？愚間嘗作《讀易說》曰云云【見雜著】，寂寞無聊中，漫此打乖，不敢隱於收教之下，謹竝錄上。其狂僭之罪，固不可逃，然亦乞痛加批誨，以開迷滯之見，幸甚幸甚。

第二十七條。

○ 以過與不及爲兩端之說，固好矣。然詳觀《章句》及小註，則過與不及之說，恐猶有未盡。

姑以小註推之，有功當賞者，或說合賞百金，或說合賞十金。其說合賞則皆善矣，而百金厚十金薄。吾執其百金十金之兩端而量度之，合賞百金，則百金是中，吾便賞百金；合賞十金，則十金是中，吾便賞十金。此所謂“於善之中，又執其兩端而量度以取中”者也。若以爲百金太厚，十金太薄，而五十金爲中，便賞五十金，則所謂“但去兩頭，只取中間，這頭偏多，那頭偏少而反爲不中”者。故不善觀於過與不及之說，則或歸於子莫之執中，必須以百金、十金等說參看，然後無虧欠。《章句》所以於兩端之解，不著"過不及"字，只曰"如小大厚薄之類"云者，恐以此歟。蓋說中之義則以無過不及言之可也，說兩端之義則以過不及言之，似未盡。如何如何？

第二十八條。

○"非是別有一箇道理"云者，非直以三者爲中庸，特言中庸是三者中道理爾，所謂"於三者做得恰好處便是中庸"者是也。蓋中庸之德，未必止於此三者，而亦不可外此而別求中庸。朱子恐人以三者爲一般道理，以中庸爲一般道理，則其弊將至於捨事物而求中庸於空蕩之地故云耳。如何？

第三十條、三十一條、三十三條。

○"抑而强"以《章句》及陳氏說觀之，蓋謂汝之所當强也，非直以四强許子路，乃所以勉而進之也。以"而强"爲子路之强及以"北方之强"爲子路之强，卽侯氏說而《或問》非之，恐高明未及撿看。

《第十章》所謂"子路勇也"，特取其起語云者甚好。但此亦以子路所當强之四者言耳，非以子路血氣之强，直列於大舜、顔淵之下也，如何？"居之"恐是由之、以之之意否？

第三十二條。

○胡雲峯曰"《章句》於回與由則曰擇、曰守，於舜則曰'擇之審而行之至', 不以守言", 古人已有分明言之者, 而今盛意又以下"擇"字於舜爲疑, 信乎義理之無窮而講究之不可不益精也。

但擇亦不同焉, 大舜之擇乃明睿所照之擇也。是其方寸之中, 鑑空衡平, 人言一入於耳, 其是非得失, 便已昭昭然, 無毫髮之差矣。然而舜亦必擇之審, 斯其所以爲大知, 斯其所以爲大聖, 如何如何?

況聖人雖曰"不待思勉, 而從容中道", 然其於輕重長短之間, 亦何嘗漫無權度而一任其耳目手足之用乎? 又何嘗自恃其生知、安行之聖, 凡於事物之來, 略不加意而惟其所欲乎? 誠如是也, 大舜不必以精一告禹矣。如是言之, 亦不至大悖否?

第三十四條。

○ 五常、三德, 皆性之德, 而知、仁二字又相同, 則固若無二致。然其名義亦各不同, 以惻隱羞惡恭敬是非誠實之理而言, 則曰仁義禮智信; 以擇之、守之、斷之而言, 則曰知仁勇。此等處隨其所就而言者, 各求旨趣, 恐無妨, 不必牽彼合此以相湊泊, 如何? 蓋《二十章》所謂"五達道"乃此五常之道, 而"三達德"乃所以行此五達道者, 則其所主地頭, 自不同矣, 如何?

第三十六條。

○ 以天地之大, 若可以兼覆載生成之功, 而天不能載而成,地不能覆而生，此已是偏處。至於當寒而不寒，當暑而不暑，當祥而災，當灾災而祥，則又失其正理，此皆使人不能無憾者。蓋天地自有可憾處，故人從而有憾，若本無可憾，而人以私意致憾，則聖賢豈言之哉?

如四時之以序相推，乃理之當然者，朱子何嘗指此而言?恐高明偶未之察，而楊氏以祁寒暑雨天地不能易其節爲可憾，此正盛論所疑也。如何?

蓋楊氏之說以寒暑自爾之機爲道之所不可能，以天地不能易寒爲暑、易暑爲寒爲人所憾，此已失子思之旨。況子思之意以爲"天地亦有所憾，是卽道之所以費"云爾，而楊氏乃以爲"人雖有憾，道固自若"，豈非失之遠者耶?楊氏所謂"道"果爲天地之道，則上段旣以道與天地分而言之，而旋又合爲一物，上下語意，不免自相矛盾，恐楊氏本意，自不如此。蓋謂人雖有憾於天地，而寒暑自爾之機則固自若也。今盛論曰"天地之理，不以人之有憾而不自若"，恐竝與楊氏之意而失之矣，如何?

"及其至也"之"至"字，朱子說見於小註者，十分明白，豈未及考撿否?今曰"禮與官，果是至處歟"，正犯朱子所斥之意，蓋至者非謂精妙處，特言其無所不在耳。化化生生之理乃所謂"精妙處"，若不知精妙處，與庸人何異?以首言夫婦，而便謂聖人所不知不能，亦是夫婦居室之事，則到"天地之大"一句，有說不通者，奈何?

"破"字，小註朱子說，已有"破而作兩"之訓，或未考耶?小云者，非謂至理微妙之極處，特微細藐小之意耳。蓋語道之大則至於天地聖人之所不能盡，語道之小則至於愚夫愚婦之所能知能行。道之大者，天下莫能載；道之小者，天下莫能破，如此看似平順，如上天之載無聲無臭，恐非本義，如何？

第四十八條。

○ 竊觀所論，可見孝子怵惕警懼之意。然爲人子孫者，但當盡吾誠孝，如孔子之如在、《記》所謂"見其所爲齊者"而已，颯然之異，不必論其有無，如何？

第五十四條。

○ 嘗聞禮，爲庶母緦，而庶叔父兄弟姊妹，無降服之文。下鄕先輩所著之禮，其書雖傳，恐不可爲法，如何？

第五十五條。

○ 本廟之列與祫祭之位，其左爲昭，右爲穆無異。但以本廟之列言之，左是東右是西，東爲陽西爲陰，卽其地而自不失昭穆之意。以祫祭之位言之，左是北右是南，北爲陰南爲陽，以其地則非昭穆之意，獨以其所向而有昭穆之意。故《或問》曰"羣廟之列，左爲昭而右爲穆；祫祭之位，北爲昭而南爲穆"，蓋羣廟之列，其左陽右陰與東陽西陰之位合，故但云左右，而昭穆之義自著；祫祭之位，其左陽右陰與北陰南陽之位相違，故不云左右，而以所向分昭穆也。

朱子之意，非以爲必待太廟祫祭而後，昭穆之名始立，而今盛論如此，竊恐未安。陳氏所謂“昭在左爲陽，穆在右爲陰”者，以羣廟之列言之固然，而以祫祭之位言之，其義有未盡者，未見其大煞分明，如何？主在本廟室中，皆東向者，古者廟制，戶在東，牖在西，西南隅爲奧，奧乃室中之尊處，故爲主位。主坐奧向東，而人由東戶入，正向主所坐。此略見於《家禮·祠堂章》，未知此外別有向東之義否？

第六十條。

○ 庶人祭社，古禮未知如何？然以《記》所謂“導及士大夫”及朱子《鄂州社稷壇記》所謂“自天子之都以至國里，通得祭”者觀之，里中社，亦恐當祭。但後世無行之者耳，如何？

第六十三條。

○《章句》於此二節，蓋三轉爲說：以三知爲知，三行爲仁，至於知之成功而一者爲勇者，此一說也；以生知安行爲知，學知利行爲仁，困知勉行爲勇者，又一說也；以三知爲知，三行爲仁，三近爲勇者，又一說也，非矛盾也，乃《或問》所謂“曲盡”者也。困知勉行者，其初雖昏蔽駁雜，天理幾亡，而終能反之，以至於與生知、安行者爲一，則已爲勇之成德，而知恥僅起懦而已，未及乎困知勉行者之地位，近乎勇而已，未至於勇之成德。若從知恥而進進不已，則亦與困知、勉行之勇爲一矣，如何？

至於小註所引“舜人，我亦人”之說，乃孟子汎論“君子終身之憂”之語，非顏子事。顏子則曰“舜，何人也？予，何人也？

有爲者亦若是", 此直以舜爲可爲, 視孟子所指之君子, 其力量地位又自別, 其可謂纔近於勇而不及於困知勉行者乎?

蓋高明以小註所引, 錯認爲顏子語, 而於朱子引此之本意, 亦恐有不察者。朱子之意, 非必謂爲此語者, 是近乎勇之人也, 特言知恥若如此語之爲, 則進學不得不勇云爾。此等處, 恐當活看如何?

第六十四條。

○ 九經之親親, 是就諸父昆弟而言者, 誠如盛論。但"親親爲大"之"親", 恐亦通諸父昆弟而言, 蓋以"親親之殺"云者觀之, 可知其非獨指父母矣。所謂"言仁義則親親在尊賢之前, 言爲國則尊賢在親親之先"者甚切。但末段"安有先尊賢而後事親"云云者, 恐未穩。"思事親不可以不知人"者, 固已先尊賢而後事親矣, 豈硬守前說, 以知人之人字爲人道故云歟? 蓋平說仁義, 則親親固在尊賢之先, 若言行之之序, 則必尊賢得師, 講明義理, 然後可盡親親之道, 故尊賢在親親之先, 如何?

第六十五條。

○ 禮遇, 不如體而察之之出於誠心, 出於誠心, 故彼之報禮重。若但以虛禮縻之者, 未必得其重報。以此言之, 體字最切, 況兩節體字無皆誤之理? 恐不容致疑, 如何?

區區所云, 假令有一斑之見, 實無毫髮心得, 皆依倣《章句》、

《或問》及小註諸儒說，恰似擧子臨券攟掇，已不免高明所譏斥。況湊合爲說之際，安保其不失本旨耶？紕繆處，恭竢開誨。《二十一章》以下竢續成，更賜投示，使蒙陋卒受啓發之賜伏望。

與權江左【丙寅】

伏惟春煦，侍餘德履，神相康福，瞻仰之至，不任下誠。

西駕，果以再明結靷否？道遇枕澗令丈，甚欲從者停行，其說多，非拜難悉。樂行一行，窮迫所致，而仄聞執事有不可之意，訥門答書亦示鄭重，行且思之，尤悔已積。幸被柳丈直截之敎，自黃江回轡，自此可免得罪於有識者矣。今方措備行具，便當南走闊焉。未卜歸期，何日可得從頌承敎？伏紙悵悃。

答權同知【墉】

樂行再拜。樂行自省事來，竊聽執事德學風儀之盛，區區慕仰之私，不但爲戚尊先契之重而已。顧以數十年間患難喪變之極，萬事緯繣，至今未得遂納拜之願，一念耿耿，常懼虛過此生。乃蒙執事降屈三達，特賜手書，所以悶惻而慰藉之者，有使人感泣不自勝者，亦有非不肖愚陋所敢聞者，擎讀十數，不知所以爲諭也。卽日新春，伏惟尊體靜養，茂膺萬福，永錫難老，贊賀之至，無任下誠。

樂行孤陋殘喘，頑然不絶，無足仰煩崇聽者。平生之願、私心之畜，有不可以尺紙盡之者。金谷有姻親喪戚，早晩可一往弔，當遂趨造門下，以伸再拜之禮。姑此不備。

與李丈【文煥】

日者伏承辱復，感戢無已。卽辰雪積，不審尊體調養何如？壻郞連住僧舍否？年少做工，莫如就靜教導之勤，良可歎仰。

妄有所稟。樂行於執事年紀固越絶，世誼輩行又截然，所以俯際之者，本合以故人子見待。況今與令胤結兄弟之義，倫序等分，尤不可紊。前後賜書簽面，加"兄"字，自稱以"弟"字。伏念尊門禮法所出，或者有所据。然區區淺見，竊以爲未安，幸乞更加裁量。如未有前賢已行之例，又非尊先遺訓所係，今後不復因徇，以安私心，千萬千萬。

與張進士【東載○庚午】

音耗稍阻，霜風漸緊，伏未審體候動止何如？慕仰之至，無任下誠。樂行，老人感冒，乍往乍復，私悶私悶。

元孫誕降，臣民普慶，大霈時，先人姓名亦與於給牒之命。雖以防啓，旋卽還收，而私心感泣，曷有極耶？

與宋進士【履錫○庚辰】

年前枉顧，迨今依然不敢忘。卽日寒沍，不審靜養啓居何如？齒髮神觀，不益衰否？藏器盧老，固非疇昔所期仰，然閒居趣味，必有超然流俗之外者。又有滿庭蘭玉，足以分付繼述之業，晩景至樂，孰有過於此者？瞻仰艶歎，實非尋常比也。

遺簡搜索無遺，堇得此三幅。竊惟前後往復，似不止此，當是私家患難之際，不肖輩不能謹藏，以致放失耳，悚歎奈何？三幅謹此呈上，載錄畢，還以見付，使珍蹟仍留私家舊蹟中，是所懸仰。

樂行，老母年益深氣益微，窮匱棲屑，無以爲養，傷歎奈何？

答李欽夫【猷遠○己巳】

伏承辱書，謹審比日勞勩馳驅之餘，體履康福，感慰交至，不任下誠。

先集入梓，斯文幸甚。況又訖功如是之敏，非慈孫闡揚之誠，逈出尋常，何能爾耶？令人聳歎。

樂行將母粗依，而仲母瘇疾非細，餘外憂撓多端，私悶私悶。科行自十年來，已停廢矣。年近五十，顧乃爲馮婦耶？然亦非有一毫標置之意，實以程文路脈作黑窣窣地久矣。不修人事而希覬萬一之幸，非平日所聞者，且喪後吉祭，擬於今下丁行之。古人吉祭之前，以喪禮自處，尤何敢冒哀作榮進之計耶？私心拙直，惟見此數義而已。

所諭末俗窺覘，未知指意何在？使人驚懼，無以爲對也。《世典》姑未爛熟奉玩，敢更留之，以待後敎斤正之諭，何執事不重發乃爾？不敢聞不敢聞。但或有字訛處，不免輒加標識，此外又不無一二可疑者，而非卒乍所可書稟，竢後一質伏計。

答李欽夫

胸中有無限欲陳之懷，而奉拜時亦未吐一二，瞻望歸御，悵歎何極？

月初伏承下札，辭旨惓惓，所以致恨於稠擾未盡者，正先獲下生之心，感拜之餘，又一喟然。第謝儀未及回便，稽延至此，孤負德意，不勝愧悚。伏惟日來，體候增福。

自執事有近事以來，私心竊冀其向西宿計，因此而遂，下生輩得同鄕接隣之幸，而顧事有不如意者。蓋錦水密邇遺墟，若得執事來卜以紹舊跡，豈但如顔居孔作而已哉？此實隣里後生之至願，而獨其生業不可不念。

旁近親舊，皆凋殘無氣力，昔日旣不能調護扶持於師門喪難之後，竟使孤寡有復我邦族之行，今亦何以補絲毫於執事之所經始耶？ 相愛之深如士會輩， 皆不以爲得計則如樂行味事無力者，何敢徒以獲近門牆爲喜而率爾勖成之耶？此所以前者陪奉之日，座中諸人商量利害，各呈所見，而樂行兩端在心，不敢質言，終始默默，只欲從傍竊觀其歸宿之如何，頗似恝然不以爲意者，而其中情實如此，及承斷置之敎，爲之悵然如失，而猶以浙陰新計爲幸之次矣。

書中諭以棄浙陰，而卜坡溪之間，亦不可謂非幸也。續因東來人，聞院皐之計大定，向來所望幸，今皆虛矣，良可慨然。然其於生業一塗，實莫便於彼，況非久遠之圖？且料理數年，終當移就坡溪間云審爾，誠計之得而幸之甚也。

暮境棲遑，固可惋歎，然吾道固如此，亦奈何奈何？此吾黨中一大事，而旣不能致力以奉助萬一，又未及以言說貢愚慮之一二。 玆因書煩縷如是， 當使傍觀爲之一笑也。所命文字， 前後勤敎至此， 何敢終以不敢當爲辭？ 而但今時義有不便者，恐不必汲汲如是，稍待後日無傷。如何如何。

答李公燮【台煥○丙戌】

承拜下札已累日，而連有出入，未卽上謝，愧悚深矣。近日不審調候攝養，復何如？瞻仰無時已也。

辱投兩律，仰認眷眷不遺之盛意，跽讀珍感，何啻百朋之貺？惟是假借太不著題，長德一字揚抑，不宜輕施，而何其不自愛惜至於此也? 且況平日所仰於下執事者, 不敢與尋常知舊先進等, 若以外面形跡相待, 已非情義之所宜爾。至以萬萬不近之語, 强以加之, 則得無近於調玩戲劇如弄小兒樣耶? 竊爲之慨然於中, 不但愧汗悶甏而已。以此雖家人兄弟父子, 不敢出示, 將來亦將請刪於縹箱詩集中, 恐不免爲浪用神思虛勞筆札之歸。伏乞今後俯諒此意, 一切除去此等, 千萬千萬。

既非所敢承, 循例和呈固可廢, 而有施無報, 亦非事長者道, 謹搆拙仰呈。此眞不可以詩律視之, 實出於不得已耳。

與權進士【莘○辛未】

仲冬往返忽忽, 承誨未穩, 迨極悵仰。歲飜伏惟體履茂膺新休, 慰賀不任下誠。樂行, 老人粗安而逢新懷緖, 益難自聊奈何?

召羅祔事, 擧廢何決? 嘗質之訥翁否? 所論何如? 恨未承聞耳。歸後適於《記》中得數證, "士易牲而祔於大夫"一也, "妾無妾祖姑者, 易牲而祔於女君"二也。抑古者服制, 於大夫士之分則甚嚴, 而更無嫡庶之別。以此推之, 雖庶孫, 本無不可祔祖之理。若以爵位率之, 今日之事乃爲大夫祔於大夫, 尤恐不可以僭逼爲嫌也。若妾之於女君, 則其貴賤之分, 不啻士之於大夫, 恐亦不足爲今日之援證, 如何如何?

大家禮節, 非區區外人所敢與, 而既嘗猥承諭及, 玆敢以淺見所及私於執事者，非敢必欲如是行之，特望有以批示之耳。

與權士安【正宅○甲申】

德門凶變，尊堂叔母夫人奄忽違世，伏惟親愛之隆，悲慟何堪？卽奉令再從姪叩，審尊動止有相，瞻溯之餘，不任慰幸。

《刊補》勘正之會，執事旣有服，不可遠臨，蘇湖亦以其內患，未得成行，故已議退待春間而遷就如是，前頭事故，又未可知。大抵意中人，竝皆無碍，實未易，必欲團聚，恐無其時。莫如屬之蘇湖，責其了當，而餘人各貢所疑，以備去取之爲得。

高明前日所箚錄，果已搜得否？雖或終失，一番更閱，錄出不難，幸以閒暇時留意，投寄一本，以爲轉致蘇湖之地如何？此則不必待春生，目今亦無不可。深恐遲延，終成千古之恨，願亟圖之毋緩也。

答李伯實【東英○戊午】

頃於仲春，自濟州有直達家鄕之便，而闃然無書於兄，非忘之也，勢有所不遑也。兄若聞之，必罪我矣。卽因家使之至，獲承兄書，兄之敏且密，固遠邁於弟而亦勢有所不同也。二月卄八得家書，書中不言兄邊事，其無他急迫之憂，可以推想，而懸慮則深矣。

此中家君脚患，今已完合，庭除之間，扶杖運步，而痰嗽焦壅，腰背牽痛，四肢痿疼等證，往往苦劇，蓋積毁餘毒，水土瘴氣，似兼之而交發矣。冬間問藥於濟州褊裨善醫者，用湯劑，期以累十貼，而以藥局無山棗仁故，迄未繼用。竹瀝膏僅得數三升而用之，此島取瀝竹絶貴，且無生薑，良可悶塞。粮米若干所備者只是小米，至於大米則無貿取之路。但以入來時所裹數石及濟牧三次所周數斛爲親糧，弟與僮奴輩則食小米，而島麥蝗損，將不免大歉云，前頭聊賴之策，似無著手處矣。

冬間春初則猪鹿獐雉之肉，可謂狼藉，農劇之後，絶不可得。海腥亦頗稀貴，雖有之者，味甚不好。蔬菜亦與陸地不同，雖或得用，吾與奴輩調味而進，鹹淡不適於口，如是而何能盡病中調養之道耶？

去冬三朔，無日不風雨，房室當晝漆暗，繞屋皆竹木，風聲震蕩，令人凜凜。門外五里卽大洋而無丘陵之隔，蓋旋義乃一島之南盡處，而所謂"玉溝"，又旋義之南也。以此瘴霧特甚，春生以來，朝暮之間，房中衣衾盡有濕氣。仲夏則不辨咫尺云，將何以堪之也？

薏苡爲勝瘴之物，而此地無産處，醫書以酒爲治瘴第一方，而淸酒則不但難得，亦有害無益云，故初不釀取。只以濟牧、靜倅時時見餽之秋露爲少禦霧濕之資。主人隣里亦或相周，而皆是難繼之道，可悶可悶。

水味不甚惡，自古無飮此村水而生疾者云。當初請於金吾郎而圖之者，蓋以此事稍勝於他處，且早晩痘疫自陸延及，則官邑例多先染，外村猶可少遲故也。而無論邑村，旣在棘中，無移避之路，其將奈何？島中姑未聞有痘發處，神若哀之而仍免此患，則豈非幸耶？

陸人或言"旌義土疾，勝於濟州大靜矣"，及來詳問則三邑中土疾及瘴氣之甚者，無如旌義，獨此村無土疾云耳。

謠俗被服之駭異，固不足言，而所謂"士夫"者，皆業弓馬，或有一二科場擅名之類，而所居稍間，姑未來見。且書冊絶少，無借看處，此爲鬱悶，不得已請借於州牧，得若干冊子，爲消日之資耳。

此中至貴之物，不可枚擧。白米爲第一貴物，非全然無之，但水田不多故也。綿帛去核等物，亦非島産。紙價則異於所聞，蓋島紙雖色麤品惡，而亦不至全無故也。胡桃、柏子、棗、栗亦無之，乾柿亦貴。其至賤者，以果則橘柚也，以藥材則陳靑皮厚朴也，而以遠客而求之，則賤者亦貴矣。牛黃素稱此島多出之物，而吏民之規利者，輒深藏堅諱，潛賣於陸地，方欲貿取小許，而無可奈何矣。

人參元非島物，大抵藥材中厚陳靑半梔五種外，皆貿易而入來耳。如鹿茸、桑寄生之類，固是土物，而此則絶無而僅有者耳。小竹如箭者，人家處處，密密如束，蓋木類最至賤，故柴政不甚艱，而松則亦貴耳。

此地別有至貴者，兩班之著笠著道袍者，常漢之著蔽陽笠者。蓋所謂"兩班"者皆著氈笠，服冤狗皮，常漢頭著冤皮甘土，出外著氈笠。服色無上下之別，故弟嘗累次坐受兩班之拜矣。又有至賤者，牛也、馬也、烏也。蓋馬價則雖高，而山野之間，無非牛馬也。烏族之多，至於蔽天，終日亂鳴於屋頭籬外，常入廚中，偸去食物，令人增一愁惱。鵲則無之，蓋鵲報喜之禽而烏可憎之物也。至於禽鳥，亦無喜而多惡，其土地之善惡，亦可推知也。承兄書中土物貴賤詳示之教，故聊此奉戲，或資一笑耶？

冬春朝紙，濟牧輒投示，而疏箚則無得見之路矣。因兄錄示一疏，可見彼論之不消磨也。

濟牧相恤之道，雖令平日親舊爲之，無以加焉。蓋非待人言及而如是者，其本心非甚畏時議者也。靜倅亦素昧者，而數次來訪，數次有餽。主人及隣里一二人，亦有周急之義，常漢風俗，亦不至於太薄惡。但自古有勢宰相之謫居者，上下不無得力之事。故欲有求於謫客者，皆干涉於官府之事，而親意一切撝却，渠輩必落莫矣。

本縣新倅則非但素昧，亦必無相問之意，自我又無相干之事，其顧問與否，有何損益？濟牧則以爲如有切迫之事，則勿憚來請云，而一再回謝外，絶不干請耳。

家書得於日夜憂煎之餘，稍慰此心，而王母移寓之報，一倍悶慮。慈親强疾撿家，百憂叢集，而如光天兄輩，又皆奔迸，朝夕寬慰之道，亦不如前日，尤令懷緖作惡耳。餘非幅紙所可盡，姑此不宣。

九思堂集

卷三

書

書

與李景文【象靖○壬戌】

春潦非常，謹問侍省之餘，學履何如？樂行，家嚴冬間有疾病之苦，變除之哀，氣力毁鑠，固已無餘地，又被痘廹，棲屑山谷間，今五朔矣，危窘當如何？

昨歲五月過五陵，已後棄歸，悵惘可言。彼時一行，本非有他意，蓋以還配後當有本道狀聞，欲探其措語如何，因此而時勢物論，亦或可知，且一二名公，有不可不一番鳴謝者故爾。然初不稟知家君，旣失遊方之義，亦有貽累之慮，歸來悔懊正深。向對李丈公燮爲言"景文頗非之以爲不以古人自期"，信乎君子之愛人以德也。

私家所罹境界，誠古人所未有，不肖無識，只覺情勢迫切而已，不暇揆之以義理，作此妄擧。親戚朋友間，亦以矜之之意勝，故雖或心知其非，而未聞有質言者，微景文，何以聞此言？感歎欽服，不知所謝。

近從親舊，竊聞家食以來，所學日優，且有藏修書會之樂，向風馳想，有往從末由之歎耳。

嘗有意作書於光天族兄，斥王伯心迹之論，旣成而旋止云，此古人之意也，何不遂投也？深願早晚一得奉玩耳。

李學甫近者相與處數日矣。志行見識，卓然夙成於人，資益甚多。此事一脈往往有寄托處如此，良可喜也。

與李景文

向者仄聞命駕春陽，既又奉尊府杖几於金溪者數日云。大丈尊年體候康旺，數月來車馬再動，有親知會合之樂，而賢子弟輒以身扶衛之，人生至樂，宜無以過此者。令人咨嗟艷歎，有不自已者。

此間屬得南信，兩老呻吟之憂，乍往乍復，資遣凡百，比又倍艱。緣家累產事在朝夕，不能決去省護，方寸痲亂，無以自聊，奈何奈何？

前書推借，眞是不虞。高明何爲而發此？愚陋何故而得此？誠驚惑慚愧，不知所以爲謝也。但德器深厚，闕門獨善之諭，非惟不敢當，亦不能無憾於相悉之義。高明試思之，此漢果是中有所畜而外爲簡默底人物耶？"莫把金鍼度與人"，世或有爲此者否乎？不敏不敢爾不敢爾。

數段未了公案，適此遇便壯急，未及推說附禀，容竢後便耶？朞註筭法，本爲蒙學不知縱橫者設，恐不必寓目也。近爲一家人所持去，早晚必欲一覽，亦何敢終匿耶？《心經》疑義數條，竝竢後錄呈計耳。南寺之約，固所願也。但私故似相値，此可慮耳。

與李景文別紙

“心無限量”之說，程子蓋以理言之，理卽心之所以爲體者也。理外無物，則心外無物，可推而見，不審盛論指歸本如此否？“會之爲一”亦在此矣，所謂“腔子外是滿腔子底物事”，恐亦此意。初看極令人不快活，近就理上看，稍覺怡然。然言理，不可不言氣，要之氣亦恐無異，不知是否？

“心無出入”，恐又是一義。蓋其感非逐物而出，其寂非從外而入，只是神明不測，酬應萬變，而未嘗不自在於一箇腔子裏。范氏女所識得及程門所自爲說，恐皆此意思，如何如何？此與高明之見，其深淺大小，不啻懸截，想不滿一笑。幸更賜開誨，千萬千萬。

戒愼恐懼是統體工夫，貫始終兼動靜，謹獨是其中一事，專在幾動處。鄙意竊謂謹獨所以屬動處，其意不在謹字而在獨字。以此準之，但曰“戒懼”，則是兼動靜工夫，著不睹不聞字，則是靜工夫。戒懼一節本兼動靜說，而亦可以言靜者以此。若强以意除却動一邊而只取靜一邊，與謹獨爲對，恐非據經釋義之例，如何如何？索居固陋，苦無長進意思，一向守前見，伏乞哀其迷而痛加開誨焉。

《敬義齋記》“貫一”之義，鄙說以一爲心固未安，盛論通首尾爲說，亦恐容有商量。蓋三處“然後”字，各是發明一義。讀《中庸》，然後得持敬之本；讀《大學》，然後得明義之端，觀二者之功交相爲用，有合乎太極之論，然後知天下之理無不貫乎一。今以爲“《易》、《庸》、《學》、《太極論》作者非一手，立言各一義，而其理則貫通只一理”，竊恐於上下文勢，偶失契勘。

但自家亦終不知所以爲說，今又翻轉得一說。持敬、明義，各是一段工夫，而一動、一靜，交相爲用，其理貫通爲一。因此而天下之理，無不貫乎一者，可以推知。如是言之，不審是否？但所謂“一”者，固不必求之於所貫之外，而亦當知一之未嘗不爲骨子於其中。今但曰“貫通只一理”云爾，則亦恐未穩，如何？

南軒所謂“程子敎人以敬卽周子主靜之意”，前此不曾致疑。以下段引程子所謂“涵養之意”及朱子答書所謂“未接物時，有敬以主乎中”者觀之，其意或可通否？學甫云“濂溪自註‘無欲’二字，可見其意”，亦覺有味。然自家見得終不分明，因書示破幸甚。

學甫相對兩日，僅看得《延平答問》一過，不能子細講聞，甚恨甚恨。渠見處愈覺精透。頃被權景晦相訪，略得其議論，亦自卓然。鄕黨往往有此輩，或爲傾否之漸耶？可喜可喜。南寺之約，此數旬內，恐無迎接之暇，竢此間委報如何？

與李景文別紙

主敬卽主靜之意一條，日間偶見《天命之謂性章》附註中，朱子所謂"平日莊敬涵養之功至，而無人欲之私以亂之，則其未發也，鏡明水止"云云一段，似與南軒說爲互相發明處。學甫所云"當以無欲二字觀之"者，愈覺有味，未知如何？但南軒於朱子以靜爲本之說，旣疑其有溺於虛無之弊，以爲不若以敬爲本，而今其所自爲說，乃反合敬靜爲一，豈因朱子答書有契於"敬之所施，有先有後"之旨而云然耶？示破幸甚。

"理氣無限量"之說，頃蒙學甫錄示尊札，渠又自有書來。竊觀兩家所論，義理具足。

　　但愚陋有一說，若就從頭至尾處論之，氣固亦無限量，若就中間許多頭面觀之，畢竟有分數不足處。蓋直看而有消息、盈虛、淳漓、盛衰之不同，橫看而有淸濁、偏正、大小、厚薄之不同，其時分地頭，不啻千萬。夫所謂"無限量"者，自古及今，自彼至此，上下四方，渾然爲一，廓然無間，然後其義方盡。若其中不能無斷續時節，不能無區別界限，則不害其爲有限量，如何如何？曾已略及於學甫，而未承盛誨，玆又附稟。

答李景文

日昨從東坡，伏承辱覆長牋及別紙批誨，百回披玩，感暢無已。至寒正酷，不審尊府調候若侍餘動靜復何如？心氣之患，每書及之，愛慕之忱，不勝悶然。然賢者必不害心疾，想是菖苓可治者，切願日親刀圭，早拔根蔕，千萬千萬。

樂行菫保，惟是胸裏磈磊，融化不得，此由平日全沒功力，乍遇拂亂處，無可受用者故耳。正自愍然，不知所處，今得君子藥石之教矣。日夕佩服，爲按伏罪過之大令章，幸甚幸甚。所愧責勉過重，非區區分量所敢承當耳。

縷縷撝謙之諭，益見有若無、實若虛之盛意。然此事本無窮盡，從古聖賢未嘗有自足之心。今雖自我輩觀之，已是峻絕巍卓，自家心內，何遽以爲我已能是哉？

自道之言，固無足異。但以儕類有所恃而不恐期之於無似，而以導率指麾之地位，乃欲憑依抵賴於此，來諭所謂“於己則抑之，使墜於地；於人則揚之，使上於天”者，得無明於人而暗於己乎？身在百尺樓上，援千仞汚泥中一跛瘂漢，而致之庭除之間，其勤苦亦甚矣。猶且不憚而樂爲之，至於人見已之在樓上而目之以樓上人，則輒咈然而怒，所謂“人己一致”者，果如是乎？

鄙書所稱“道味”等字，曾見前輩往復書牘，不嫌用此。彼前輩自後人視之，固巍乎其高矣，當時相際接之道，豈欲加之以尊大之題目哉？實以此道無精粗淺深之可言。“精義入神”、“明德新民”，固是這箇物事；“灑掃應對”、“射御書數”，亦只是這箇物事，上而孔、孟、程、朱之所存，固是這箇物事；下而讀其書講其說者之所求，亦只是這箇物事，雖其體段有大小，地位有高下，其門路境界，初非二也。況如高明者一意用力於此事，非一日，其所味之者，必不在他而在此也，則稱之曰"道味"，有甚不相稱之嫌？有甚不敢當之義？

"丈席"二字以《曲禮》本文觀之，特言講說之際，所以設席者如此云爾。世俗截取用之於師長先生，固非本義。然仍襲已久，作一通行之號，從學齋諸賢言之，高明安得辭是號耶？

至若"教育成就之"云，又就見成功效眞實處言，却非丈席字只擧名目之比也。如尊門諸先輩及學甫諸人，其見識步驟至於如彼者，雖才質之美有過人者，拆其所以薰染而點化之者，有不可誣，高明雖欲讓而不居，其奈途諸鄕黨耳目何？此皆於義無害，於事無傷，而來書辯詰太過。

至譏之以語夸而情露，令人悚汗不已。薄俗嘵嘵，誠有不可知者，或萬分之一，緣此有累於尙絅闇然之德者，自此當咋指不敢復爾，以無自陷於違彦聖之惡也。大抵徒相謙讓，徒相贊歎，實無益於切偲之義而終歸於閒漫酬酢而已。自今彼此俱掃去此等話頭，惟以難疑答問爲事，誠愚者之幸也。

《心經質疑考誤》、《四七新編》竝承領。但目疾近又形見，未得一閱，雖一閱過眼，輒成沃焦土。切欲倩人謄出，爲從容珍玩之地，而苦乏紙地，姑未果焉，幸容許數月仍留如何？南行挾去，亦無傷否？

《考誤》訂辨之責，高明恐不可辭，及此家食靜閒之日，成先師之遺意，慰後學之餘憾，豈不爲大幸耶？《新編》得失醇疵，淺陋何敢與議？想已有商量評隲者，而恨未承其緒餘耳。前所錄稟辭不別白，無論其當理與否，卽旨意所歸，暗昧而莫之見，追思愧赧。茲敢因而申之，錄在別幅。願乞卒賜開誨，使此孤陋，不至於終迷，千萬千萬。

別紙

“心無限量”、“腔子外是甚底”、“心無出入”。

伏承盛誨，宏博纖悉。其於此心之體，殆可謂無所蔽而盡其量者，三復爽然，胸中爲之開豁，乃知自家本來窠窟褊迫狹小，不但爲坐井觀天之陋而已，良可愧汗。其一二未及領會處，且當熟玩潛思，以待其節次覺悟，而但鈍滯之甚，未可以時月望其知見之長，不如隨卽破疑，以取目前之快也。

盛誨所謂“本然之體，徹顯微合人己，貫上下通古今，語其大則無外，語其遠則莫之禦”者，固然矣。然高明之意，果以爲四海九州之內，千歲之前百世之後，皆爲吾一人之心乎？不然而以爲方寸之間，虛靈洞徹，萬理咸具，此其所以爲大，感而遂通天下之故，此其所以爲遠，則亦愚者前日所稟之說也。

所謂“無內外可分，無方體可言，初不可以軀殼而限之，故卽此滿腔子者便是無限量無邊際”云云者固然矣。然高明之意，果以爲吾一箇心，自腔子裏至腔子外天地萬物之間，一直相連漫漫然，作一團物事乎？不然而以爲吾一箇心，固自在腔子裏，而其所具生生之理，盎然與天地萬物相貫通云爾，則亦愚者前日所禀之說也。

至於所謂"心體至大，初無限量。凡酬酢萬變，無不爲其度內，不可以出入言"者，正區區管窺之所合，而亦未知盛意所主之如何。盛意果以爲在內者亦吾心，在外者亦吾心，天地之間，無非吾心，是不可以出入言之乎？不然而以爲只此方寸之間，凡天下之物，無不爲其度內，此所以無出入云爾，則愚者亦不敢外此而爲說矣。

惟其無出入也，故孟子"出入"二字，當以操舍之義看。一念提撕，心便在此，是則所謂"操則存"，而入字之義，當以此看。纔涉昏放，忽不知心之所在，是則所謂"舍則亡"，而出字之義，當以此看。然前日鄙說乃言其無出入之意，非所以解出入之義，而來教乃以不見操舍之意駁之，令人不能無不盡人言之歎耳。

大抵鄙意竊以爲天地人物之道，只是理與氣合而已，而理與氣合，則便有通靈神妙之意，是則所謂"心"者也。在天地則張子所謂"二氣之良能"是也，而爲生物之主；在人則《大學》所謂"明德"是也，而爲應事之本。

是以有所謂"天地之心"者，有所謂"人之心"者。然心之所以得名，實就人身上禀得以後言者。故程子曰"自存諸人而言，謂之心"，又曰"主於身爲心"，張子亦曰："合性與知覺，有心之名。"夫萬物之生，莫不得此理氣以爲之心，而惟人也，其氣最秀，其性最貴，故其所以爲心者，有非禽獸蠢動之物所可比擬。以言乎其體，則天下之理，無所不具；以言乎其用，則天下之故，無所不通。盛貯於軀殼之內，升降於方寸之間而天地之大，萬物之夥，千萬古之遠，無不爲其度內，是則所謂"心外無物"者也，是則所謂"無限量無遠近"者也，是則所謂"廓然無中外之限"者也。

夫如是也，故卽此軀殼之內、方寸之間，而其度量之大，可以見矣，何嘗以六合八荒莽莽蕩蕩之地，便作吾一心體段而謂之大哉？誠如是也，吾坐此而應千里外事，非方寸中之心應之也，乃心之一頭本在千里外卽其地而應之也，天下寧有是理耶？設有是理，大則大矣，不可謂神妙也。

夫謂心爲神妙者，乃以其在我軀殼之內、方寸之中，而其體至大，其用至廣，萬事萬物，無不管攝故云爾，若果布在天下，隨所處而酬應，亦不足貴矣。

至若所謂"心無出入"者，蓋有二說焉。有形之物卽有出入之可言，而心之爲物，本無形體，曠然而虛，洞然而明，其酬酢萬變，非出而應之也；其自動而靜，非從外而入也。比如鏡在于此而物來便照，是物旣過，鏡固自在，是則所謂"無出入"者也。

夫四海至廣也，千萬里至遠也，而其所以自在而應之者，何也？實以其大無外，天下之物，無有出於其度外者。比如房中人處置房中事，整頓房中物，是則所謂"其大無外，故無出入"者也。夫無形故大，大故無出入，此二說却是一串說也。

至若所謂"腔子外是滿腔子底物事"者，須從統體上看，方有下落。蓋天地生物之心，融融洩洩，流動充滿，而人物之生，莫不得是心以爲其心，在人則所謂“惻隱之心”者也。

天地人物，雖有大小彼此之别，而其一箇生生之理，固無二致，故自天地之心至人物之心，皆可謂惻隱之心。在此惻隱之心卽在彼惻隱之心，在彼惻隱之心卽在此惻隱之心，如所謂“魚在水中，其外面水便是肚裏水，鱖魚肚裏水與鯉魚肚裏水，只一般”者也。故鄙意竊以爲此所謂“惻隱之心”，乃以統體而言，非謂腔子外皆吾惻隱之心也。

程子曰：“心，生道也。有是心，斯具是形以生，惻隱之心，人之生道也。”朱子解之曰：“天地生物之心是仁，人之禀賦，接得此天地之心，方能有生，故惻隱之心在人，亦爲生道。”又曰“上面‘心生道’，全然做天底不得。蓋理只是一箇渾然底，人與天地，混合無間”，又曰：“‘有是心，斯具是形以生’，‘是心’乃屬天地，未屬我在，至下面則方是我底，故曰‘惻隱之心，人之生道’也。”【朱子說止此】

此蓋一以統體言之，一以分殊處言之，以統體言之，則所謂“腔子外是滿腔子底物事”者也，以分殊處言之，則腔子外自是腔子外，滿腔子自是滿腔子。所謂“一人之心卽天地之心”，所謂“充滿天地之間，安有出入之處？”等說，恐亦就統體上說者也。仁者以天地萬物爲一體者，蓋從統體上，見得此理本自渾然貫通，無內外物我之分，故擧斯心加諸彼，一視而同仁耳。

蓋通天下只是一理一氣，而人之一心乃其總腦處，合天下之氣而凝聚其精英，統天下之理而森具乎其中。內外彼此，血脈相貫，故凡天下事物，纔相撞觸，便卽相感而通四方八面，無所障礙，以此而求此心全體大用，亦足矣。

從古聖賢言心處，固非一端。然其大意，皆不過就此一身內，指出虛靈知覺之體用而已。彼以五臟血肉之心，便謂應萬事妙萬物之心者，固陋矣。至於徒見其所以大者而遂以爲軀殼之外、天地之間皆吾心也，則不幾於釋氏之和虛空沙界爲己身乎？而他人食飽，吾可以無餒矣。故區區寡見，只欲謹守聖賢所嘗說端的處，雖不免固滯狹隘之病，而亦不害爲度分知量之一道耶。

若來教所謂"語其體則爲主宰，總腦於一身，語其用則貫事物而通天地"以下數句，義理卓然，深得聖賢心學之宗旨，謹當服膺勿失，終身誦之，以無負開示之至意。然所謂"貫而通"者，亦非從此至彼而貫而通之也，此亦在所商量者。如何如何？

戒懼、謹獨。

戒懼是全體工夫，愼獨是全體中一事，此意前已略陳。來教與鄙說，其詳略疏密，雖逈然相絶，大意固無異同。但"戒懼本兼動靜，而却可以言靜"此一節，終未曉然。

蓋鄙意以爲君子戒懼之工，無時不然，無處不然，自所睹所聞處至不睹不聞處，無非此事。戒懼於所睹所聞處則是動時工夫，戒懼於不睹不聞處則是靜時工夫，戒懼所以爲兼動靜工夫以此。以無時不然者而觀之，則爲兼動靜；就不睹不聞處而言之，則屬靜一邊，戒懼所以本兼動靜，而却可以言靜者以此。是故就此二句上，混圇觀之，則只是無時無處，不用戒懼之意，而析而觀之，則方其戒懼於不睹不聞之時，正是靜處工夫。《章句》所謂"常存敬畏，雖不見聞，亦不敢忽"，其意亦然。

將此三句通同觀之，則所謂"無時不然，無處不然"之意，而只就"不見聞"三字觀之，則是靜時也。子思本文固如此，朱子《章句》亦如此，不是當時專言靜而後來强名之曰"兼動靜"，亦不是當時不言靜而後來添却靜。只是子思已自言無時不戒懼之意，而又發得"不睹不聞"字，故不得不依此說耳。

來教曰"隨其所指，用各不同，初不以睹聞字之有無而異其用也"，審如是則子思初未嘗提及靜處，而只是後來，嫌於謹獨之無對，强以意刪去動一邊，粧出靜一邊於白地上來，作配耦也。

來教引朱子所謂"戒懼是靜工夫，戒懼是涵養於未發之前"云云者以證之，恐有不然者。朱子此說，分明是包却"不睹不聞"字而云爾，不然則安得以兼動靜之戒懼，偏屬於靜而無與於已發之後耶？此特措辭之際，擧其大槩而略其文耳。一處有曰"不睹不聞之時，是喜怒哀樂未發處"，此其正說處也。

來教又引答胡季隨書，以明其雖著"不睹不聞"字，而不害爲兼動靜之意，此尤未可曉者。子思之意，以爲君子不但戒懼於所睹所聞之處，雖不睹不聞之處，亦必戒懼云爾，則固是兼動靜，愚何嘗曰"戒愼恐懼之下，著'不睹不聞'字，則不是兼動靜”云云？而今乃曰“雖著不睹不聞字，亦不害爲兼動靜”，或於前日鄙說，偶失勘破耶？

蓋戒愼不睹，恐懼不聞，自是無時無處，不存戒懼之意，而以著“不睹不聞”字，故亦可以屬靜。此意似直截無可疑，而以高明之見，終不以爲然。當是鄙說謬悠，而迷不自覺，幸終敎之。

高明又謂鄙說有一節分合之病。夫本兼動靜說而却又屬之靜一邊，則不得不分合。高明亦云“專言則兼動靜，對愼獨則屬靜工夫”，則或兼動靜，或偏屬靜，是亦不免於分合矣，得無近於同浴而譏裸裎耶？

《敬義齋記》“貫乎一”。

因此識彼、推往知來之意甚善，鄙意亦只如此。蓋觀夫敬義交用，有合乎太極之論，而推以知天下之理無不貫一。前日鄙說自如此，未嘗以爲只將敬義二字，玩樂以終身云爾，更取看前書，則可見也。

來敎所謂“見解到脫灑處，工夫到極至處”二句，說得亦好，但“將有所得”四字，恐錯引。蓋曾子於此理之用，已精察力行，而但未知其體之一，故《集註》用此四字。今旣曰“知天下之理無不貫乎一”，則是乃曾子“唯”以後事，而其可謂將有所得乎？旣已觸處洞然，而反下一等，爲將有所得底地位，則不知洞然者何事？將有所得者又何事？此恐爲名言之疵，可釐改否？

"合敬靜爲一。"

此條所論，通透精密，足見有實得處。前日承問，不曾爛熟思量，率爾供對，近稍依俙窺見一斑，而猶未知所以爲說。今讀來教，令人爽然。

凡此所云，實無豪髮心得，與擧子臨劵攛掇何異？況湊合爲說，必多醜差？且往往較短絜長，有訟場氣象，尤極慙懼。

高明嘗譏之以深厚不發露，今却大發露；嘗譏之以關門獨善，今却鋪攤放門外，可謂矯枉之過矣。況其所發露者，初非厚積中流出，所鋪攤者，又非好箇飯耶？惟願逐一批示，以開迷滯焉。

答李景文

日昨從臨河，伏承本月十四日辱覆書，感暢無已。前書所教，義理纖悉，揆以鄙見，亦不甚相遠也。不敏本一鈍根措大，既不能善聽人說話，又於文字上多錯看，誠有如來教所駁者。首尾疑晦，皆此兩箇病痛爲之祟，然非愚妄發，何以得統體分開八字打開之教哉？

大抵萬物，同出一原。吾一箇軀殼，雖若與天地萬物相限隔，然此理此氣，本渾然無間，有不可以內外彼此言者，所謂“一人之心卽天地之心”，所謂“腔子外是滿腔子底物事”者此也。竊恐來教所謂“統體說”者，當以此看得，若從吾身禀受以後言，則天地自是天地，萬物自是萬物，吾身自是吾身，斷不可以腔子外莽莽蕩蕩之地，便作吾一人之心。來教所謂“分開說”者，當以此看得，然吾一箇心，又自周徧普博，天下之物，無有出於其度外者，所謂“無內外無遠近”者，卽此腔子裏而可以見矣，初不待推到統體上而後，方可言此理也。

竊詳盛意，本自如此，區區管見，亦只如此。特以鈍滯之甚，不能深究夫盛論旨歸之所在，前後枉費多少辭說。今而後，乃知從初把弄，實不出高明範圍之外，而迷不自覺，遂認以爲自家所辨出爾。

夫義理天下公共底物事，不必得爲在己而失爲在人。苟使這箇物事發揮昭著於天地之間，則越人之言卽楚人之言，又豈有彼此物我之分哉？

鄙說謬妄，固甚可愧，而旣得高明闡發如此，令人充然如自我得之者，何幸之大也？別紙各條一二言句，間有未盡相契者，然大體旣合，亦何足云？

遠役臨發，心不得二用，不暇逐一更禀。還鄕未卜遲速，承誨杳然，臨書忡悵。歲暮，自愛崇深。

答李景文別紙【論《朱書講錄刊補箚疑》】

第四卷《答劉子澄書》“監南嶽廟”。

《譜》"先生戊寅，差監南嶽廟，壬午祠滿，復請得祠，癸未除武學博士"，註云"至乾道乙酉"，恐誤當改。

《年譜》"乙酉四月，差監南嶽廟"，蓋戊寅始差嶽廟，壬午祠滿，復請得祠，乙酉又差嶽廟，則其曰"自戊寅至乙酉，連差"云者恐不甚誤。但中間有癸未武學之除，所以"至"字、"連"字少碍眼，妄意"連差"改作"三差"自無妨，如何？

第九卷《答林擇之書》"太山頂上"。

道體無窮，太山與頂上，皆道體中物，而堯、舜事業即太山之比也。今以頂上喩道體，太山喩事業，則是道體、事業，各是二物相對。且曰"太山頂上，不屬太山"，今曰"事業，不屬道體"，恐不成義理，如何？○太虛喩道體，點雲喩事業，點雲卽太虛中一物，豈可謂點雲外有太虛耶？

盛錄曰"太山與頂上，皆道體中物"，泛言之則可如此說。本書之意，旣以彼喩此，則且當就其說說來，恐不必滾合爲一，如何？

且道器、理事，於不可分中，亦有不得不分者。況事業是人所做出來者，與器事懸空說者又不同，與道體相對爲說，何至大害？但程、朱本意，果以頂上喩道體與否則誠不敢知，盛錄所疑，可謂見之精矣。

“常放教到極險處，方與一斡轉後，方見天理人欲判然”，註“到義理極幽深處”云云。

嘗聞之先人曰“放教到極險處，如答梁惠王沼上之問，告齊宣王好樂之說及好勇好貨好色等處，或謂‘賢者而樂此’，或謂‘好樂甚則齊國其庶幾乎’，或謂‘古聖人亦好之’，此等處皆是放教到極險處，所謂‘險’卽危險之義也。方其爲此說也，理欲未判，若使言止於此而便已，則徇此以往，其不爲縱欲喪邦之歸者鮮矣。正是極危險處，而纔如此說，便更說與民同樂、推以及人之道則天理人欲，方判然可見。此卽所謂‘一斡轉’云云者也”，今按註說，恐當商量。

第十卷《答游誠之書》“非稍有知”云云，答林、吳兩書，皆言先涵養後致知之意，與此交進互資之說，意指不同，恐不當援證也。

此恐非援證也，欲學者參看，以盡其義耳。蓋稍有所知，然後致涵養之功，是答林、吳兩書之所不及，而所謂“稍有所知”，亦不可便謂《大學》格致之功。須將三書參看方盡，如何？

《答廖子晦書》“不忘二字是活句”。

竊意志勇之士，常有慷慨激厲之志，雖死而不悔，此便是人心不死處，此“不忘”二字，所以爲活句。今曰“隨所處，不忘此志”云云，似非本意，如何？

註中死法活法等字及盛錄所謂“人心不死”云云之語，恐皆言之太深。蓋“不忘”二字，見得志士勇士，常有激仰慷慨，不恤死生之意。故此數句中，此二字爲活句云耳。只如此看，未知如何？

第十一卷《答呂子約書》“無向背彼此”。
本註云云，竊詳本意，似謂：此三句之意“其爲氣也，配夫道義而行之勇決，若無此氣則不能配道義而體有所餒”云云，氣爲主而爲向爲此，道義爲客而爲背爲彼。今子約云“氣本配道義，無道義則氣便餒”云云，語意重複，無向背彼此之殊也。若依本註，則“連排三句，【止】煩冗”云云，皆無下落，如何？

“連排三句”本註下說恐是，但以其爲氣也爲中句則似未盡，恐當以配義與道當之。妄意以爲上旣說“以直養而無害”，下又說“是集義所生”，若以配義與道，又作道義來配此氣之意，則上中下三句只是一意，所謂“無向背彼此之勢，重複而繁冗”者也。本註所謂“道義血氣二者，合爲一物，無向背彼此”云者，固可疑，而盛錄解三句，從本註上說則亦與本書文勢不合更詳之。

第十二卷《答黃子耕書》“打成一片”，竊意探討修治之實，使表裏該貫，則心理相涵，內外融通，所得於探討者，與本原之地做成一段，無間隔離絶之患也。混成一塊，完固無縫罅，似非本意，如何？

淺見亦敢致疑註說，妄以爲本書之意，謂於經史中玩味探討，使其表裏精粗貫通浹洽，則本原之地，衆理融會，亦無表裏精粗之間矣。私自看得如此，而不敢自信，今觀盛論，所謂"心理相涵，內外融通，所得於探討者，與本原之地做成一段，無間隔離絶之患"云云者，精密活絡，無復可議。始悟淺見之謬而姑此追錄，以備斤教。

答李景文

昨從外還，伏承辱書，辭旨勤縟，哀感無已。就伏審寒沍，孝履支安，慰仰尤極。樂行，老人衰毁，逢寒倍劇，賤疾視官，今幾自分爲廢物。蓋當初只是爛弦結眵耳，變成內障，咫尺間不分人面目，所諭讀書玩賾之工斷置，不復措意久矣。閉睫兀坐，日無所事，應接凡百，亦心目不相副，以此方寸益憒憒，操存撿省，尤何可論？於今乃信人生小小志願，亦無不有命存焉爾。中夜悼歎，恐遂不復見錄於收敎之末也，奈何奈何？

如哀座天賦人功，竝至而相發，見其進而不見其退，終亦何所不至耶？顧猶欿然如不足，面命書教，每有撝謙之意，正古人所謂“吾輩當奈何？”者，益令人拊心自憐也。

先牘蒙投寄，竢得寫手移錄畢，謹當還呈。至於推稱高明語，此自亡者衷臆所出，遺孤固不敢任意刪去，其在高明自處之道，亦恐犯前賢到處有礙之戒，如何如何？

前日辨誨及謬詢諸條，久宜仰復以取正，而目疾如此，迄未能也。今又忙遽，未及倩人，容竢後便耳。

與李景文【己巳】

新春已殷，聲問一切阻閡，戀德懷風，靡日不勤。時氣不佳，人鮮不病，不審僉孝履何如？感時之痛，出於人心之自然，以不肖尙有不能自抑者，賢者不匱之思，尤當何以堪居也？

前日喪禮批誨及謬詢數條，緣目疾久苦，迄未稟復。近竊伏念樂行喪期且盡，如有合更改者，亟宜趁此數月，圖所以取正。如高明固非俯須於愚昧者，然練祥在邇，凡於變除之節，正當講正之日而末由耳。承其緖餘，惟有書疏可以因緣仰問，玆敢略記所見聞，別紙錄稟。若蒙早晩回敎，何感幸如之？而方在哀遑不寧中，亦何敢必冀耶？

別紙

問：出主納主，主人自爲，或執事行之。

虞、祔、祥、禫，皆祝出納主，而朔望、俗節無祝，故妄意依祠堂參禮，主人自爲之，或無不可。承教以有執事則使爲之，無則自爲之，此似順便。且更思之，常時祭祀，皆主人出納主，喪祭則祝爲之者，似有意義。朔望、俗節，雖與虞、祔、祥、禫有間，旣在喪中則有執事，而主人必自爲之者，尤似失之，如何？

問：上食，亦出主于座。

錦陽家禮，上食亦出主，後來所聞與所示頗不同。然禮自葬前束帛，已於朝夕奠及上食，奉出于座。今俗少行之者，然旣有明文，依行恐無不可。樂行初不曾細撿，只以意朝夕則啓櫝而已，朔望等殷奠時，方出主，至今不能改正，恐亦未免斑駁，如何？

問：朔望奠，値俗節。

一日之內，再行薦獻，近煩瀆，朝設奠儀，兼薦時食而仍寓時節之感，此意甚好，亦可見精義之一端也。樂行偶亦如此行之，却於宛轉精微處，有所不察爾。但俗節行事，人家或不拘時之早晏，早時設奠於殯宮，日晩行事于祖廟，恐於神道人情，有所未安。故使之一時具饌祠堂及殯筵，皆於朝前行之，亦出徑行，未知是否？

問: 頭巾, 澣洗或別製。

練前澣濯, 固有生熟不同之嫌。鄙所云云, 乃据自家見著練巾而言耳。但灰濯則亦似過, 只用水攪灑, 以去垢澤, 恐無大害否? 別製新巾, 世俗固多有之, 未知得失果如何?

頭巾本爲禿者而設, 則不禿者不巾, 蓋古之道也。其有無輕重與冠絰等自別, 別製以易汚敝, 似不足深論。然後世用之與冠殆不異, 任意別製, 恐不可以已乎?

問: 朝夕不拜, 通葬前後。

謹按問者之意, 以在尸柩之前爲言, 則朱子答之, 似亦以葬前言之, 而禮葬後竝無展拜之文, 恐又當以常侍之說爲準。然小祥後止朝夕哭而又無展拜之節, 則朝夕都無事, 以拜代哭, 似無大害。此溪門所已許, 故鄙家見行如此, 幸示其可否。

問: 小祥正服亦變。

後世只練中衣, 蓋從賈疏之說也。然古禮既有"父母喪, 功衰云云"之文, 疏家所謂"正服不變", 未知何据? 今雖正服不敝, 從古禮受功衰, 似無不可。況敝甚不可支三年, 則尤不可已者? 蓋古者葬後祥後變除之節, 冠絰衰裳本無異同, 不應獨變冠絰而不變衰裳, 如何如何?

不肖頃於小祥，正緣衰裳偶多壞裂處，不得已用稍細布改之。但不能從橫渠"用練"之說，蓋以受服圖式於冠則曰以練，於衰裳則止云以卒哭後冠，而不云用練故耳。沙溪所論有此意，故依而行之。今承辱問，不敢不以實對，但布縷升數，古今絶異，倉卒貿用，無以入式，是爲媿歎。

問：喪中出入，卽日而歸者，瞻哭或再拜。

平時於尊長，經宿則拜，今於几筵，恐亦當用此禮。卽日而歸者，只瞻哭似得，如何？

問：小祥後上食哭。

漸殺之節，在朝夕奠哭，而上食則近世禮家許令終三年行之，無始終減殺之節。旣不罷上食，則所謂"有事几筵，不可不哭"者，實有從厚之意。先人嘗於前後喪，皆從此說，不肖今亦不敢不遵行。

問：衆主人代拜弔客。

《禮》所謂"庶子不受弔"，蓋指大夫之喪。且鄭註以庶子爲妾子則與今所謂"衆主人"者不同。主人有故不受弔，則衆主人居長者，恐不得不代拜，如何？

問：異姓之戚及朋友遭喪，當問者？

自大賢已有弔送不可廢之說，況以書相慰與往弔又別，似無大害？世俗皆行之，正朱子所謂"禮從宜"者，如何如何？

用已辭處，近見人多用"衰痲在身，末由奔慰"等語，恐只得如此耳。但起頭已名下，以"頓首"字，易"稽顙"字似得。蓋稽顙是哀痛自我之意，恐不當施之於慰人也。如何？

問：葬前忌祭。

朱子曰"忌祭者，喪之餘祭，似無嫌"，今且据此略設，使輕服者，一獻無祝而行之，未知如何？

但世俗或祭於異居兄弟之家，此恐未安。朱子曰"正寢已設几筵，卽無祭處，亦可暫停"，以此推之，若有祭處，則當祭無疑。蓋後世几筵未必設於正寢，而祭祀亦或行於廳事，不可謂無祭處而行於他家也。尋常所疑，敢此附禀。

與李景文

前月再承辱書，迄稽謝儀，悚歉深矣。日月流邁，奄迫小祥，伏惟孝心純至，哀痛何以堪居？比日風霾，頗失氣候，不審號慕中氣力何如？里閭安淨，不妨行事否？春時窘束，吾黨通患，利儀何以辦備？憂戀之至，敢犯不助不問之戒耳。

樂行竄迸畏約，所以奉几筵、養老人者，益無模樣，哀瞶悶迫種種如何？ 移徙之計，非專出於求田，實有擇仁之意。蓋樂土芳鄰，竝有而兩得，無如此比。曾對李學甫郎，當相語者此也，但計拙事急，不啻無麪之餺飥，恐畢竟歸於譫妄而已。然使此身果有分於仁者之里，雖不能亟圖，終亦當得之，姑無以食言斷其罪如何？ 凶矜之身，此等說話殊近豪華，且於大孝號絶之夕，煩縷及此，尤極未當，而辱教不敢不復，可寬容之否？

屛翁奄棄承學，不肖先契又自別，公私之痛，如何可勝？衰痲在身，末由趨慰於變除之日，顧念分誼，不任悲恨。

季氏兄網巾，果何歸宿？以此迷昧，乃蒙下問，慙悚不知所對。見今當已造成，論之不緊，然願聞講定之緒餘，玆敢追煩。

蓋白布固爲未當，騣網雖是世俗通行之制，而亦不若黲布之與緇笠相稱，所示似得當矣。但世俗騣網者多而黲巾者少，則得無有不知者之疑耶？周時所謂“纚”、漢時所謂“幓頭”卽後世網巾之類。其變凶之吉也，必有所以處之者，而不能考据可歎。

答李景文別紙

四時祭日，家廟几筵，無子弟可以一時分薦，則用朱子說行之，固無所不可。但家廟行事之際，冠服當如何？墨衰之制，有不可考，自先輩已言之。沙溪有直領孝巾布帶之說，果無害否？此須有講定，幸回敎之。

斬衰受服用布帶，經無此文，特疏家以意推之如此，今欲用之，不但駭俗，亦恐未必其得聖人制禮之意。

蓋《記》所謂“去麻服葛，葛帶三重”，安知不竝指絞帶而言耶？愚意世俗用葛絞帶，未必因葛絰而謬襲也。夫旣曰“去麻服葛”，則凡初用麻者，皆似當變之以葛，斬衰之首絰、要絰、絞帶，齊衰以下之要首絰是也。首絰雖葛，不三重，獨帶三重，故“服葛”之下，單擧“帶”字。要絰與絞帶皆帶也，何以知其專指要絰而不兼絞帶乎？

絰有上下體之異，而絰以一絰字兼言之。要絰絞帶同名爲帶，則獨不可以一帶字兼之乎？記禮者於變除衣冠之節詳矣，何獨於絞帶，略而不言耶？若果如疏說，當用布帶，則此大節也，尤豈有不言之理耶？但記者通斬齊而言，故於卒哭只曰“葛帶”，於練只曰“葛要絰”，而不明言絞帶，以致後人之惑耳。

聖人制服，於斬齊之別，如絰麻布縷之類則以一物別其色貌升數而已，至於絞帶及冠之纓武則其別甚嚴，殆無異於杖，以葛代麻則可也，而其絞則恐不可易也。何得以公士衆臣之布帶，擬之於恩義至重之地乎？此淺見所嘗未曉，今因來敎漫及之，僭妄甚矣。然迷滯之臆，因此得通則亦幸也。

三重之制，旣有明文，恐不必疑難。不肖昨年練時，依而用之，而未及仰質，今承示如此，庶免妄作之悔矣。

祥後祔廟，禮文之外，不敢別有變通，謹已依行朔望祠堂參禮，是先人所嘗行之者。故今於朔望，普同設饌，不奉出新主，其所設不過蔬果數器，雖貧約，亦可勉行。

但禫前哭泣，緣此遂廢，益覺有愧於寧戚之訓也。若孝子之哀未盡者，於堊室中哀至則哭，似無不可，不必論有事無事，而如不肖自小祥後無時之哭，已不能如禮，禫前門內之哭，尤何可論？頑忍似此，宜其不死而生也。

几筵仍安故處，或入廟而朔望出主二事，世俗多有如此者，未知果有所据否？寡見固陋，不能博考，何敢質言其得失耶？

答李景文

間者闊焉，第有瞻仰而已。不意手札見墜，誨諭勤縟，驚倒感戢，不容言謝。就伏審鶩發，孝履支福，區區慰幸，又非尋常比也。縷縷見教，深中末學役文之病，直指本源下工之方，使人欽歎慕悅，不能自已。然欲以是爲不肖詔之，則非其宜也。

彼時一二妄發，特不得已於仰復下問而輾轉說去，不自知止，有若眞用心於節文度數之間者。顧其日用動作，猖狓粗悖，無一彷彿於口之所出、筆之所錄，是雖使其所言皆是當，且不免倡夫讀禮之譏。況其謬戾固陋之甚，往往陷於悖經行怪之科，時一追思，已自慙悔，承諭，益不勝愧懼。

使高明果矜其愚而勉其不及，則固宜就其所論，嚴責其僭汰之罪、乖謬之失，使不敢復强其所不知而以爲知可也。若率之以關中學者之弊，而欲引而進之於向上工夫，則不惟於不肖爲過分，亦恐非教人有序之意也，如何如何？然其言則誠至矣，敢不佩服撿省，爲節次受用之地耶？

別紙，不敢更有所復。惟潛玩教意，竢後奉對，試一禀以觀究竟耳。

與李景文【乙亥】

比歲闊焉，對吏之行亦晚始聞知，中間道途傳説，頗令人驚惋。近得浩歸聲息，欣濯不容言。窮寒加雪，不審撼頓之餘，道履何如？一念瞻仰，何嘗須臾已耶？

樂行喪慽憂患中，身無數日閑，心無暫時靜，口不讀一字，耳不聞一好話，而牛馬齒，忽且五十矣，其終爲君子之棄。已矣，奈何奈何？

答李景文【庚辰】

年來闊焉若相忘，忽蒙辱惠書問，驚倒捧玩，感喜交集。第以憂患浹泪，輒失偵便，稽謝至此，愧悚何極？

卽玆新春尙寒，不審動止何如？樂行昨年値無限不好運氣，從母之喪，從弟之死，先後荐仍。葬埋纔畢，又以親癠，倉皇危迫者三朔。見今尙未平復，寧有一[1]分餘力，可及於他耶？無事時，亦全廢文字間事久矣。年來益無可論者，承諭爲一赧然。區區所願欲，惟隨分從事於懲窒、遷改之功，使平日所聞於父兄師友之間者，不至全然放棄，而以時用四體之力於耕稼樵採之務，使老母免於饑寒，不爲宗族隣里憂耳。然日夕之間，此心放失時，居十之七八，而無嚴師益友乘其隙以警策之，又不能親近書冊，以澆灌而培壅之，以此明滅無常，往復頻煩，添一苦惱境界，時一憮然自歎耳。

休文兄撤寓還奠云，竊想湛洽之餘，益有朝夕對討之樂，何由一仄跡門牆，掇拾其糟粕也？臨紙忡悵。

濯以弟幸免他苦，所業不至如劣兄輩荒廢之甚。然終有索居之害，常勸其負笈就正於有道之門，而親老家貧，不能辦得，爲渠介然耳。

答李景文

歲暮懷仰中，伏承僉惠書，所以慰藉勉諭之者，甚勤且厚，驚倒感戢，不容言謝。就審寒沍僉動止超勝，方將盍簪山房，

1 一：底本에는 없음. 異本《九思堂集》에 근거하여 보충하였음.

有講討之樂，欣聳之極，不覺神往。

無似離索多年，悔尤山積，自分爲先輩君子之棄久矣。乃蒙尚置齒數中，辱令仄跡於講席之末，此正區區洗滌拂拭之會，敢不竭蹷承命？而窮居將老，百事窘束，無以擺脫，固不能自望於與同終始，暫進卽退，以謝收錄之盛意，亦私分所不容已，而家無牛馬，村隣適値多事，又無借乘之路，方悚蹙，不知所以處之。差觀數日事勢，如有可以自力者，竊欲偸一二日隙，圖所以免終始坐違之罪，此又果能如計否？

濯以緬制未盡，似不敢出。叔文聞有往赴之意，鄙行若成，或可同之耶。

與李景文別紙

批敎謹悉。鄙陋所稟諸條，姑以一貢愚見，以備去取耳，不必更煩往復。

惟"愛之之理"一條是從前積疑所在處。來諭欲令竢面論以盡曲折，而不佞言語澁訥，奉對未必能盡布其所以致疑者，玆敢先以文字略陳之。

蓋本書首尾皆是"愛之理，天然自有，無待於外"之意，而獨此數句乃謂"無天地萬物，則此理有虧欠"，上下自相矛盾，此鄙陋所以疑之者也。

"便是"二字，意與"只是"同，蓋無他之謂也，而旋又以爲

“必待天地萬物，然後無虧欠”者，何也？果使必待天地萬物而無虧欠也，則其下却曰“此理本甚約，今便將天地萬物夾雜說，却鶻突了”云者，何也？

其引孔子答子貢之問及“復見天地之心”之說，濂溪“與自家意思一般”之說三段，其意皆與“無萬物，有虧欠”云者相背，又何也？

不獨此書爲然，凡與南軒論仁諸書及答胡廣仲書及仁說等諸說中，皆無此意。又《語類》有問“天地萬物，均受此氣，均得此理，無所不當愛”，答曰“此語有病，假使天地間淨盡無一物，只留得這一箇物事，他也自愛”云云，此又何也？

不敏抱此疑晦，今幾十許年，而終不能覺悟，亦嘗質之於所從游諸公，而皆不以爲然。又轉得休文兄答崔君書，其辨此甚詳，而終不能領會，於此可見其鈍滯之甚也。

但來諭曰“‘愛之之理便是仁’，此言仁體之眞；‘若無天地萬物，此理亦有虧欠’，此言仁體之大”，此則恐有可商量者。聖賢之說，所就而言之者各不同。言仁者，固有言其體之大，如《西銘》所云者。然今朱子方斥當時離愛言仁之失，故直舉愛字，以明仁體之眞，恐未必兼及於其體之大之說也。今以《西銘》爲證，得無犯牽合之戒否？有疑不敢不竝禀，幸乞詳教。

九思堂集

卷四

書

書

答李景文

伏承惠書，珍玩感暢如得百朋。近日濕熱更劇，不審靜候玩養增勝否？樂行近頗不健，顚倒度日，益覺無狀奈何？

別紙見諭勤摯，極荷不鄙。大抵高明本來見處甚大，規模宏闊，天地間許多物事，無不包羅在胸中，故發爲論說者，普博浩洋，不比鯫生輩管窺蠡測淺小狹陋。今所開示，益見其然。此非一時筆頭所辨，實本於平日立得有所然者，令人不勝歎服。

但於鄙意有終未能釋然者，不得不更竭底蘊，以聽終敎。然其所爲說，拘局褊滯，無活絡開廓之意，無論文義得失，於此可見識量之大小懸遠乃爾也，良愧良愧。

仍竊伏念以朱子之大賢，於中和說已發未發之旨，凡四五往復，累改其說而後，始有定論。此未足爲明睿之累，而適足以見聖賢切磋進益之功，寬居虛受之美。況此末學蒙劣，方且仰敎求益於師友之間？ 如使積疑有因此往復而少得開牖者，何敢以好己勝爲務而難於自屈耶？

義理之論，天下之公也。言苟當理，何分人己？不敏固不免有膠固之病，亦嘗粗知此意。今此所稟，實非故爲强辨，特以知見窒塞，必欲開通，又不敢含胡諱匿以自外於相愛之間。幸乞俯察此心，毋以爲不可敎而置之，卒賜諄復之惠，千萬千萬。

別紙

問：來敎曰："南軒說云云，方言廓然大公而便以天地萬物血脈貫通爲言，方繼以愛之理得於內，則客主夾雜，體用混袞，故朱子非之。"

盛辨甚精，愚於此謹聞命矣。夫愛之理，主也，天地萬物，客也。愛之理，體也，血脈貫通，用之所以達也。今所論者是主也體也則以客與用參錯爲說，實有夾雜混袞之病。旣以此說爲夾雜混袞，則許多疑難，將於此而決之矣。如何？

問：來敎曰："卽此愛之理，根本於中，憤盈融洩，渾全涵育，自無內外遠近之間。及其感物而動，則藹然生意，貫徹流注，無一物之不被，若初非渾全之體，則感物之際，何得有血脈貫通之妙耶？"

竊謂朱子所謂"仁體渾全"者，實謂愛之理無所蔽而渾全爾，非謂此理之中，涵育天地萬物而後爲渾全也。愛之理無所蔽而渾全，故其用昭著，感物之際，生意流注，無一物之不被，若纔有一毫有我之私以間之，則愛之理有所蔽而其爲體也不得渾全。雖曰“萬物一體”，而其用不周，有當愛而不能愛者矣，何可望其有血脈貫通之妙耶？然則恐不可以萬物一體爲渾全而任之而已也，如何？

問：來教曰：“愛之之理便是仁，爲仁體之眞，若無天地萬物，此理亦有虧欠，爲仁體之大。【止】楊龜山以萬物一體爲仁則不可，而程子謂‘仁者與萬物爲一體’則是。朱子曰‘滿腔子是惻隱之心’，就人身上，指出此理充塞處。【止】”

竊謂朱子當日所論，只是仁之名義，所謂“名義”者卽訓詁之謂也。故《論孟集註》訓“仁”字，但曰“愛之理、心之德”而已，未嘗以天地萬物夾雜爲說。今方病夫世之學者不能曉得仁之名義，特擧愛字，以明仁體之眞，而顧乃汎濫於名義之外，竝及於其體之大之說耶？龜山以萬物一體爲仁之名義，所以爲不可也，程子以仁人之心言之，所以爲是也。【“仁者”之“者”字，卽“人”字之謂也。】朱子所謂“此理充塞”者卽愛之理也。其曰“若於此見得，卽萬物一體，更無內外之別，若見不得，却去腔子外尋覓，則莽蕩無交涉”者，皆以此理爲主。萬物一體是所謂“後來事”，【後來事卽朱子說】果使仁體必待天地萬物，然後無虧欠，則雖尋覓於腔子外，何遽至於無交涉耶？

問：來教曰：“夫子就心上親切處說，然曰‘己欲立而立人，己欲達而達人’云云。若如來說，則只言己欲立、欲達足矣，何必更說立人、達人？【止】”

竊謂己欲立而立人，己欲達而達人，卽此愛之理無所蔽而然爾。若徒欲立己達己而不立人達人則是自私而已，不可謂愛之理也。然若使愛之理，必待天地萬物，然後無虧欠，則人與己相對亦已足矣，立人達人，又不必言也。如何如何？

問：來敎曰："'復見天地之心'，【止】卽此一陽乃是資始，萬物各正性命底材料。若無這萬物，則生物之心無所於施，豈不虧欠了分數耶？"

竊謂且當以材料爲主，不必以材料所施處，添入於材料之中也。一陽動處便是天地材料，不必以所生之物，補其材料也。愛之理便是仁之材料，不必以所愛之物，足其材料也。《語類》曰"假使天地之間，淨盡無一物，只留這一箇物事，他也自愛"，若如來說，朱子此說，豈非虧欠之甚者耶？【上所謂"盎然惻怛底道理，充塞爲主材"者，當與此條通看。】

問：來敎曰："濂溪所云，當以自家意思爲主。然亦須說'一般'兩字方足。若如來說，'一般'兩字雖去之無害。"

竊謂旣以自家意思爲主，則其爲主者已自足，不必取庭草添補自家意思，然後爲足也。然則欲直言仁體者，雖去"一般"兩字，恐亦無害。

問：來敎曰："南軒以博施濟衆及一般兩字夾雜爲說，而來諭又必欲以已立已達自家意思，枯槁立論，恐或近於矯枉而過直。朱子之意，兩平放下，眞切該遍，恐不如是之落在一邊也。”

謹按南軒書，未見有引“博施濟衆及一般”等說處，然其意則固博施濟衆及一般之意也。蓋南軒書以爲“已私旣克，則廓然大公，與天地萬物，血脈貫通。愛之理得於內，而其用形於外”云云。是其意謂“與天地萬物，血脈貫通，然後方得其愛之理也”，故朱子非之以爲“將天地萬物夾雜說，却鶻突了”，蓋夾雜之病，實在於天地萬物一句也。朱子旣斥之以夾雜，而反自謂“無天地萬物，則此理有虧欠”，此愚所以疑之也。

但云“已欲立欲達”而不曰“立人達人”，則豈但立論之枯槁而已？將歸於楊氏之爲我，雖甚固陋，何至作此見解？而至於自家意思，乃所謂“愛之理”也，乃所謂“已欲立而立人、已欲達而達人”之意也，以此立論，未見其爲枯槁也。

朱子云“此理甚約”，而今必以天地萬物雜而爲說，烏在其爲甚約也？竊恐雖無枯槁之病，而或不免草木太多之弊也。

來諭每以仁體之眞、仁體之大，對擧而言之，旣曰“親切的當，普博渾全”，又曰“眞切該遍”。愚者竊謂聖賢之言，各有地頭，有眞切說處，有該遍說處。若隨處隨語，輒竝此兩途以求之，則或恐有未盡然者。況眞切之中，亦自有該遍之理，不必別取一義，以爲該遍而對擧之也。

朱子之說，何嘗落在一邊？而其《仁說》曰“彼以物我爲一者，可以見仁之無不愛矣，而非仁之所以爲體之眞也”，又曰：“泛言同體者，使人含胡昏緩而無警切之功，或至於認物爲己者有之。”

其答南軒書，既引伊川答陳經正之說及《知言》所謂“釋氏不敬父母所生之身”之說。至南軒論《仁說》可疑處則又答之曰“仁但主愛”，又曰“仁只是愛之理”，又曰“愛之理是自然本有之理，不必爲天地萬物同體而後有也”，又曰：“若以公天下而無物我之私便爲仁體，則所謂‘公’者，漠然無情，但如虛空木石，雖其同體之物，尙不能有以相愛。”

答胡廣仲書曰：“天地萬物，與吾同體，固所以無不愛。然愛之理則不爲是而有也。”《語類》曰：“此理之愛，如春之溫，天生自然如此。如火炙自然熱，不是使他熱他。”餘往復諸書及《論》、《孟》、《中庸》訓仁字處，皆專以愛字爲主，未嘗以天地萬物同體之說雜之，而又必以無所待而自有之意，屢言而不一言者，何也？

至於今所論一書上下，此意尤明備，而獨此所謂“若無天地萬物，此理亦有虧欠”二句，乃前後諸說中所未有者，此愚所以疑之也。若以此二句爲該遍，則彼前後諸說，可謂落在一邊耶？

問：來敎曰：“《語類》一段，問者以均氣同理無所不愛爲仁，故朱子答之如此。問者與南軒少異，故答亦不同。”

竊謂問答同異，姑且無論，只就其不待天地萬物而此理自然本有處觀之此意，則《語類》與答南軒書，未嘗不同。如何？

問：來教曰："以與物同體爲仁則不可，而吾所固有之理，不害與物同體。只此毫釐之間，便有虛實眞妄之分。"

竊謂以吾所固有之理爲主，而兼之以與物同體之意，則固有間於專以與物同體爲仁者矣。然姑當就此固有之理，見得仁體，何必言不害與物同體？畢竟是夾雜說也。

南軒書曰："夫其所以與天地萬物一體者，以夫天地之心之所有是乃生生之蘊，人與物所公共，所謂'愛之理'也。"此南軒稍改舊說以後說話，其意未嘗不以愛之理爲主。然朱子猶且答之曰"詳此數句，似頗未安"，其下曰"愛之理是自然本有，不必爲天地萬物同體而後有也"，蓋以南軒說以天地人物雜而言之故也。

來諭所云，無或與南軒此說同意歟？則朱子已以爲未安，蓋此固有之理，固吾與物所共有者，然卽吾之一身，而此理已自足焉，初不待彼物之與我同體也。如何？

問：來教曰："《西銘》推親親之厚，以大無我之公，而此《仁說》以廓然大公皇皇四達而愛之理昭著無蔽爲言，則引而爲證，未遽有牽合之病也。"

竊謂前所引《語類》問者之說，所謂"均受此氣，均得此理，無所不當愛"云者，究其旨意，與《西銘》有異否乎？然而朱子答之曰"此語有病"者，何也？豈不以仁之所以爲體之眞與夫所以得名之實，初不在於是也歟？夫仁體一矣，然所就而言之者各不同，《西銘》謂之"推親親之厚，以大無我之公"則可，而謂之直指仁之名義，則恐未可。

惟天地之帥，吾其性一句中，仁之名義，可以默會，而亦未見其顯言之也。自宗子家相以下，皆不干於仁之名義，蓋仁之名義，只在吾性中，不係萬物之有無。假使天下無同胞吾與，此名義依然自在，無所虧欠矣。今朱子書乃直論名義者也，所謂"無天地萬物，此理有虧欠"二句，未必其果如《西銘》之說，此愚所以謂不必牽彼而合此者也。

程子曰"不可便以公爲仁"，朱子曰"非謂公之一字便是直指仁體"，又曰"莫若將公字與仁字，且各作一字看得分明"云云。蓋公者，所以體仁而非仁之體也。今以體仁之說，施之於仁體之說，此正程子之所訶，而朱子之所謂"混言之"者也。如何如何？

問：來敎曰："南軒《仁說》，本有'愛之理得於內云云'，曷嘗離愛哉？"

謹按自龜山、上蔡，或以萬物一體爲仁，或以知覺爲仁，後來學者，樂其說而轉入於驚怪慌惚之域。故朱子著《仁說》，以詳論之，而一時諸賢多聽瑩者，紛然起疑，如胡廣仲、吳晦叔諸公是也。雖以南軒學問之高所見之卓，亦未免焉。

今以南軒往復諸條考之，有曰"天地以生物爲心，此語未安", 有曰"不忍之心, 可以包四者乎", 有曰"仁專言, 則其體無不善而已, 對義禮智而言其發見, 則爲不忍之心也。天地之心, 粹然至善而人得之, 故謂之仁。仁之爲道, 無一物之不體, 故其愛無所不周", 有曰"程子之所訶, 正謂以愛名仁者", 有曰"元之爲義, 不專主於生", 有曰: "孟子雖言'仁者無所不愛', 而繼之以'急親賢之爲務', 其差等未嘗不明。" 凡此皆摭朱子《仁說》中以愛言仁處, 以言其非是。其第三條則直以無不善無一物之不體爲仁體, 而至發見處, 方下愛字則南軒之言仁體, 其離愛也甚矣。及見朱子累辨而力排之, 然後始乃漸悟前說之非, 遂以愛之理得於內一句, 著之於其用形外之上。然在天地萬物血脈貫通數句之下, 則猶未免有一重瞙子, 不但客主夾雜, 體用混紊, 如來諭所論而已。

以天地萬物爲主, 而以愛之理爲待彼而得之者, 則離愛言仁之意, 有未盡滌舊者矣。朱子所答前書曰"於已發見處, 方下愛字, 則是但知已發之爲愛, 而不知未發之愛之爲仁也", 又曰"來諭每以以愛名仁見病", 果使南軒未嘗離愛而言, 則朱子之答, 何以如是耶?

問: 來敎曰: "只此愛之理, 却甚占地位, 不是一己自私底物事。"

竊謂愛之理, 是天地生物之心, 而人之所得以爲人者也。其體與天地同則所占地位, 固甚廣大。但此廣大之地位, 只在愛之理之中而無所假於外。朱子答書曰"謂仁之爲道, 無所不體，而不本諸天地生物之心，則是但知仁之無所不體，而不知仁之所以無所不體也”，又曰："一陽復處便是天地之心，完全自足，非有待於外也。”然則何必以天地萬物，作此理所占之地位耶？

所論“不是一己自私底物事”，是固然矣。蓋所謂“愛”者，非自愛之謂也，乃愛人愛物之理也，何得爲一己自私之物事耶？若謂此理是人物所共得云爾，則亦固然矣。然此乃見得此理以後說話，今方論此理而徑及於人物所共得之說，得無不切乎？

蓋一己之中，此理已自完全，不必更論他家物事。朱子於南軒人物所公共之說，以爲未安者，蓋亦以此。但見得此理後，推而觀之，則人物莫不皆然，非我所獨有耳。

問：來敎曰："以若無天地萬物，此理亦有虧欠二句，解作雖無天地萬物，此理亦豈有虧欠看？未論義理如何，卽文句生硬，語意拙澁，朱子平日許多文字，還曾有如此樣轍否？”

竊謂凡看文字，必先察其字句文勢而後，方得其旨意，所謂“不得於辭而能通其意者，未之有”者也。然亦須摠之以一篇大旨，參之以前後諸說，而反而求之於字句文勢之間，或理有所不通，語有所相戾，則不得不以意逆志而求義理於字句之外。至其甚者則又不得已而以闕文誤字處之。此自程、朱註解經傳之際，所不能免者也。

今末學蒙陋以不逮之見，誤讀聖賢之書，以己所未通，而妄據謬見，硬作解說，僭莫甚焉。然此二句，摠之以一書大旨，參之以前後諸說，實有自相矛盾，不相照應者，故疑之久矣，而知識未進，終不覺悟。

蓋將以爲天地萬物與吾一體，皆所當愛，此所以"無天地萬物，此理有虧欠"云爾，則有曰"愛之理自然本有，不爲天地萬物同體而後有也者"，有曰"假使天地之間，淨盡無一物，他也自愛者"，然則有所不通矣。

將以爲天地萬物之理，皆具於此理之中，此所以"無天地萬物，此理有虧欠"云爾，則不但於愛字有漠然不相關者，正朱子所謂"但知仁之無所不體，而不知其所以無所不體"者也。又答胡廣仲書，有曰"在性中，只謂之仁而不謂之父子兄弟之道，只謂之義而不謂之君臣朋友之道。曰禮、曰智，無不然者。天地萬物之理，無不出於此四者，今以此爲倒說而反謂仁義因父子君臣而得名，此某之所疑"云云。以此推之，不待天地萬物，而此理自有者，可以見矣，然則此亦有所不通矣。

將以爲仁者天地生物之心，而人得之以爲心者，此所以"無天地萬物，此理有虧欠云"爾，則所謂"天地生物之心"乃仁之骨子，無此則仁無從而爲仁，豈但有虧欠而止耶？非此之謂也，然則此亦有所不通矣。

將以爲愛天地愛萬物之理，在此理之中，此所以"無天地萬物，此理有虧欠"云爾，則又無奈於上所謂"愛之理不爲是而有也"之說，左右窒礙，無路可通，而至於其下曰"此理本甚約，今便將天地萬物夾雜說，却鶻突了"云，則又判然以天地萬物爲無與於此理矣。

於是乎遂不免將此二句，作反詰之辭，蓋其意若曰"若無天地萬物，則此理亦有虧欠耶"云爾。若以闕文之例處之，而"虧欠"之下，添一"乎耶"字，則文勢似無不足，義理亦似可通，而一篇大旨前後諸說，似皆歸於一統，無牴牾相背之疑矣。然此豈所可敢哉？

於是乎遂不免私作吐釋，"萬物"下，依他人所讀，從"若"字之意而作吐，"虧欠"下以"乎耶"字之意而作吐，自看亦覺文句短澁，不快於心。然視前日求說不得之時，則稍以爲穩，竊欲一質之高明未及，而爲濯以弟所傳說，遂煩休文兄與崔友往復耳。

但來諭代作鄙解與鄙本說少異。若曰"雖無天地萬物，此理豈有虧欠"，則其吐釋當益生硬，不成語矣。蓋"雖"字非"若"字之意，"豈"字非本文所著之字，而曰"雖無"、曰"豈有"，則是自我斷定之辭，非反而詰之之辭，豈或傳者之差失耶？

仍竊自惟蒙陋，何敢與先覺爭辨？而積疑在心，不得不一盡，不憚煩絮，罄竭愚見。繼此則無復可言，惟竢卒賜明教，以開迷滯耳。但下語之間頗近於自是務勝之病，而似無遜志求益之意，是爲愧悚。然其實有不然者，幸垂察焉。

凡南軒書及朱子所答諸說，皆高明平日所嘗爛熟，如誦己言者，不待歷擧仰煩，而當已自知之。特以欲悉淺見，故輒引而爲據。若於其中有誤讀而錯引者，則尤可笑也。

答李景文

日者從廬院, 伏承惠復, 感拜珍玩, 寧有窮已? 日來陰涼, 不審靜養調候何如? 樂行, 仲父以齒患廢咀嚼, 艱應接已月餘, 私悶私悶。

江陽 周丈以有世誼, 迤訪陋居, 令人驚倒。仍聞請其先世遺事於高明, 二樂公行狀已得諾, 其旁親諸賢行蹟, 竝請叙述, 而左右不無鄭重之意, 故頗以此行未得盡遂所願爲慮, 未知果已屬筆成篇否?

竊觀其鬚髮皤然, 殆是使人操几之日而跋涉遠道, 遲徊旬日, 其誠意有足動人者。左右旣從其所請之一二, 其餘凡係周氏先德之文字, 竝皆應副恐無傷, 亦可以不負七耋老叟遠來之意也。如何?

朱先生於劉共父, 旣爲之行狀, 又爲神道碑銘。一人事行竝出一手, 是先賢所不辭, 今行狀及幽誌顯刻, 雖皆出高明, 於義何所不可? 其誠使人感歎, 玆敢煩貢愚見, 蓋亦有動於世誼講修之意耳。

頃惠別紙, 節節好段段好。但於鄙疑猶有未能釋然者, 可見迷滯之甚。今不暇條對, 謹當熟復深思以待後日耳。

與李景文【乙酉】

霖雨之餘, 熇爀采酷, 不審棣床動止何如? 尊體彼時所愼,今已脫去否？貢慮無任區區。樂行尙廢盥櫛，頹倒度日，了無自奮之意可歎。

東坡 李丈到此留滯累日，而一被臨顧之外，終不能就其所住以奉晤言。竊聞其留彼時與執事無日不相對，此亦以命數有幸不幸爾，爲之憮然發歎。

《朱書》疑義彼此書稿，被渠見索，且已得尊諭，故不敢隱。但其日正當午熱，長老不得疲精盡覽，往往和睡過了，固未必深見其得失。大抵已入盛論以爲主矣，鄙見到處見斥，終不能自覺其謬，未知何時可得究竟也？往復至樂行而止，蓋恐有好勝之嫌，而曾有十反無害之教，鄙稿或可終浼崇聽耶？今未暇淨寫，容竢後日耳。但虎溪時，略有爛熳同歸之機，區區深自爲幸，其酬酢尙能記之否？

與李景文

合席聯枕近二旬，是生世以來所未得者，況襲馨德而掇玅論，消鄙吝而發蒙蔀？不意臨老，乃得此樂，豈窮命適値一時好運氣耶？但奉送以後，又依然前日阻隔，若其慕戀之深切則又非平昔比也。

數昨於秋月，得雲若所投示盛作，題名後識，怳然如更仰芝宇，欣聳何可勝言？日來風氣始晴涼，伏惟還定起居竝萬福。第復路之日，中道而送還人馬，未知向前能免徒行否？與雲若、德中輩，共歎賢者處事之細膩，而亦不能無疑於揣人情愛人力之太過爾。

樂行以兩川逐日添漲，滯新塘、秋月凡八日，昨始還巢。川水尙沒人腋脇，隨身書冊竝留秋月。今日有石堡便，而冊子不得送致，極歎極歎。然匪久又當有便云，保不至久稽也。

與李景文

數晝夜奉晤，可謂好事重疊，但有少一之歎存於中。日來別懷又惘然，有不可解者，人情固若是其無窮耶？雨後秋氣益高，不審驅馳之餘，棣履均慶否？瞻仰倍萬。

樂行離索一日，已覺鄙吝復萌，自餘憂患，亦依昨苦，無悰況奈何？

同門錄，自是好意，滄桑之餘，使人一番攪懷也。但吾輩今日不得不以懸鶉百結爲被服，切不可使外人見之。彼中多往來賓客，幸有以審處之也。

擬與李景文【丙戌】

前者批誨別紙，條目甚夥，推說廣博，鈍滯之見，未易領會。時一奉讀，如望大洋，非積日潛玩，不可以挈其要，而累月奔汨，苦無閒靜之時，久未仰復，愧悚深矣。但一往一來，轉生藤葛，逐條供答，反失梁脈，今請循其初而約言之。

夫所謂"此理"者卽愛之理也。"愛之理是自然本有之理，不爲天地萬物同體而後有也"者是朱子之說，則此理之不待與物同體而自然本有，可見矣。既自然本有，則其不待天地萬物而完全自足，無所虧欠，可見矣。夫既如此，則何故云"若無天地萬物，此理有虧欠"也？果使此理必待天地萬物，然後無虧欠乎，則南軒先說天地萬物，而繼之以愛之理得於內者，亦自無病，何故以差紊夾雜病之也？今不必廣引博證，只此一端，豈非可疑之甚者耶？

夫虧之爲言缺也，欠之爲言不足也，既曰有虧欠，則其虧欠處，當有界至分數。然則所謂"仁體"者，幾分是此理本面，幾分是天地萬物所補塞者，此又豈非可疑之甚者耶？此殆同兒童之言，而沿文索義，不得不疑之至此，可供高明一笑。然試更詳之幸甚。

竊觀高明以此理但爲主材原本而已，至論其體之大則必屬之天地萬物，似謂愛之理不足以盡仁體，必得天地萬物，方爲渾全之體爾。是殆將愛之理，作小物看也。又曰"若非渾全之體，則感物之際，何得有血脈貫通之妙耶"，似謂愛之理，無所與於血脈貫通之妙，必得天地萬物以爲渾全之體，然後方有血脈貫通之妙爾。是殆將愛之理，作死物看也。至其謂"若無萬物，則生物之心，無所於施，豈不虧欠了分數？"則是萬物無所資於生物之心，而生物之心，反有待於萬物爾。乾坤之元，爲萬物之所資始資生者，其義安在？而朱子所謂"天地之心完全自足，非有待於外"者，又果何謂也？

大抵高明解此二句，惟據句內文勢，而不暇察夫一時往復諸條主意之所在，一書首尾語意歸宿之如何，見別時別處，統論仁字之說，有及於天地萬物者，則輒皆援而合之。蓋其宗旨以《西銘》及程子所謂"仁者渾然與物同體"之說爲主。然又不念夫兩賢之說，其體要本領各有所在也。是故朱子於《西銘》曰"緊要在體性二句"，於程子說曰"緊要在識仁上"，其意可見矣。高明旣擧此朱子說，而猶復以天地萬物，混言於仁體者，何也？

所引"通天地貫萬物"，"充塞天地"，"兼利萬物"等說，固皆至論。然不知其能通天地貫萬物者，是何物也，能充塞天地，兼利萬物者，是何物也？是必有可以通貫，可以充塞兼利之本體，然後方能通貫，能充塞兼利也。是其爲體，豈必待天地萬物而後，乃爲無虧欠耶？

來諭曰"有這仁，方可與物同體，若無這仁，將何者而可以與物同體"，又曰"本然固有之理，完全自足"，又曰"稟受所具之理，不以外物之有無而爲加損"，又曰"求仁，不當於一般處"，此等旨意明白，無可疑者，而乍入乍出，且合且離，殆不可以捉摸。竊恐爲說太務周徧完備，以致曲折屢變，反有傷於直截簡約之意也。

來諭又曰"若先識得仁底名義意思，則卽此不妨與天地萬物同體"，愚者非敢以此說爲不然也。但所謂"仁之名義"卽愛之理，"愛之理"卽仁之體也。若識得此，則仁體已盡，更無虧欠，所謂"與天地萬物同體"者乃識得仁以後說耳。蓋旣曰"先識得仁"而後，乃曰"卽此不妨云云"，則語勢旨趣自有次序，其理之實然者，亦不可誣矣。

　　此數句乃彼此同異離合之一關捩，而所爭只在毫釐之間，幸於此更加意焉，如何？各條亦不敢不仰復，忘其煩瀆而臚列如左。

問：來敎第二條"所謂'愛之理'者卽盎然愛人利物之心【止】所謂'與物同體'者，謂天下萬物無不涵在吾仁之中"。

竊謂所愛者人也，所利者物也。然姑舍人物字，只就其愛之利之之理觀之，卽是仁體有此愛之利之之理，故與萬物爲一體，無此理，萬物何所湊泊？【來敎第五條所謂"有這仁，方可與物同體，非謂今日有仁，而明日方與物同體"者是也。】以此言之，此理本來全具，豈待彼物而後，無虧欠耶？萬物固涵在吾仁之中，然旣曰"涵在仁中"，則其本有此仁，可見矣。其可謂仁本有欠，必待涵萬物而後，方無欠耶？

問：第四條"名義與體段不同，本書曰'於此識得仁體'，則以仁之體段而言，恐不可只言其名義而已"。

竊謂名義與體段，固若有不同者。然名義卽體段之名義，體段卽名義之體段，恐不可離而二之也。【來敎下段所謂"只此名義，其體段如此，非名義之外，別有體段"者是也。上下語意似矛盾，何也？】若朱子所謂"仁體"卽愛之理，所謂"用"卽愛之發，此專以性情動靜言體用，本非言體段之大者也。然卽此愛之理，已足以見體段之大，何必待天地萬物而後，方爲全體耶?

所引諸說，固與訓詁襯貼說者有不同。然由其有此名義，所以見其體之如此。如所謂"仁者之心，天理周流"，固是仁體。然所謂"天理"，非向所謂"愛之理"乎? 是卽以名義而言其體也。

如陳氏、徐氏說，其歸宿又皆在名義，名義如此，故爲通天地貫萬物之體也。如所謂"仁義之性，可以充塞天地"，所謂"此心之量，足以包括天地，兼利萬物"，其所以充塞與足以包括兼利者，是何爲而然也? 是必有其名義矣，而其體段又未嘗不在於此。蓋就名義而求體段，則其爲體段也有可据之實; 而舍名義而言體段，則未見其所以爲體段者何如也。

今來教曰"言體段則包名義在其中，而只言名義則未見得體段"，上句固無妨，下句恐未然。愚誠僭妄，竊欲改之曰"言名義則體段自見"，如何?

問: 第五條"朱子答周舜弼云云"。

竊詳此書所謂"不須外邊添入道理，反混雜無分曉處"者，正鄙說所據以爲證者。高明旣引此而又必以天地萬物同體爲仁體，何也? 先識得仁底名義意思，則卽此不妨與天地萬物同體，高明前書，固已有此意。然不於名義上求其體，而必以天地萬物同體爲其體，此愚之所聽瑩也。

朱子所謂"不妨"云者，乃言之亦可，不言亦可之意也。

如論《易傳·乾》初、二、三、四爻，作舜說曰“先通得易本指，後推說不妨，若便以所推說者去解易，則失易之本指”云云者，語意正如此。今不於愛之理，認得仁體，而必於與物同體處求之，將推說不妨之意，作緊要說，此愚之所未曉也。

來教曰“有這仁，方可與物同體，若無這仁，則將何者而可以與物同體”，此誠然矣。正與鄙見脗合，旣曰“有此仁”，則仁之體已全具，何必言與物同體而後爲無欠耶？

退陶先生答黃仲擧書，蓋嘗伏而讀之，略窺其義理之精密。此書主意，在理一分殊，與直論仁體之說有少不同。然卽此而觀之，亦有可以爲證者。腔子裏元有此惻隱之心，故能體萬物而普四海，非因萬物四海而生出此惻隱之心也。如何？

問：第六條“立人達人，卽此愛之理發見流行，血脈貫通處。今只曰‘愛之理無所蔽而然’，則似以爲未發時事”。

從來淺見竊以爲夫子此言，特就仁人心體上言，未說到功用處。故《集註》曰“狀仁之體，莫切於此”，蓋立人達人固是用。然所存於中者，已有此意思，所謂“天理周流”，不必待其發於用見於事而後可言也。所以前書謂“愛之理無所蔽而然爾”，今來敎駁之，深愧寡陋。但恐如此則“狀仁之體”此“體”字，當作如何看？體用之體與體段之體，所指微有不同。蓋謂之體段則兼體用，此體字當爲體段之體耶？幸更敎之。

“人已相對”之云，竊觀盛意所重在人字，故妄作反之之辭。今所見諭，似有未悉鄙意者然。此本同訟者之相攻，何足更煩耶？所謂“未立人達人之前，其立人達人之理，渾然全具於未發之體”者，愚亦未嘗外此而爲說。但鄙意以立之達之之理爲體，盛意以所立所達之人，添入於體中，此爲不同耳。

問：第七條“今有物於此，其中骨子固爲主。然須有頭有尾有皮殼體膚，然後方成一箇物事”。

竊謂有此骨子，故成此軀殼，若謂骨子因軀殼而成，則是倒說，若謂軀殼是骨子，則是混雜說。今愚之所論只是骨子，骨子自有其體，自成一箇物事。方論骨子時，只言骨子可矣，不必竝及於軀殼也。然旣有骨子，則軀殼自從之，來諭所謂“認得這骨子是充塞那軀殼底物事，則自是無病”者，固無妨矣。來諭又曰：“稟受所具之理，不以外物之有無而爲加損。愛之之理，其體段渾全，雖人消物盡，其本然之體，曷嘗有增損哉？”是則誠然矣。愚見本不外此。夫如是矣，而乃曰“無天地萬物，則此理有虧欠”，豈非可疑者耶？

問：第八條“天地生生之理，人與物所同得，故濂溪偶指庭草而發此言。【止】須著‘一般’兩字，方見仁人普博周徧底意思”。

竊謂濂溪此說，誰人敢作歇後看？特因朱子之說，以自家意思爲主耳。來諭亦曰“求仁，不當於一般處”，然則直言仁體者，姑且去此兩字，亦何害耶？

竊意《太極圖說》可以言此，一般是統體太極，自家意思是各具太極。太極本無虧欠，統體不爲大，各具不爲小。今且只就自家意思觀之，已見仁人普博周徧底意思，何必著“一般”兩字而後，方可見仁人意思耶？上所引退溪先生書下段，正好於此參看，如何？

問：第九條、十條“南軒此說，固是有病。今謂血脈貫通而後，方得愛之理則恐未然。【止】朱子何不一言說破而直攻其有夾雜而少差桼哉”。

竊謂南軒《仁說》所謂“愛之理得於內”一句，在於血脈貫通之下。【今《南軒集》曰“愛之理無所蔽，則與天地萬物，血脈貫通，而其用亦無不周”云云，以“天地萬物血脈貫通”八字，置之於愛之理無所蔽之下，而愛之理得於內一句則無之。蓋因朱子此書，覺其誤而修改歟。】血脈貫通，當言於用處，而今乃言之於體之上。故朱子以爲差桼，而復繼之曰“識得仁體，然後天地萬物，血脈貫通，而用無不周者，可得而言矣”，又曰“此理本甚約，今便將天地萬物夾雜說，却鶻突了”，此皆是說破其病者，豈止一言而已耶？

來諭又謂“先以天地萬物血脈貫通爲言而後說愛之理得於內，則正有夾雜之病，而若以愛之理爲主而其體段與天地萬物一體，則少無夾雜之失”，竊恐“夾雜”二字，不當如此說。蓋差桼夾雜是兩種病。南軒之意以爲愛之理，因廓然大公，血脈貫通而得, 是差柰也; 以天地萬物, 混言於愛之之理, 是夾雜也。

方論仁體時, 只言愛之理可矣。纔說天地萬物, 便是夾雜。不係先說後說, 旣認得此愛之理爲仁體, 則雖說與物同體亦無妨, 而方言愛之理, 不可添入天地萬物, 此正毫釐間, 所宜明辨者也, 如何?

所諭旣認得天地情狀意思, 則其體段自不妨圓方, 有天地而後, 方有圓方之可言, 此一段譬喩, 亦自無妨。但當姑先認得天地情狀意思耳。

問: 第十條"若先識得仁, 則雖說與物同體, 亦未嘗不至約"。

竊詳此段亦無妨, 但所謂"至約"者, 在於先識得仁處, 而不在於與物同體處, 如何?

問: 第十一條"旣認得道理之眞, 則卽此眞底其體段甚大"。

竊謂"卽此眞底其體段甚大", 是誠然矣。但謂若無天地萬物, 此理亦有虧欠, 則所謂眞者之體, 本不能自大, 必待天地萬物添補, 然後方成大體也。來諭上下, 無乃自相矛盾乎?

問: 第十二條"先言愛之之理便是仁, 則其本然固有之理, 完全自足, 然後方言卽此固有之理其體段渾然與物同體, 則語勢渾成, 未見其夾雜之失"。

竊詳此一段語意甚好。但此是答周舜弼書所謂"若於此處認得，卽不妨與天地萬物同體之意也"，非與南軒往復之旨也。

蓋先須認得此本然固有之理，完全自足，此便是仁體，所謂"然後"以下，不免爲剩語。至於所謂"軀殼不完，則骨子有虧欠；圓方有缺，則天地有虧欠"，此一轉語，依舊是夾雜說，與上所謂"本然固有之理，完全自足"者相矛盾。亦與第七條所謂"這骨子是充塞那軀殼底物事"者及第九條所謂"旣認得這天地情狀意思，則其體段自不妨圓方"者不相應，如所謂"稟受所具之理，不以外物之有無而爲加損"者，皆成虛語矣。

夫有此骨子，軀殼自成；有此天地，圓方自形，豈有因軀殼而成骨子，待圓方而爲天地之理？有此仁故自然與物同體，豈有因萬物而爲仁之理？假使"骨子、天地有虧欠乎"，則是將以軀殼、圓方，湊合添補，以塞其虧欠處耶？然則其一半是骨子、天地之本面，一半是軀殼、圓方之所補塞者，其與指軀殼而認骨子、見圓方而喚天地者，不同者幾何？此語非敢相駁，實有不能領會者，故不得不索言至此爾。

問：第十三條"亦須究其問答同異，方見其精微曲折之所以然"。

謹按《語類》問者之說曰"視夫天地萬物，均受此氣，均得此理，則無所不當愛"，南軒之說曰"己私旣克，廓然大公，天地萬物，血脈貫通，愛之理得於內，而其用形於外"，兩說皆主天地萬物而言之。究其旨趣，未嘗不同，問與答，俱未見其有異。但或以用而言，或兼體而言，此爲少異。然體用一源，未有體不然而用獨如此者也。蓋愚所謂"仁之體用"者，愛之理爲體，愛之發爲用，初不係於天地萬物之有無也。如何？

問：第十四條"見夫天地萬物之一體而指以爲仁，則固是莽蕩無交涉。就此吾心固有之理完全自足處，認得此理體段渾然，與物同體，則豈有夾雜莽蕩之失耶？"

竊詳此段亦無妨。然程子曰"學者須先識仁，仁者渾然與物同體云云"，而朱子曰"此段緊要在識仁上，要知見得"，則朱子之意可知矣。蓋識仁不在與物同體處故云然，今要先識仁，只當就吾心固有之理完全自足處識得，不必賺連與物同體處，然後方可以識仁也。所謂"識得仁底道理沖融和粹、惻怛慈愛底本相，則卽此而見其渾然與物同體氣象"者，亦無妨。然其沖融和粹、惻怛慈愛底本相，已足以識仁，不待見其渾然與物同體氣象而後，方可以識仁也。

程、朱說論與物同體者，固多有之。然愚者曾不以告乎？聖賢之說，所就而言之者各異，如今與南軒往復書，其主意不在與物同體，而只在愛之理一句耳。

"吾與物所共有之"云，或恐盛意如南軒所謂"人物所公共"之說，故云云爾。來諭駁之，且謂"方論自家所賦之理、本然之量，不論物之共有與否"，此說誠然。甚愧妄率錯認高明之意。但上所謂"須著'一般'兩字，方見仁人普博周徧底意思"者與此却相矛盾，如何?

問：第十五條《西銘》之說。

竊謂高明前書見教，以"《西銘》推親親之厚以大無我之公，而此《仁說》以廓然大公皇皇四達而愛之理昭著無蔽爲言，則引而爲證，未遽有牽合之病云云"，故愚者据此而謂《西銘》之旨與《語類》問者之意同耳。

蓋《西銘》緊要處，儘在塞體、帥性二句上，以此爲主而證之於《仁說》，則容有可合者，若以推親親之厚大無我之公證之，則實非《仁說》之意也。但《語類》所問亦曰"推其愛"云云，則其意未嘗不以我爲主。《西銘》以民物對吾而言，則亦不害爲物我竝立。愚恐不必於此屑屑計較，只是仁乃吾性之所固有，不可以天地萬物同胞吾與者爲吾之仁也。《西銘》旣先言體性以爲關紐，而同胞吾與以下，又見渾然與物同體之意，謂之備言仁體，豈不信哉?

但聖賢之言，地頭各異，竊恐朱子此書之旨，不必求之於《西銘》。何者?《西銘》言體段而包名義，《仁說》言名義以明體段也。然所謂"名義"卽愛之理，而"愛之理"卽仁體也。愛之理之外，更無所謂"仁體"者，言名義乃所以言體段也。

今來敎曰："愛之理便是仁一句，是專說名義，而下著此兩句，然後以於此識得仁體承之，則何得爲專言名義?"是以愛之理爲非仁體也，所謂"愛之理爲體，愛之發爲用"之說，將何以處之也?

問: 第十六條"朱子書此兩句以鄙意看讀, 何嘗有體仁底意思耶?"

高明前書以《西銘》無我之公, 證朱子書廓然大公之語, 故鄙說云爾。

問: 第十七條"南軒【止】最後一說, 【止】其意似謂愛之理所得於內者如此而後形於外也。但不以吾所固有之理爲主, 而先言天地萬物, 未論體而遽說用, 此未免夾雜之病。若依舊離愛言仁, 則朱子豈肯以明白簡當許之, 而謂其有少差舛哉?"

謹按南軒說曰"愛之理得於內, 而其用形於外", 蓋亦未嘗不先體而後用。惟其言天地萬物於愛之理之上, 以當言於用者, 混言於體, 此所以爲夾雜之病也。蓋不言愛之理是吾所固有, 而乃謂天地萬物血脈貫通而後, 愛之理得於內,【上言"天地萬物血脈貫通", 而繼之以"愛之理得於內", 其語勢豈非所謂"天地萬物血脈貫通而後, 方得愛之理"者耶?】此雖與當初離愛言仁者不同, 然語意猶未能粹然。朱子之許以明白簡當, 乃謂其大體如此耳。若此數句則未免有病, 故謂之差舛夾雜, 何嘗竝此數句而皆許以明白簡當耶?

問: 第十八條"所謂'甚占地位'者, 非指天畫地叫東喚西, 盡爲吾仁也。蓋卽此心中所具之理, 其體段同天地而貫萬物。既曰同、曰貫, 則若無了這天地萬物無可同無可貫無可愛底,豈不虧欠了體段耶?”

此條所貢謬說, 見許以相合, 鄙陋之幸也。但所謂“旣曰同、曰貫, 若無這天地萬物無可同可貫可愛”者, 又淺見之所大疑也。

夫其能同天地能貫萬物者, 是何物也? 是卽此理也。此理之體, 本自具足, 本自完全, 故能同天地而貫萬物, 若本不具足完全, 何能同而貫耶? 今反謂無天地萬物, 則無可同可貫, 愚實未能曉其義也。

其下又却謂非待天地萬物而後方有也, 果使有可同之天地, 有可貫之萬物, 然後其體無虧欠, 則此豈非待天地萬物而後, 方有者耶? 上下旨意, 亦恐矛盾。

問: 第十九條“人物所共得之說, 本非鄙意, 因他家物事之語, 得一麤譬。今夫天子中天下而立, 爲四方之極云云”。

竊謂人物所共得之說, 來諭恐亦無定本, 旣力主一般之說, 而却又曰“本非吾意”, 何也? “與物同體”云云處, 愚錯認盛意, 引南軒“人物公共”之說以疑之, 則此固知罪, 而若曰“本非吾意”, 則恐有不然者矣。如何?

天子之說, 此非麤譬, 可謂精細之譬。然天子之所以爲天子者, 以其爲統御愛育之主也。其所以能爲統御愛育之主者, 卽是天子之體也, 何可以所統御之區宇、所愛育之羣生, 補天子之體哉? 且如有田一成, 有衆一旅, 而不害爲天子, 以七十里百里起, 而能配上帝而受駿命者, 何哉? 以其一身已自有天子之體故也。苟於其身無天子之體，則雖呑二周而制六合，如秦 始皇帝終不得爲眞天子。以是觀之，天地萬物，何所加損於仁之本體哉？

問：第二十條"古人道理通熟，見解明徹，然後方有不得已之變例。萬一理有所未盡明，見有所未盡透，而遽然主張，便爾主說，【止】恐不如依文按本，守經信古云云"。

此段所諭，令人惶汗。如愚者何可以理未盡明，見未盡透論之哉？可謂理全未明，見全未透，此所以讀此書累年而終不能覺悟者也。然亦何敢遽自主張以立己說？特以其所疑反復質難於明者，以求其釋然耳。

但有一說，此兩句若如盛論看讀，則其與前後往復諸條及此一書上下旨趣，果無牴牾乎？又與其所自著《仁說》之意果合乎？彼則謂仁體不待天地萬物同體而後有，此則謂仁體必待天地萬物而後無虧欠，其牴牾而不合也較然矣。然則於此兩句，雖爲依文按本，而於大體則恐不可謂守而信之者矣。

若鄙說則自以爲依一書之全文，按諸條之定本，而於《仁說》所謂"以天地萬物一體爲仁"者，可以見仁之無不愛，而非仁之所以得名之實者。守之固而信之深，故不免將此兩句，求合於彼，其吐釋乍聞，雖若可駭，辭亦未嘗不通，而源流歸一，血脈相貫，不復有散漫隔礙之疑。但未知自家所見，果能不謬否耳。

是以質之高明，而高明所以見教者，使人疑惑滋甚，爲之憮然失圖奈何？夫子家奴，自塚中出來，不可望矣，不知何日可祛此疑乎？僭妄及此，高明若不怒則必大笑之矣。

問：第二十一條《孟子》“萬物皆備於我”註此言理之本然也。大則君臣父子，小則事物微細，無不具於性分之內。

竊謂所諭固然。愚亦曰“亦有不如此說者”，如今所論《仁說》書是也。抑又有一說，性中有仁義，而父子之親出於仁，君臣之義出於義，未有因父子君臣而爲仁義者，鄙前書所引《答胡廣仲書》可考也。

蓋道理無窮，聖賢之言，各有地頭。今且各就其說而觀之，何可死執一說，不顧其指意之所歸，而於彼於此，皆以吾所執者槩之哉？各條中就其尤緊要處貢愚，而猶煩蔓至此，餘不能一一。悚息悚息。

答李施伯【仁壥○甲申】

令子秀士見訪，袖致惠札，辭旨珍重，披玩感戢。第審眼患添苦，此是樂行近狀，同病相憐之心，非尋常比也。日來旱炎采酷，恐妨調養，溯仰無已。

樂行昨行合祭，喪禮今已畢矣。自此雖欲更報三年不離懷之恩愛，其路無從，奈何奈何？賤疾最是瞳暗，細字無論，大字亦一點畫成二三，往往至不分人面目。兄之眥睫赤爛是表證，弟之病是裏證，其淺深輕重不同矣。苦悶苦悶。

山園花樹之趣承示，令人悠然起想。縱不能力疾看讀，四時佳興，足爲怡神養性之助，豈如此漢日夕無狀比耶？

《刊補》，蘇湖亦累書以勖之，而所苦如此，姑未得致力。日者權戚叔 士安見過，將欲要虎溪長，作數旬勘校之會。此事若成，正子美所謂"四隣耒耟出，何必吾家操?"者。然吾輩亦不敢退坐，至如本家僉賢，尤不可不來作主人，早晚待自此仰報，奉漢上丈人兄弟惠然相會幸甚。

先人遺牘，蒙搜寄。每以錄中闕尊家往還書爲大欠，今無憾矣。感幸感幸。

答李謹夫【致遠○甲戌】

日者惠書，驚感無已。不審日來侍餘起居更何如？瞻溯不任區區。樂行將老粗依，但滿目枯黃，甚爲農夫之憂，未知天意竟如何耳。

簽前云云，仰認盛意。私家事多從俗，自先故已用"查頓"字，今不欲輒變，當爲好古君子所笑也。然亦非大防所關，以彼以此，何必深論耶？

答李仲休【命遠○庚辰】

匪意惠書見墜，謹審溽暑，調履有相，感慰交至。樂行寓中將老僅依，無足道者。

示諭服制，兄自思量而未得，則稟質于僉丈人座下足矣，何用問於外人？況下及鄙劣，尤爲失問，愧悚愧悚。但此是從前致疑處，竊欲因此相講。

頃年至一人家，見壁上所揭服制圖緦麻條有云“姨從兄弟姊妹”，而於“內外兄弟”則無“姊妹”字。樂行問：“無內外姊妹乎？”其人曰：“內外姊妹無服。”又問：“何以知之？”答曰：“《家禮》及《備要》皆然，蓋從母之子女與舅姑之子女，有異故然耳。”樂行心竊疑之，而無所據，後取《儀禮經傳》考之，但云“舅之子”、“姑之子”、“從母之子”，而傳及註疏竝無所分別，乃知言者之說只是臆度，《家禮》特文勢偶然，而《備要》因之耳。欲更質禮家，而未及矣。今因辱詢，漫此縷縷。

有故不參禫事者，別處一哭變服，似合情禮。朞年除靈之家，當再朞前一夕上食是俗禮，行與不行，有何大段得失耶？

九思堂集

卷五

書

書

答黃爾直【後榦○甲寅】

二月薄游文殊山下，四月始歸，兄書在案，深愧闕復。光天族兄與兄期會追逐，見解之富，翰墨之鋭，殆盡之而歸，走之樂道而不能已者，儘不苟矣。抑朋友之義，不可徒相稱譽而止；責輔之言，不必一向相推先而已。

竊有一說可以妄陳於樂取之下者。嘗聞忠者盡己之謂，信者以實之謂，存乎心而發於言，見於事者也。就以兄之所短言之，存乎心者，或有歉於忠者乎？發於言者，或有背於信者乎？弟所以知兄之如此者，以所以待弟者知之也。視其所以，亦足矣，必觀其所由，觀其所由，已審矣，必察其所安，然後曰是君子也，然後曰是小人也，而人莫得以廋焉。是故夫子之言曰："吾之於人也，誰毀誰譽？如有所譽者，其有所試矣。"又曰："論篤是與，君子者乎？色莊者乎？"君子之於人，不輕毀而輕譽之也如此。毀之也，其心誠惡之也；譽之也，其心誠好之也。言與心不符者，非所謂"忠信"也。

前者弟與兄相奉堇一日，使弟雖眞有可稱者，造次間，兄未必盡得而知之，況其輕疏暗劣，灼然有不可掩者？使兄苟有窮理知言之實，亦當覰破無餘矣。乃兄之所以推揚於弟者，雖施之博學篤行之君子，亦不爲貶，不知而如是，猶或可也，萬一皮裏稱量，有不然者，豈非虛僞之甚者乎？

夫子論爲學，首言“主忠信”。兄方步驟古人，欲自拔於流俗，必須先立其本，以毋失聖人垂敎之意也。弟之以毁譽爲言者，姑就其一事而論耳。

願兄隨處自撿，凡所以飭躬而接人者，皆令出於忠信，千萬千萬。感兄辱許以相規警之道，僭言及此，其愚亦甚矣。然誠欲得兄之相報耳，幸兄諒之。天時正熱，伏惟兄侍餘學履增勝。

答黃爾直【戊午】

患難窮厄之際，舊心依依，投書相問於絶海之外，益知信義出尋常萬萬。第承拜後時久，不相報謝，良足愧歎。

即者淸和，伏惟侍省學履增福，瞻仰何已？私家禍變，有不忍向人道者，倘非聖德如天地，將無今日矣。惟是積毁餘氣，呑吸瘴毒，疾病已種種，而有子無狀，扶將失宜。鄕家二千餘里，間以大海，老人安否，不以時聞。此又寬慰不得處，私情痛迫，尤何可喩？

來書以不相存訊於京城時爲恨，此豈尊兄高義厚於後而薄於前哉？勢固有然者矣。百星之贐，出於侍下屢空之中，非情深念切而能之乎？此地不用錢，故留救鄕家之急，今以示意告大人耳。平常無事之日，相望於一道之內，而尙未能一入蘭室，況此流離羈縶落落數千里外者哉？臨書悵然，惟祝學日益進，侍奉日益休，以慰遐溯。

答李學甫【宗洙○甲子】

頃復愛玩未已，此又不意垂問，感佩增深。就審霜風，侍學如宜，藥物效良，閤況亦依昨，欣瀉種種。

火生金之說，蘇湖書甚好。蓋火之燥卽是金之質，長夏伏日，其幹爲庚，此類亦可驗。然此可備一義而已，若正理則不得不從常說底次序。蘇湖書備言此意，無容更贅。此公可謂橫竪當理者，歎仰歎仰。

理氣說，淺見初以爲理通氣局之說，殊不可廢。蓋氣則竪看，有消息、盈虛、淳漓、衰旺許多斷續時節，橫看，有淸濁、昏明、大小、闊狹許多區別界限。理却無此許多般樣，特主宰是氣而無所不盡。此恐爲不相同處。及見蘇湖書，又承左右辨誨，極通透絶滲漏，鄙拙何敢容喙於其間？秪當熟玩兩家說，待其契悟耳。何當奉旣？凡百書不能盡。

答李學甫【戊辰】

至月卄二所賜書，至今闕謝，逋慢之罪，無所可逃。卽玆新元，伏惟侍彩增慶，學味超勝，慰仰不任哀誠。

樂行等先考入地，忽已三朔而歲又新矣，哀霣罔極，已無可言。壙處又不恔於心，子於父母生事死葬，一一盡分，固不可責之人人。至於卜宅兆而安厝之一節，下賤皆能勉焉。顧樂行置親膚於亂石破碎之中，使他人見者，亦爲之愍然而乃獨自便其體寢處，偃仰於塗墍之密室，不孝頑忍，一至此哉？初意虞祔畢後，卽圖遷改，又坐事力不逮，冬裏已不成。新年又拘運氣之說，將不免蹉過以待後年，深恐因徇緯繣，遂成千古之恨耳。

就中老母積毁餘氣，蘇完杳然，宿患眼疾，近復添苦，孥累又迭相告病，煎迫撓惱，無一可慰者，莫非罪戾無狀所使然，奈何奈何？賤軀生非可喜，死非可惜而冥頑直一木石耳。居處噉食，無異平人，些少皮膚之疾，何足深慮耶？承諭過垂矜念，感愧兼至。

拜賓之節，面命書教，勤懇不已，不肖迷昧，冥行妄作。不曾發難求益，而輒蒙指教如此，幸甚幸甚。

遺事以私情，固不欲遷延時月以致後悔，朋友相愛之責，亦莫不然，而心魄遁喪，苦難收召日夕之間，委靡頹闒，欲自奮而不可得。且於此等之役，力量手勢有不敢及者。以故益自沮蹙，知其不可已，而猶不能果焉。不才不敏甚矣，痛心奈何？痛心奈何？

答柳叔遠【長源○癸酉】

不意惠書見墜，驚感無已。第承領晚後，修復此稽，想必賜訝矣。雪後寒酷，不審侍餘起居何如？鏡衙安問，不勝欣聳。僉兄積月慕鬱之餘，當作如何驚喜也？樂行老人有手指疔毒，自餘憂惱不一。就中痘火漸益圍逼，前頭恐無地可避，悶迫奈何？

示來《中庸》疑義，寡陋何足與問難？愧悚甚矣。然扶仲、濯以輩皆自作闇然工夫，不肯向人吐盡其所存，寂不聞此等說話久矣。於今忽得之於叔遠，幸甚幸甚。

樂行誠愚且妄，不自揆揣，苟有人以往復講討爲事者，輒樂與之傾倒。今亦略不辭讓，以淺見所及供答呈上。因此若得繼有所聞，尤幸尤幸。

兄有美質俊才，其志又不欲只作場屋巨擘，探討向上事如此，將來何可量也？隣居廢學如樂行者，亦將相倚而自奮矣。年富力强，勉之勉之。聞仲氏兄送示《游山錄》，其中無不可示外人者，幸一投惠如何？

簽面稱謂甚不當，世誼當以儕輩相處。或以一日之長，而加之以老兄之稱，則亦所不必辭，至於云云字則決不敢當，切勿更如是，千萬千萬。

別紙

問：《中庸·首章》章句曰"人物之生，各得其所賦之理，以爲健順五常之德", 五常之德卽所謂"仁義禮智信"也。人固有仁義禮智之性, 物亦有仁義禮智之德乎? 虎狼之父子, 蜂蟻之君臣, 雖或有僅存而不昧者, 然至於草木之無知無覺者, 亦可謂有是德乎?

恐草木亦有健順五常之德。

問: 不睹不聞, 先輩皆屬未發說。然竊謂未發須兼戒懼說, 恐不可只以不睹不聞而謂之未發, 如何?

以不睹不聞爲未發, 恐無不可。

問: 致中和章句, 不曰"不失其守"而必曰"其守不失", 朱子下語之意, 似不偶然。蓋此段方說中和之極工, 自不犯人力, 故謂之其守不失, 其意若曰其守自然而不失耳。若曰"不失其守", 則帶得安排意思, 如何如何?

所諭甚善。蓋纔涉安排, 便不是未發之中, 非但聖人地位爲不然, 如何?

問: 子思以前, 未有說靜時工夫者, 仲尼所謂"君子中庸"之中庸, 亦是就動處言之, 而朱子章句, 兼說未發之中何也?

所以能時中者, 以其有未發之中, 故子思於首章, 說未發之中。蓋以中庸之中，兼體用，實子思之意也。如何？

問：逐章章下註，或有連書者，或有間一字書者，此朱子作傳時立例也。其首章及中間更端處則必連書，其下章之發明此章而非別立話頭者則必間一字書，令學者有所識別也。如何？

舊日所聞，蓋亦如此。

問：《第十二章》"夫婦之愚"，作匹夫匹婦看似好，而章句必以居室之夫婦訓之者何也？

章末造端乎夫婦爲照應，恐無可議。

問：《第十三章》子曰"君子之道四，某未能一焉"，聖人非眞不能也。而其章下註曰"道不遠人者，夫婦所能，某未能一者"，聖人所不能，若眞有所不能者何也？

道理無窮，聖人之心，恐亦有不自足者。

問：《九經章》。按《家語》"哀公問政，孔子對曰云云"，子思刪"孔對"二字，中間哀公發問處，亦皆刪之，詳其筆削之意，亦非偶然。蓋此章將以夫子之訓，以接夫文、武之統，若只作君臣答問之辭，則是哀公爲主而夫子爲客也。故於哀公則略之，於夫子則詳焉。篇首“哀公問政”四字，特存其故實而已。諺解懸音，亦不作告君之辭而直如說及夫門人弟子之爲者，亦以此也歟？

子思筆削，儘有意，蓋所重在於明道而不在於問答耳。

問：智屬知，聖人之事也；仁屬行，賢者之事也。然非聖人，不能盡仁，雖賢者，亦有資於知，似不當有所分屬。若曰“仁字不足以盡聖人而惟賢者當之”，則豈非小了仁字乎？

生知者未有不仁，故聖人分上，以智爲主；仁者未必皆生知，故賢人分上，以仁爲主，大體然也，如何？

問：“誠者自成而道自道”，章句分人物言之，終覺難曉。其下所訓以心言以理言者，尤所未解。指摘見教如何？

物是摠說天下之物，而下文所謂“心”卽其一物也。心無不實，方成得箇心而道理皆從這裏出，我當自行此道爾。如此言之，未知如何？

問：純亦不已，程子解云“文王純於天道”，又云“純則無二無雜”，上下純字之義，似相牴牾。上純字乃合同之意，下純字，方與朱子“純一不雜”之意同，未知如何？兩義自不相妨否？

程、朱說純字，果似有異，而其歸則同。程說上下純字，亦似牴牾，而亦未嘗不歸于一。蓋文王之德，同於天道，故無二無雜也。寡見亦嘗致疑，旋復如是活看，未知如何？

問：天道屬聖人，人道屬賢者。然聖人亦自兼天道人道，自其神化不測而言則爲天道，自其品節制度處言則爲人道，如何如何？

聖人兼人道，舊所未聞。所存者神，品節制度處，獨非神化不測者耶？

問：至聖章，惟"文理密察"四字，各有訓詁，以上四節，無所發明，以意推之，多有相妨。蓋明與睿相近，裕與寬相近，溫與柔相近，發强剛毅以下皆然。如欲逐字訓解則當若何？《太極說》，中屬禮，正屬智，而此則皆屬禮何也？

明是視之明，睿是心之通，寬是恢洪之意，裕是紆餘不迫之意，溫是溫和，柔是柔順，雖相近而亦各自有一義，必欲逐字訓解，則當有其說矣。中正與《太極圖說》，其義自別，恐不必牽彼合此，如何？

問：諺解多有可疑處，若以至聖章論之，則其曰有臨有容有執有敬有別，自是排比成文，各作一片。故章句亦謂之五者之德，而諺解則以有臨一段，別作包頭，其下方排比懸吾，似失章句之意，如何？

章句以聰明睿智爲氣質，以下四者爲仁義禮智之德，諺解句讀似有所本，而畢竟文勢相同，故章句又云"五者之德"。此等處，各就其地頭看得，似不相妨。如《二十九章》"動而世爲天下道"一節，亦此類也，如何？

問：朱子曰："《中庸》始合而開，其開也有漸；未開而合，其合也亦有漸。"蓋首章先說天命之性，次言戒懼之工，次言愼獨之事，是漸漸開放去。末章先說謹獨，次說戒懼，以極於無聲無臭之域，是漸漸收斂入。或由體而達用，或由用而達體，脈絡分明，條理井井，雖未能入其中得其味，而有時斂衽莊誦，亦覺胸中稍開，可知隨人愚智，各有所得也。

長源幼而失學，又甚魯鈍，年已三十，尙未知此書頭面，近欲收拾精神，一窺其藩籬，而世事多掣，不得專意誦習，只是一番看過而已，如是而其能有所得耶？今此所禀，又皆膚淺，不足煩溷。然若因此承教，有所開發，則何幸何幸？至其宏綱大旨，徒有望洋之歎，不能拈掇其一二，惟在執事之垂憐而提示之也。如何如何？

開合，不必就首末一章內推說。恐當以程子所謂"始言一理，中散爲萬事，末復合爲一理"者言之如何？

所論諸條，皆見得精密，可想其用功之深，而苟非心通眼到，亦何能爾耶？不勝歎服。樂行廢學已久，舊聞盡忘失之，何敢以上下往復爲事？特以不遺辱詢之意，有不可孤負者，揣摸供答，草草塞責，而寓中乏紙地，又無寫手，不能以別紙精書以呈，謹就來幅空處塡還，極爲唐突，主臣主臣。所答必多謬戾，幸更還敎，以開茅塞，千萬千萬。所諭宏綱大旨，鄙陋尤何敢及？朱子之言曰“析之有以極其精而後合之有以盡其大”，高明用力之久，當自得之矣，竝幸提示。

答柳叔遠別紙

問：草木亦有健順五常之德，更爲思繹，果有是理。莫是春而發生爲仁，夏而繁茂爲禮，秋而堅實爲義，冬而歸根爲智，種種草木，各有其性而萬古常如此，是信否？

若如此說，有知覺運動之禽獸僅通一路，而無知覺運動者却全五德，未知於理何如？且五德有則一齊本有，豈可曰春夏但爲仁禮而無義智，至秋冬，方爲義智而却無仁禮也？此可以言天地化育之序，而非所以論一物之性者也。如何？愚意恐萬物之生，莫不本具五德，而其偏全通塞，特隨其形氣之如何耳。幸更思之。

問：未發說，終不能無惑。若直以不睹不聞爲未發，則朱夫子所謂“睡未足時，被人驚覺，不知四到時節”，亦可謂之未發乎？ 蓋旣云未發，則有將發者存焉，恐不可指其冥然漠然者而遽謂之未發，如何？

朱子曰“不睹不聞，是萬事皆未萌芽”，萬事未萌，恐不得不謂之未發。但此未發者，必須照管提惺，不令昏昧放倒，然後方可爲天下之大本，故有戒懼之功以養之。蓋未發以時分地頭而言，戒懼以工夫而言。故朱子曰“戒懼所以養其未發者”，恐只得如此看。

問：聖人所不能一段，所敎誠然矣。然自聖人言之，則固當如此說，後人引之，以證所不能之端，則似或未安，如何？

聖人非心實自聖而故爲是退托也。自家旣云未能，則其心必有不自足者，後人依以爲說，何至有未安？

問：聖人兼人道，鄙說非出臆見，詳觀《中庸》分天道人道處，各有指意。其泛論聖人之德則屬之天道，如《卄二章》、《卄四章》之類是也。其論聖人品節而垂敎者則屬之人道，如《卄七章》、《卄八章》、《卄九章》之類是也。《卄七章》則中間說尊德性道問學工夫，猶可謂之學者事，至於《卄八章》、《卄九章》，是全說聖人之事則亦可謂學者事乎？

天道人道，本自《二十章》誠者誠之者而發端。不勉不思，從容中道者，屬之天道，擇善固執者，屬之人道。其下章章句曰："聖人之德，所性而有者，天道也；賢人之學，由教而入者，人道也。" 夫由教而入者與所性而有者，其至之成功一也。 然其始則有由教所性之別， 故凡直稱至誠至聖而贊歎之者則屬之天道，其稍涉用工處則皆屬之人道。《廿八章》是承上"爲下不倍"而言，《廿九章》是承上"居上不驕"而言，所以屬之人道也。若以品節制度而爲人道，則《二十二章》"盡物之性"、《三十章》"憲章文武"、《三十二章》"經綸天下之大經"，何以爲天道乎？ 幸更詳之。

答柳叔遠

近因雲谷兄往來，槩聞堊室動靜。卽日氣力復何如？ 大坪尊府丈新有除命，肅行當在晦初云，欣賀之餘，旋以炎程驅馳爲仰慮耳。

樂行老母積病餘憊尙未復，當此窮乏之日，調養倍艱，私悶奈何？ 盛稿久滯，極知未安，而不但頹嬾未易卒業，亦以辱示之意，不可孤負。竊欲略效區區之見，隨所疑箚記成草，亦已久矣，而或覬時月之間，見解有小進，所以至今遷就，今則太稽緩矣。玆奉呈本冊，兼以所箚一紙附上，豈高明所論，實有淺陋所可間然者耶？ 聊以仰塞見責之意，且欲望一一批回，以決淺見之得失耳。

別紙

問: 《大學·首章》章句曰"欲其必自慊而無自欺也", 誠意章則自欺在自慊之先, 而此則反之何也? 蓋毋自欺是工夫也, 自慊是效驗也。有是工夫, 然後有是效驗, 此誠意章所以先自欺而後自慊也。若章句則自慊於實其心之義尤襯, 故必先言自慊, 而"毋自欺"之"毋"字則改以"無", 毋與無儘有別。【毋屬工夫, 無屬效驗。】

以自慊爲效驗, 恐合更商。蓋自慊與自欺相對, 毋自欺則斯爲自慊, 自慊則斯無自欺, 自慊作工夫說, 似無不可。毋與無儘有別, 然無恐亦非效驗, 似是工夫極至處耳。如何?

問: 正心章章句"一有之而不能察"。按"一有"之"一", 或作四者之一, 或作一偏之一, 何說爲得歟?

謹按傳文四者之下, 輒各言"不得其正", 蓋有一於此則心已不正, 不待四者之俱有矣。章句所謂"一有", 正解傳文, 鄙陋於此亦嘗聚衆說而反復之, 終覺溪訓爲穩。

問: 《中庸》篇題小註許氏曰: "程子謂不偏之謂中, 固兼擧動靜云云。" 竊以《或問》觀之, 程子之不偏, 只說得中之體; 呂氏之無過不及, 只說得中之用。朱子則合二說言之, 而許氏乃以程說爲兼擧動靜, 不知何所據也?

謹按程子本以中庸之中言之，其意實兼擧動靜，而朱子特以未發之義取之，此恐是折衷處，故《或問》曰："於未發之大本則取不偏不倚之名。" 若程子本只說中之體，則當直言引用之意，不必曰取其名而已。以此觀之，許氏說恐不至無所據，如何?

問：自戒懼而約之。永嘉劉氏曰"前段所謂戒懼，雖已是靜，然謂之不睹不聞，只是身未與物接之時。至是則原其心體寂然不動之際而言，是存養工夫，自身而收斂，以至於心也，故言約之"，此說如何?

朱子論不睹不聞，有曰"照管所不到，念慮所不及"，則不睹不聞，已說心體寂然不動之際，劉氏說恐剩。

問：《十六章》小註"氣之呼吸爲魂，耳目鼻口爲魄"。按魄者形之神也，魂者氣之神也。目之能明，耳之能聽，是形之神也，未有氣之可言則固可專屬之魄也。若口鼻則其能噓能吸者，氣之神也；其能別臭味者，形之神也，是可以兼屬乎魂魄也，如何?

《語類》有曰"耳能聽，目能視，爲魄，其煖氣爲魂云云"，以此推之，口之知味，鼻之知臭是魄，其呼吸是魂，耳目口鼻之皆有魂魄可知矣。

問:“百物之精，神之著”。按釋氏有形有死生，眞性常在之言，吾儒闢之不遺餘力，而孔子乃有此云云何也？或者人之始死，其氣發揚于上，不容遽盡，故有此光景感觸之異，而未必其常存不滅者耶？

以魂魄游散言之，則始死與久遠，固有不同者。然其洋洋如在則在乎人之感格，豈獨始死者可感而遠者不可感耶？觀於禘祫之祭，可知矣。變而爲鬼，則精氣俱散，不可謂之有，致誠感召，則洋洋如在，不可謂之無，與釋氏之說自不同，如何？

問:《二十章》“不勉而中，不思而得”。按經文不勉先於不思，而章句反之何也？蓋聖人自誠明，則性之德，固先仁而後知也。此經文所以不勉在不思之前，然須是知得，乃能行得，【朱子曰“安而行之，不用著力，然須是知得，乃能行得”，見八節小註。】故第八節生知在安行之前。要之知行二者，可以交互言之而不可以執一論也。

所論固已得之。蓋上文明善誠身及此節擇善固執，皆先知後行，章句所以先言思後言得者，文勢不得不如此。

問:《二十五章》譚氏曰:“誠之實理，可據曰德，可由曰道云云。”按合內外之道之道字與道德之道不同，若曰合內外底道理也，今以實理可由訓之，恐未穩。且誠卽實理也，若曰誠之實理，則實理之外，更別有誠乎？

譚氏說固可異，盛論所謂“合內外底道理”云者，亦未知其果如何？蓋此是饒氏說，今諺解亦如此。然朱子說却不然，有曰：“成己成物之道無不備，故能合內外之道而得時措之宜。”以此觀之，道字是實字，蓋成己成物是內外之道，而皆吾性之所固有，故曰“合內外之道”爾，如何？

問：《二十六章》悠久。按“悠久”二字，恐皆兼內外。若曰“悠是外，久是內【潘氏說】”，則當曰久悠，不當曰悠久也。蓋悠是據始以要終者【見《語類》】，則固可兼內外說，而遠以地之遠近而言，則【退溪先生曰：“遠是以地言，如光被四表，格于上下之類。”】是可言於外而不可言於內也，故必易以久字。久是隨處常在之義【亦見《語類》】，則可以兼說於內外矣。詳味章句，此意尤分明。【章句曰“悠久卽悠遠也，兼內外而言也”，總說悠久而未嘗言此是內彼是外，則何嘗以悠字專屬之外耶？又曰“本以悠遠致高厚，而高厚又悠久也”，亦何嘗以久字專屬之內耶？】

悠久與悠遠意同，而上文則以驗於外者言之，此則兼內外而言之，變遠言久，故知其爲兼內外。潘氏說，恐不可遽非斥之，如何？盛論又曰“遠以地之遠近而言，可言於外而不可言於內”，且引退溪先生說以證之。然朱子曰“悠遠是自今觀後，見其無終窮之意”，此有不合者，如何？

問: 知風之自。按風字最難訓, 退溪先生以爲設譬之意, 而亦難曉。《或問》有曰"言語之得失, 動作之是非, 皆知其所從來云云", 言語動作是發宣於外者, 故謂之風也歟?

風字, 退溪設譬之訓甚有味。盛論所謂"言語動作是發宣於外者", 正得其旨矣。

盛錄義理精密, 文字馴雅, 愛玩歎服之餘, 謹以淺見所未領會者十餘條, 箚標呈上, 仰希批回。此外諸條, 無可間然矣。

答柳叔遠問目

問: 魂魄說謹聞命, 但來敎中"知味知臭"之"知"字, 恐或未安。蓋臭與味, 纔觸鼻便有臭, 纔入口便有味。是口鼻之魄, 所以能如是, 而纔著知字, 便侵過魂之境界。是以朱夫子有曰"不可以知字爲魂, 纔說知便是主於心也", 黃勉齋魂魄說, 亦以知屬魂。來敎中"口之知味鼻之知臭"八字, 改以口之於味鼻之於臭, 未知如何?

知字果有病, 依來示改之似穩。

問: 批敎曰"潘氏說恐不可遽非斥之"。按《語類》問"以存諸中者言, 則悠久在高明博厚之前, 以見諸用者言, 則悠久在博厚高明之後云云”，先生答曰“云云”【此說亦載本章小註，而上久字誤作遠。】，據此則悠久二字，皆兼內外，自是朱子之旨，潘氏說恐不可從。

竊謂“悠遠”之“悠”與“不息則久”之“久”，合而成文，故知其爲兼內外。假令本文不曰悠久而曰悠遠，亦將謂之兼內外乎？是可疑耳。

問：批敎曰：“朱子曰‘悠遠是自今觀後，見其無終窮之意’，此有不合云云。”按《語類》問“悠與久字，其義各別”，先生曰：“悠是自今觀後，見其無終窮之意，久是就他骨子裏鎭常如此之意云云。”退溪先生引此而答李宏仲問曰“《語類》只說悠久，未說悠遠。然悠是以時言，遠是以地言云云”，據此則本章小註刪入《語類》處悠下遠字，當爲衍文，而來敎引之，或別有所據耶？

小註遠字之爲衍文，承示破幸甚。悠遠以著於外者言之，悠久兼內外而言之，固不同。然其字義，畢竟無異。遠字果以地之遠近而言，則朱子何不別而言之而只曰“悠久卽悠遠”也？但退溪先生說如此，謹當更思之耳。

答柳叔遠【庚辰】

所諭兩段，詞理淹博，足見溫習玩索之工，有積久沈浸之素，非掇拾言句，臨時杜撰，如樂行者之比，披復累日，不勝歎服。夫以高明之見，加之以援證該洽，區區淺識，不宜更煩往復。然前此奉答，草略暗澁，無論得失，不足以悉見本意，今當一究其說，以聽左右之終敎之也。

蓋自慊者何謂也？好善如好好色，惡惡如惡惡臭，此之謂自慊。此於幾微初動之際，好惡向背之間，已有此意象，何待末稍究竟而後，乃可徵而驗之而遽以效驗言之哉？

夫誠與不誠，判於自慊與不自慊，不自慊而爲誠意工夫，愚之所未知也。工夫有始終有淺深，始而淺者，固是工夫，終而深者，亦不可謂非工夫也。毋自欺固是誠意工夫，自慊亦豈非誠意工夫耶？蓋毋自欺是工夫方做處，自慊是工夫已成處。方做與已成，雖有間，其爲工夫則同耳。況自慊與自欺相對，纔無自欺，便自慊，又未必有淺深始終之可分乎？所謂"方做、已成"，亦非有時分先後，特其所就而言者，地頭不同耳。

來諭以欲其自慊爲工夫，已能自慊爲效驗，則竊恐工夫只在下一半欲之之際，而纔到實踐履處，便不是工夫，使人將有得少自足，畫而不進之弊。此則恐不但爲文義之失而已也。章句所謂"欲"者乃欲其工夫恰盡之謂，非方下工夫而預期效驗之謂也。

至若"心廣體胖"一節，儘是說意誠之驗，而所謂"形容自慊之意”者，蓋亦言其由自慊，故有心廣體胖之驗，恐非以心廣體胖爲自慊也。何以見其然也？旣以心廣體胖爲意誠之驗，而又謂自慊是意誠，則其不以自慊爲效驗也明矣。一事之中，各有工夫效驗，固不無此理。若今所論，恐不當以此例槩之也。

小註中“正心誠意爲工夫，心正意誠爲效驗”之說，未暇考見。然以《章句》、《語類》中凡說效驗處觀之，如經《一章》定靜安慮得、傳文治國章興仁興讓作亂及《中庸·首章》天地位萬物育、《九經章》道立不惑不怨不眩之類，皆因彼而有此，卽此以證彼之謂，未嘗有以一事分工夫效驗者也。

今以此準之，意誠是知至之效，不可謂誠意之效；心正是意誠之效，不可謂正心之效；國治是家齊之效，不可謂治國之效；天下平是國治之效，不可謂平天下之效也。若以意誠心正爲誠意正心之效，而又以爲知至意誠之效，則工夫太短，效驗太長。以工夫言，則比如截去自己腰膂，附益別人；以效驗言，則比如割取他家境界，認作己有，理趣文義，俱未見其穩當也。鄙見如是，不敢不盡縱言及此，可否惟俟批回耳。

悠久之義，亦猶有疑晦者。蓋此章自第三節以下，皆言至誠之著於外者，大體固然矣，而至於成物則非但著於外者之所爲也。乃其存於中者，常久而充積，故著於外者，悠遠而無窮，所以有此成物之功也。遺內而主外，則無以見成物之本，捨外而專內，則無以著成物之驗。其變文爲悠久，可謂縝密稱停，該括內外。章句所謂“兼內外而言”者，正解本旨，何可謂推言外之意耶？既曰"兼內外而言"，則可見本文已兼內外而言。此卽訓詁之例，非言外之意也。

章句中固多說出言外之意者，如《首章》致中和條所謂"修道之敎，亦在其中"一段及《九經章》好學近乎知條所謂"三近者勇之次"之類是也。詳其文勢與訓詁自別，皆於元解之外，拖出新意，豈若此一句之直据本文而言之者耶？

其曰"悠久卽悠遠"何也？上下文悠遠悠久，雖有在前在後之異，然以其分而言則同一科也。故曰"悠久卽悠遠"耳，非謂悠遠亦兼內外也。但悠久二字合成一句，於內於外，不害其并言悠久。此《語類》諸說所以不屑屑分屬，然若其所從來則悠是徵則悠遠之悠，久是不息則久之久，自有不可誣者矣。

大抵朱子一生精力，在於章句、集註。其釋義之法，一字一句，莫不襯貼本文，絶無閒剩語而上下相照，脈絡相通，嚴密精巧，親切的當，義理文字，毫髮無憾。學者惟當就此熟讀潛玩，以得其辭而達於其意，雖使朱子他說有牴牾於章句、集註者，亦容有捨彼取此之道，況後來諸儒之說乎？有可以發明朱子之意者，從之可也。其不合者，徒爲誣朱子誤後學之歸，去之可也。如東陽 許氏說自慊是誠意之效云者，妄謂在所當去。若潘氏及潛室 陳氏悠久之說，似可以發章句之意，故心竊愛之，雖承高明之深斥，而終不能決然捨之，豈迷滯之甚，不自覺其誤耶？

仍竊妄有一說，朱子書及《語類》，固爲義理淵藪。其論經傳處與章句、集註相爲表裏者有之，推明章句、集註未盡之意者有之，有志於學而欲求經傳之旨者，固不可不尊信而誦讀。然皆出於一時往復問答之間，視章句、集註用盡一生之力者，亦有間矣。或有初晩彼此之異，或有記錄傳說之誤。自程門《語錄》，已不免此，而以其經朱子磨勘，故後學皆能知所去取。若朱子書及《語類》，晩生既不及退溪之門而有所質正，則何敢以管窺蠡測，容一喙於其間哉？

然以章句、集註準之而萬一有差殊處，不得不以章句、集註爲主，而世之學者，往往以《語類》未定之說，援而合之於章句、集註，甚者或捨章句、集註而取《語類》，其弊反令章句、集註輕而《語類》爲尤重。此於本末主客之分，固已未見其爲得，而要其歸不免爲驅率前言，以從己意之科，此不可不念也。

今來諭所援据，固非此類，鄙陋妄說，非敢並疑左右。或恐一向廣引博證，致累於說約之地，使末學輾轉相效，其流之弊，或至於如上所云耳。與左右相與之義，自謂異於他人，罄竭至此，幸覽而秘之，勿煩人眼，恐得罪於愼言闕疑之君子也。

年來志業俱荒，區區口耳之得，亦皆忘失，無可與朋友相往復者，似此云云，實爲可笑。獨以此心不至全喪，聞人好議論，猶知其可愛，而蒙賢者不遺，辱與之上下其論，私心竊自感幸。以此每得惠書，不覺欣然忘憂，不揆僭妄，樂爲之酬報。此書紕繆，固望鐫誨。外此如又有可論者，無以不可與語而絶之，源源見教，千萬幸甚。

答柳叔遠

惠書陸續，披玩感暢，隨得隨增。司諫丈車馬還稅，承來不勝驚喜。雨後秋氣頓緊，不審長途撼頓之餘，體候不至傷損否？兄氣力亦何如？膝下之慽，爲之怛然，素知無丈夫子，當是弄瓦孩提。然一時慘惻，無間於男女大小，惟理遣，可以自抑耳，兄何待人言耶？

樂行將母依昨，餘無足煩，工夫效驗之說承諭，不以鄙說爲不可，自此或可自信。然徒爾講說，無益於實得，須於日用間此心發處，常自體驗，以審其自欺自慊之幾，方是眞實工夫，而於文義，亦將實見其所以然。如樂行者上面格致一節，已自闕齾，何敢徑論誠意地頭耶？此等說話，畢竟是鸚鵡之能言，左右提撕之力，正不能無望於賢朋友耳。

悠久兼內外之說，亦不可謂非緊要，況聖賢所以丁寧開說，辛勤註解之意，正欲使讀之者，有以據此而得正義耳。今若看得錯誤，豈不負嘉惠後學之意耶？

來諭"微意"二字，與前書所謂"言外之意"者少有間，然以顯言者而謂之微意，則雖曰改之，猶有舊意也。蓋一章之內上下所言，若是一意，其文字不宜異同。子思何故旣言悠遠，而忽又變遠言久也？朱子何故於上之悠遠，不曰"兼內外"，而至於下之悠久，始曰"兼內外"也？此是明白易見處，不必多費思量。只但就此剖判，似甚直截，幸試更思之如何？

自子思、朱子已於大體說外之中，提起久字與內字，而未見其有傷於大體，何獨至於後人解說而後，使大體致傷耶？大體說外而或源其內，大體說內而或推其外，此明道析理之恒言，何傷之有？

來諭又謂悠字帶久字說，則不害爲兼言內，久字帶悠字說，則不害爲兼言外。竊詳不害云者，終不免有吝意，根荄未拔，磈磊未化，而姑且勉强遷就，應副人情。此則非所望於直諒之友也。

然悠字帶久字說，則固爲兼言內，而其所以爲內者乃在久字而不在於悠字。久字帶悠字說，則固爲兼言外，而其所以爲外者乃在悠字而不在於久字。蓋以爲外悠兼內久，內久兼外悠則可，而以爲悠兼內久兼外則不可。況章句所謂"兼內外而言"者，初非謂彼兼此此兼彼也。特以本文云悠久，故以爲旣言外，又言內云爾。

其曰"高厚又悠久"者蓋亦就高厚二字，兼言內外。上旣曰兼內外而言，則至此一句，何可旋復鶻圇說耶？試觀章句上下，有曰"存諸中者旣久則驗於外者，益悠遠而無窮"，又曰："本以悠遠致高厚，而高厚又悠久也。"此正樂行前書所謂"一字一句，莫不襯貼本文，上下相照，脈絡相通"者，而內久外悠，其分甚明，不曾相混。然上下文勢，未見其不相貼，而經文亦未覺破碎，何必至於潘氏、陳氏之說而非之耶？鄙見終始如此，不得不索言，幸更賜批勘也。

《語類》援證，非以高明爲有俗學之弊，恐末流或至紛紜牽合故云爾。然《語類》雖有初晩彼此之異，而各是發明一義。聖賢之言，無非至理，兼取並觀，以博其義理之趣，豈不善耶？但如論經傳處，或與集註章句有不同，則不得不捨彼而主此也。月前往復，未及究竟，固不敢更覬他說，此亦不敢徑自更端，容俟他日耳。

與柳叔遠【壬午】

格物爲工夫，物格爲功效，退溪先生說如此，無容更言。前日不曾熟讀先生書，當往復時，又不能取考以質之，但將《章句》、《或問》，草草看閱而平日謬見，先已爲主於胸中。故竊以爲物格而后知至一節，卽覆說上文之意【《或問》中說】。上一節，蓋謂欲如彼者，必先如是也；下一節，蓋謂如是，然後方可以如彼也。或從末以泝本，或原始以要終，而其實皆以工夫行程節次而言【行程節次，亦朱子說。】，初未必有意於說功效也。然所謂"如彼"者，固如是者之效也，故就兩節而分之，則不得不以下一節屬功效，此先儒所以有順推功效之說也。雖然，下一節，實兼工夫功效而言。蓋"而后"二字卽工夫功效之界限也，在"而后"之上者是工夫，在"而后"之下者是功效，何也？

凡言工夫者以見今所做一事而言，此一事從頭至尾，皆工夫也。從人之格而言則曰格物，從物之格而言則曰物格，以方格而言則曰格物，以已格而言則曰物格，其所就而言者不同，而其爲格也則同。若以方格爲工夫，已格爲功效，則是以一事截作兩段，而所謂"工夫"落在中半以下，其十分盡處，便不屬工夫。然則所謂工夫造極之說，不免爲語病，而從古聖賢工夫，皆不曾到極至處，其教人，亦將使之做到七八分便休，恐無此理。

若夫所謂"功效"者，以因此一事，致彼一事而言，彼一事卽此一事之效也。譬諸飮食，自其始祭，至于虛口，皆飮食之事，不可以食畢爲功效，至腸胃飽滿，氣力充健則乃其功效也。物格如食畢，知至如飽滿，物旣格則吾心之所知至焉，知至乃物格之效也。故曰"物格而后知至"，蓋在"而后"之上者卽所謂"此事"也，在"而后"之下者卽所謂"彼事"也。若以"而后"上下皆爲功效，則是無工夫而直有功效也。

此經之定靜安慮得，承知至之後；《中庸》之形著明動變，承曲能有誠之後，未嘗有上不言工夫而直言功效者。今此上一節，雖已言工夫，下一節，必冠之以工夫，然後承之以功效，方成文勢。若於言首直擧功效，則無乃太無曲折乎？凡此所疑，實前後鄙說差繆之根柢，故雖承敎告之諄復，而終不能去其惑。

今知有先生說，旣生晩，不得仰稟於丈席之下，則惟當熟復而愼思之，以求實知其所以然耳。但盛論數處，不無可疑者。經文首言明明德、新民、止於至善，以明大學之道，次言知止能得，又明止至善之道。蓋謂明明德新民，皆當止於至善，而欲止於至善者，必先知止而後可也。

由此觀之，知止一節是明德新民之所由以止於至善者也。今反以定靜安慮得爲首三句之功效，未知於本義何如也？退溪先生所謂"三綱領有工夫功效"云者，蓋就首三句及第二節，各指其所主而言耳，非若盛論之以工夫功效倒置之也。又或先生之意，實以知止爲工夫，定靜安慮得爲功效，而左右偶誤解之，以累先生耶？此其可疑者也。

物格知至一節與定靜安慮一節，文勢雖同，而旨趣則異。定靜安慮，是就功效中細分其次第者，故自知止至能得，其間不甚相遠。若八條目則逐節有工夫功效，其始終階級，又相截然，有不可一擧而盡之者。

今必欲以物格以下皆爲功效，故援彼而律此，誠如是也，物格知至之後，便都無事矣。何必更用毋自欺、愼其獨之工而有四有、五辟之戒也哉？此又可疑者也？

格物爲工夫，物格爲功效，雖當從老先生之說，然意誠之爲知至之效，心正之爲意誠之效，亦不得不自爲一說。意誠固爲功效，又豈無誠之之工夫？心正固爲功效，又豈無正之之工夫？

且以所示老先生歷行郡邑之說言之，到龍城地界，固是歷安東、醴泉之功效，過龍城，又豈無行程工夫？到商山、聞喜，固是歷龍城之功效，過商山、聞喜，又豈無行程工夫？一事而可爲工夫，亦可爲功效，明甚矣。而今乃曰"爲工夫則不可復謂之功效，爲功效則不可復謂之工夫"，此又可疑者也。

前日鄙說所謂"未有以一事分工夫功效"云者，乃謂不可以一事分作上下，截半屬工夫，半屬功效耳，非所謂"一事而可爲工夫，亦可爲功效"者也。然若"緝熙敬止"之云，亦恐有不然者。惟其連續光明也，故能無不敬而安所止。此所謂"緝熙爲工夫，敬止爲功效"者也，緝熙與敬止，判然爲二事，而今乃曰一件事，此又可疑者也。

抑愚於三綱領工夫功效之說，又得一說焉。知止者，物格知至之事也；能得者，意誠以下之事也；明明德者，修身以上之事也；新民者，齊家以下之事也。以此言之，明明德、新民，皆屬乎能得而爲知止之功效。然明明德、新民，亦豈不自有工夫耶？一事而可爲功效，亦可爲工夫者，於此亦或可證矣。未知盛意以爲如何也？

頃年余與叔遠論《大學》工夫功效之說，往復再三。叔遠於他條，略相頷可，獨於物格條，得明證於退溪先生書，乃別作後論，竝爲書以投示之。自此不敢復爭，但書不可不答，且欲畢陳謬見首末，使朋友知吾無忌醫諱疾之意。又於彼說有可商量者，故草此書未及致，而以親癠爝灼數月，竟至大故，遂不遑及講說事。

今於迸伏寂寞中，偶閱故紙，得此藁。竊念旣見先生說，而終泯默不自首，殊非畏聖賢之言之義。今雖不可追寄，亦當使叔遠一知之，玆移錄于亂藁之末。他日無事，與之相對，可披示之也。癸未六月旣望書。

答權景晦【炳○庚午】

前年十月辱書，至今未克仰復，言其所以，蓋非一端。然要之頹嬾不敏之罪居多，慚負何極？卽日炎熱猶酷，不審侍履何如？曾知今年當赴南省，卒無聲聞，豈或坐停耶？抑經術理趣，不免爲齊門之瑟也？殊令人介介耳。

樂行草土餘喘，憂厄未盡。自去秋以來，息兒僮指輩，屢染癘虐，偏老不寧其居，前後七八朔，以致衰病日甚，春夏間危阽者數矣。悶泣之私，何可勝云？

辱書陳義甚高，措辭甚確，使人驚玩無已。蓋自有濂、洛、關、閩文字以來，學者往往能說出秦、漢以下儒者所不及處。然其發之言語文字而無差繆者，亦自己見識功力所到爾，不可但以依倣前言能之也。

樂行於左右，嘗幸數次奉際。然陋劣不足以窺見所存之淺深，獨嘗得之於屛谷丈席，其獎與期望，極不尋常。以是傾嚮願從之意甚切，顧喪難凶矜，未能謀從頌。今以書辭驗之，益信前輩果不輕許人也。

但書中推借無似處，太不近似，賢者未必故爲此無實之言也。想以相從稀闊，故不知其實狀，而以人事之常責之耳。蓋以其嘗在家庭之下，所以有淵源之云，以其常在流離之中，所以有增益之說，此自常人言之，固有是也。然以樂行爲可以及此，則恐不免爲苟譽也。旣往勿說。目今內失嚴父之敎，外不能從賢師友，日夕惟憒憒逐逐，不自便，卽詭隨耳。協力撑持，固所樂聞，奈無力可協何？

李景文爲吾輩盟主，李學甫諸人是卒徒之雄者。賢者苟欲與同事，不患無人。縱不能源源相往來，亦須以書牘導意，庶幾此道不至榛塞也。先進往矣，今日之責，惟在諸公，幸相與勉之，則創殘罷病如樂行者，亦或有所鼓發而振作也。

修復此緩，實自絶於忠告善導之益。然不罪而更敎之，亦所望也。別紙謬詢，不敢不復，揣摸爲說，必多謬誤，竝幸斤批。

別紙

問：虛字是指氣言？指理言？試以盧氏說爲如何？

虛靈是氣之精爽。然朱子嘗謂虛靈不昧四字，說盡明德之意。以此觀之，理氣混合之妙，亦可見矣。盧氏說中以虛爲寂靈爲感一段，恐是析體爲用可疑。

問："或不能不失其正"或字當活看，未必連上文"人所不能無"之意說耳。

"或"字似是照應上文，然活看如來諭亦儘好。

問：程子以瞻在前爲不及，忽在後爲過【小註朱子說亦如此。】，與集註【止】不合。

恍惚無方體數語，恐正說顏淵本旨。

問："逝者如斯"，先儒說不同。惟逝斯二字，皆兼道器包費隱云者，似精當。

聖人無二語，言水而道便在此，所引"逝斯二字，皆兼道器云者"恐是此意。

問：或謂孟子不及氣質，然細考之，未嘗不言。如人之性牛之性【止】及仁義禮知命也，分明說稟性不同。

所論誠然，此意前輩已言之。

問："所賦形氣不同而有異"，不同說形氣，有異指性否？以性爲有異，則似近氣質之性。

不同貼形氣字，有異上應性字，文勢無可疑者。氣質所拘，雖有偏全厚薄之殊，然語其本則未始不爲天命之性也如何？

問：生之序，從水說起；行之序，從木說起。生則已行，行則已生，其所以先後說起何也？

質之生也，輕淸先而重濁後；氣之行也，發生先而收藏後，此造化自然之理也。然質纔生，氣便行，非待五者俱生然後方始行得。蓋生之序，特以陰陽奇偶相配之數分先後，非若流行者之實有相承之序也。故以生與行言之，行爲重。此所以名之曰五行，如何如何？

答權景晦

秋中歷枉，未獲從頌，至今耿耿在心，匪意伏承辱惠長牋，辭旨勤縟，感慰何可量也？常懼陋劣爲儕友所疏棄，而乃蒙相往復如此，心竊欣幸，然亦不知其何以得此也。但推借過重，比擬非倫，是爲愧汗萬萬。

卽日雨雪連日，謹問侍省之餘，所愼加歇何如？疾患亦有輕重，如左右所苦，素知其不至於不堪書冊之工，況外此而別有所用力者存乎？秋後冗幹，不審何謂？若是撿禾稼董租糶等事，雖使聖賢處之，亦當隨分應之而已。天理存亡，未必在此，若以爲鄙賤之事而生厭惡之心，一切謝避，却令他人代之，此正是私意爾，如何？

樂行老人粗安，而息女出嫁者，來在家裏，近因分娩，疾恙種種，作一撓念處耳。憂病煎迫外，百事都廢弛，所謂"冗幹"亦不能著實勾管。以此生計益旁落，事亡事存，無以如人。此是情理迫切處，不能不動心也。秉年來，被門內數三童蒙請問句讀。其才性率鈍劣，又苦不馴擾，使人極費心氣，往往以此終日，不暇及他。然亦未見功效，深悔當初不量己分，自貽此累耳。日夕況味只如此，所諭閒居味道所得日富，可謂不著題之甚者。

相距稍間，相從稀闊，其不俯悉實狀，無異也。然味道字，豈容加之於此漢？至以考業見期而與蘇湖竝稱，則尤非智者之所宜言也。

所示爲學之方、流俗之弊，皆極切至，歎服歎服。講其所行，行其所講，亦非今日吾輩所創說，從古聖賢教人之意，固已如此。然所講者汎博而無要領，則其所行者，亦將浩浩茫茫，不得其門而入，此學之所以貴於知要也。

今高明乃能提綱挈領，極本窮源，以爲用功之準的，信乎其所講之知其要而所行之得其門也。內外不相應之病，固賢者自道也。然自先輩大人，其初亦不能免，此蓋學者之通患也。惟隨處省察，持之以久，工夫漸熟，地位漸高，則自當有左右逢原，表裏如一之境，不可以急迫之心求之也。此意古人已爛熳言之，高明亦當自知之。然無以相報，誦言及此耳。

如樂行者，孤露以來，益無善狀，旣不能專意書冊，溫理舊聞，又不得追逐朋友，掇拾緒餘，於所謂“口耳之學”，亦不敢希及，況進於此者，尤何可論？嘗竊反而省之，方寸之間，忽忽擾擾，無一刻閒靜時，實未知所謂“未發”者是何樣境界，所謂“中”者是何等氣象？

子思立言之旨，蓋統論人之性情也，則未必聖賢獨有之而衆人不得與也。特以吾胸中極勞攘，故不見此時節耳。旣已如此，無可奈何。姑且出於下策，欲試就發處，下零瑣工夫，而或斷或續，乍明乍暗，苦無究竟之日。以此益覺心中悶惱，宗杲師所謂“以病爲藥”者，深可懼也。假令如是而得力，終未免爲枝葉末流之歸，而於體用動靜之分、輕重先後之序，皆若倒置而無倫，想爲先覺者所竊笑。然力量地分，各自不同，未知此一般家計，亦不至大乖悖否乎？幸高明矜其所不及而有以辱教之也。

虛靈之說，精透完備，無容更贅。所諭不嫌於析體而嫌於析用，鄙意本如此，但下語不備，以致見疑耳。蓋玉溪之說，在體而爲析體爲用，在用而爲析用爲體，破碎之譏，恐不過矣。但盛意以爲知覺亦兼體用，則竊恐語意之間，少欠曲折，未知於古已有此說話否？孤陋寡聞，不敢判斷爲說。然"知覺"二字，畢竟是專指用。若言體時，須如所謂"有能知覺者而未嘗有知覺"，方爲宛轉，如何如何？

《或問》中析合之說，不敏固嘗疑之而未有所質，所以欲聞高明之見，今承諭及，正說出區區意思，令人灑然。蘇湖之論，忠厚可服。然盧氏說，終非朱子正義，不如別作一說，以全其好耶。此老諸說，固多精密，如論表裏精粗一段，是諸儒所不及處。然往往不無穿鑿之病，或至於反失本意如此，可惜也。

五行生行之說，勉齋所論於二者次序，不相參差，誠圓活可喜。但以生之序，則水木爲陽之穉盛，火金爲陰之穉盛，而以行之序，則木火爲陽之穉盛，金水爲陰之穉盛，其不相值者一也。以生之序，則水一火二木三金四，而以行之序，則木次於水，火次於木，金次於火，其不相值者二也。以此言之，終不若各言其序如朱子之說耶。

然來教所謂"陰陽造化，錯綜不窮，横看竪看，無所不宜"者，儘至論也。今且就勉齋說而推之，水陰極而陽生，故可謂之陰盛而亦可謂之陽穉；火陽極而陰生，故可謂之陽盛而亦可謂之陰穉。木是陽之自有穉盛者，故可謂陽穉而亦可謂陽盛；金是陰之自有穉盛者，故可謂陰穉而亦可謂陰盛耶。

氣之行者，以對待爲序，冬與夏對，春與秋對，北與南對，東與西對，亦不害爲一二三四之序耶。不然則所謂“生之序”便是行之序者，有窒礙處。若言生之序，而以木承水，以火承木，則是三生之木，進而侵二生之位，二生之火，退而占三生之位，而於一陰一陽交錯相代之義，亦或有未盡者，如何？

至謂一二三四之序，特以奇偶多寡分之，則區區又不能無疑。萬物之生，輕淸者先而重濁者後，此自然之理也。試以先儒諸說，參互而推之。天地之初，只是一潤濕之氣，充滿六合，而其動盪鬱蒸之際，自有閃爍熏熱之氣，發於其中，此水火之所以最先而水又先於火者也。虛者漸實，軟者漸剛，則於是乎木金生焉。而金比木又稍剛，結之愈大，積之愈厚，則於是乎土生焉。土者氣之查滓而形質之最重者也。

此其先後之序，理勢所宜然，而河圖之數與之脗合。一居北水之位也，二居南火之位也，三居東木之位也，四居西金之位也，五居中土之位也。此其造化自然之妙，見於象數者如此，夫豈人爲私意之所排定哉？勉齋必有的見深識，可以備師門未盡之旨者。然晚生末學，抱疑而莫之質焉，則爲可恨耳。

抑物之理，其質已生，則其氣便行，生與行，亦非判然爲二塗也。四時之氣，以主客微著爲序，故木先於火，未土先於金。然木氣方盛之時，已有火氣，未土未旺之前，已有金氣，此則又不可不知也。如何如何？

似此妄論，非相愛如吾兄者，不敢傾倒至此，幸恕其狂僭而逐一批示之，千萬千萬。前後書末，輒云付丙，未知何故？區區嘗病吾儕以此等議論爲暗中隱秘說話，不敢公傳道之。此事寄在世間者，正如深夜殘燈欲滅未滅，而又相與掩覆蔽遮之哉？況農者說農，工者說工，是其職也，何隱諱之有？設有駭笑之者，亦任之而已矣。無由對晤，臨書倍切懸仰。歲除不遠，惟祝侍奉增慶。

答權景晦【辛未】

前書未及付謝，又蒙惠問，感愧交至。第承視官有所苦，至有後日之虞，不任驚仰。然新休鼎臻，自當勿藥有喜，是所慰祝。

樂行逢新懷事，非平人比，兼以女息産憂，老人久寓他家，益無悰況耳。日夕憒憒碌碌，無足爲朋友道者。惟是慕徒懷羣之心，未嘗自已，此或爲秉彝未喪之一端。顧無緣追逐會合，尤令人介介也。

承諭近讀朱子書，自覺義理之悅心，不啻芻豢之悅口，此是大工夫正知見。自憂盲廢者且如此，如樂行者，亦可以知愧也。向時射策，多引朱書以取雋，故操觚弄墨之士，無不抄錄，作場屋中奇貨。然至其義理微密處，亦未有留意者，正劉歆所謂"今學者有祿利而尙不能明《易》"者也。比年以來，有司稍稍厭之，而舉子遂以爲弁髦，竝與涉獵之工而無之，在聖賢之書，固不足爲損益，而抑無復褻玩竊弄之辱，則又非不幸也。

然先生平日辛勤，費精力弊毫勞，擎布之天下者，不但爲一時門下地，而吾輩漫不致意，藏之而不讀，讀之而不竭其力，則孤負甚矣。今當相與汲汲尊親之，如子弟之侍父兄。吾黨中李景文之徒，最知此意，今左右又益溫理之，幸甚幸甚。然來諭云"暇時謾取而諷誦數過"，則竊恐其內實不然而發爲言語者少差也。子思論道曰"不可須臾離也"，朱子之書卽是道也，而可以暇而不以常，謾而不以敬哉？

書中辱責以相警，無以塞所須，妄言及此，不知者必以爲狂，然高明當恕之矣。

間斷不接續之患，亦吾輩所不免。然間斷時，輒自覺其間斷，則是乃所以接續也。惟高明益勉之，則吾道之幸也。樂行不讀書久矣，無所思索，無可以仰報，如右所云，如鸚鵡之能言耳。承示，但極赧汗。

答權景晦

卽日春暮，伏惟侍學增勝，屋子已了完否？隨處存省之工，想不間斷，無事時亦當親近書冊，近日新得，必有可聞者，而稍間，無由隨卽掇拾緖餘，第勤瞻仰。

來書責以稱道非倫，不審此指鄙書中何語？ 然聖人不云乎？"如有所譽者，其有所試之矣"。樂行於賢者家居踐履處，姑未及目擊而身親，至於言語書辭之間，思索之精、見識之高則蓋已累試之矣，而反躬體驗之實，亦可因之而略窺其一二。每得所論，輒爲之蹶然以驚，瀌然以服，自不覺其形於筆札，況朋友之道，雖以切偲相規爲主，然講論之際，可曰可否曰否卽是忠告。若心知其善，而故避面諛之嫌，呑而不宣，强勉作意，必求索其疵瘢，以自托於責善之義，亦恐非聖人所謂"直道而行"者也。如何如何？

所諭就發處用工，此自勞攘特甚如樂行者，迫不得已，姑息救急之下策。高明乃就而爲之推說，以明其非倒置，而至與之以知要。此正因其一路開通處，引而誘之，以庶幾其沿流泝源，自下升高爾。然使愚迷者，遂以爲準程，終身誦之，則豈不爲指示者之累耶？

末段以不當一向推托而專用一邊工夫，一轉語結之，賴此可無推諉執殢於高明耳。但愚者前日之言，特揣摸擬議之云，實未嘗眞用一日之力，事之未至，或不無些少意思，及至應酬，輒敗壞渙散，莫可收拾。乃知制外養內、約情合中，非顏子地位，亦未可輕議也。然亦何敢以此推托而便爾自畫，以負同人相勉之意耶？

知覺之說，前此但見《中庸·序》"所以爲知覺者不同"一句，及知覺從耳目上去是人心，從義理上去是道心等說，遂以勿齋程氏所謂"虛靈爲體，知覺爲用"者爲得朱子之旨。至於張子性與知覺之說則又意性是體，知覺是用，正是分別體用處。及他言於未發時者，皆謂是炯然不昧，能知能覺者，而非方知方覺之謂也。自作見解，不曾有所質難，今蒙歷擧諸說以曉之，前日亦嘗看讀及此，鹵莽闊略，全不覺察，可笑可愧。

蓋心之所以爲心，以其有知覺，舍知覺而言心，則非所謂心也。其不可闕於體而偏於用明矣，而許多年紀，此等尋常名義，尚未能曉解，況其隱賾淵微之旨乎？

但來教所謂"能所"，非但鄙書中無此語句，亦恐非彼此所論之本意。蓋以知覺與事物二者，分內外主客，則正合看花折柳之喩，如今高明之說是也。以知覺一事，分體用動靜，則比如能看與方看，能折與方折。鄙說固如此，盛意亦本就此爭些子耳，今乃轉而之他何也？

非事物之來，則心之用固無所由而見，如無花柳，則看與折非所論也。若是汎說義理固然，今日所論地頭自別。只言看折，不及花柳，毫釐之間，正當消詳。竊詳來敎，上下語意精密無可議，獨以著此數字，故不惟有不盡人言之歎，亦不免自帶累，幸更察之。

五行說，推說固好。又爲之剝圖以示之，理象俱著，雖以魯鈍之甚，亦覺了然，不勝歎服。但生行次序之同異，終不能無疑。蓋旣曰"遞說陽一截，而後更說陰一截【此來書中語】"，則已非一二三四生出之序矣。何以曰"生之序便是行之序"而不害爲一二三四之序也？以陽從陽，以陰從陰【亦來書中語】，是行之序，陰陽相間，先輕淸而後重濁，是生之序，如此看得，頗似順理。然勉齋言之，而高明之見，又默契焉，則是必有以也。愚誠有懲於知覺之說，不敢更爲固必之論，姑且置之，萬一他日知見稍進，當有以復思之耳。

但奇偶之說，不敢不復。一二三四固是奇偶，然其爲奇偶，有自然之序，非姑借其數以托名而寓言也。若但以其數而已，則水可以爲三，火可以爲四，何必曰一生水二生火耶？既曰“天地之初，只是水與火對生【來書中語】”，則此果以數而已者乎。水火既爲之始初，而木金土繼此而生，則是乃所謂“次序”，而曰“非次序”何也？一之極爲三，而三生木，二之極爲四，而四生金【此來書所引】。自一而三，自二而四，亦未嘗不爲次序，而曰“非次序”何也？既欲置之，以俟他日，而猶敢覼縷如此可罪。然亦【缺】問之而已，非敢必遂己見也。

一生水而未成水，至五行俱足，待第六而後成水，此勉齋立論脊梁。今高明所以俯詰於庸陋者，亦以此爲最緊要處。此而無說，則區區所辨，儘歸脫空，而只据奇偶之論，雖使朱子復起，亦不能破矣。蓋嘗致疑於此，自得一說，而恐涉穿鑿，不敢向人云云。

然竊念勉齋之論是，則朱子之說未明。以是常耿耿於心，後見《愚伏文集》中有同春問目，正論此一節，以爲一二三四五之生者氣也，六七八九十之成者質也。愚伏極稱其善疑而善悟，此似是發明朱子之旨而可以答勉齋之說者，如何如何？高明試取而觀之，以決其得失也。

喜怒哀樂、九經、達道之說，所論皆甚好，益見推究之不草草也。大抵聖賢之言，圓渾包涵，簡約而周徧，廣大而密微，學者患不得其義。苟得其義，上下左右，何往而非是物耶？如今所論，雖章句所未及，然以其所已著者，參互較量而有不背焉者，則當有以自信矣。

九經之說，提綱振領，條緒歷歷，誠可愛玩。樂行所以稱道高明者，正在此等處。但凡看文字，不必一向如此立意，恐或有牽合支離之弊也，如何？喜怒哀樂，前日朋友間亦嘗有此說，而區區所聞則有異於是者。聖賢立言之際，未必有意分配如是之巧也。特擧其大綱，而凡所謂“情”者，無不該矣。

古人言情，其目不一，或有以六言之者，或有以五言之者，或有以四言之者，或有以二言之者。此等皆安知非一時偶然說去者耶？然亦不敢自以爲必是，竝當俟後更思耳。獨孟子之言四端，程子之言七情，明言其數則不可謂無意義，然亦何可以此槩之耶？

別紙所示亦謹悉。不睹不聞，非專以耳目說，蓋統言其未感物時爾。此宜活看，不可全靠文字面目，朱子諸說可見也。但不睹不聞一節，言存養之工；未發一節，言性情本然之德，所以下語命意之不同，然戒懼於不睹不聞之中者乃所以立大本也。若徒恃其未發而任之而已，則大本雖曰“本在於我”，而亦將忽忽不知其所在矣。以此推之，兩節指意之所歸，未始不同也。如何如何？

蘇湖久不相聞，其地位非我輩人，已久矣。年來造詣，想益超絶，如愚當日見疏棄，惟賢者數相游從，則資益必不少也。學甫內行甚修，問學精篤，吾儕中如此輩，豈易得耶？計亦有蘇湖之助也。近遭其本生親喪，令人怛然。樂行親旁堇遣，惟是一味憒憒，無分寸之進。不進則退，理勢所必然，愧懼奈何？

答權景晦【壬申】

秋末巧違，至今悵然，忽承惠書，感慰何可量也？仍審至寒，侍學俱勝，尤極欣仰。

樂行將母粗遣，而紅疹火熾，家家憂戒。宅中能免此患，不妨硏書之工否？無事固不可不讀書，人之精力氣血，有强弱微盛之異，聖賢亦何嘗强疾對卷耶？保惜身體，亦一大事，況吾景晦淸羸多病，尤可愼也。

若讀《朱書》，不可無《刊補》，恨無私藏，不得奉借耳。辱問疑義，正所謂"借視聽於聾瞽"，不敢當不敢當。然朋友講論之義，不容不相復以質之耳。

《與張欽夫》別紙所引"隔壁聽"《刊補》有二說，而皆謂他人聽侯議論如此爾，侯自好如此之云，非所聞也。"愛之所以不能盡仁"一句，不必別求其義，只以論仁說書所謂"仁者生之性而愛其情也孝悌用也"一段觀之，亦可略會。如《論孟集註》所謂"心之德愛之理"，固未嘗以一愛字盡仁之意也，如何？"愛之之理便是仁"一節，愚亦素未瑩，嘗妄疑"亦有虧欠"之有字是無字之誤。不然，虧欠句絶，讀作虧欠乎之義，無不可否？

《中和書》所疑亦儘然，蓋此是未定之論。然以《中庸章句》所謂"必其體立而後用有以行則實非有兩事"者觀之，中與和不害爲一段事耶。寂而常感，感而常寂，以上文意脈準之，謂是靜中有動，動中有靜，似無不可。蓋此一段，亦未定之論，姑依本文看得無傷耶。

《大學》誠意、愼獨，固未必不關於發之之後，然其緊要處，實在初動時。故《庸學章句》，皆著幾字，幾者動之微也。今當於此一字，著眼看如何？

《論語》“令色”之色，固主顔色而言，然推而言之，一身容貌，豈不統擧耶？蓋容貌邪正，必先見於色，色乃容貌之主。語勢似當如是，如何？

“敬事而信”以下三句，只是言敬信節愛以時，而不及其方術云者，似切於楊氏之意，而楊說本於程子。程子曰“論其所存，未及治具，故不及禮樂刑政”，姑主此意爲得否？蓋治國之事，莫大於禮樂刑政，而此特言敬信節愛以時則是以心言，非以事言也。如何如何？

凡此皆揣摸爲說，幸還敎之也。讀書太密，傷於煩碎，固末學之弊。然如愚每患鹵莽疏略，欲密而不可得，不敢以密爲病也。體之身心，驗之日用，使知行無相牴牾，是切要處。所諭令人警惕，此從古聖賢敎人之大方，何用更質於人耶？惟高明益勉之則幸甚。如愚不但知不到，其所略知之者，亦不能行得一二，日用之間，顚倒乖謬，與不讀數卷書者無擇焉，可愧可愧。開正壺谷之行，倘蒙歷顧，何幸如之？預企預企。

九思堂集

卷六

書

書

答李孟博【謙撝○甲申】

敢有鄙悃，忘僭附陳。兄前後累改名字，此未可以已乎？古人云"名不能美人，人能美名"，兄非不知此，而乃爲是者或有所不得已者。然畢竟無裨益於身心而致人疑怪則甚矣。

《禮》云"君子已孤，不更名"，此義亦兄所知而故犯之，愚者不能無惑焉。朋友之道，貴相責善，況弟於兄情義非他比也？有疑不敢不盡，謹此貢愚，或可恕察否？且即今所改，頗不近世俗命名模樣。若必取經傳中名言，則何止於此二字耶？然都不如還尋《遂初賦》之爲穩當，如何如何？

答趙聖紹【述道】

久不承動靜，忽此珍緘見墜，疾圻爱玩，灑然若清風濯熱。就審靜履當暑超勝，尤切欣聳。春夏來所做所得，當益篤益富，恨相去遠，不能復相從以資益耳。

樂行企及之制，忽焉已畢，此身愈覺無覆露，兼疾病種種，日夕爲酷炎所困，苶然頹倒，殆無生人意象。蓋亦以傍無彊輔以警策之爾，以此益懸懸於吾聖紹諸公也。

旱炎此境果尤甚，麥凶殆生來所未有，方以公糴爲大憂。井泉皆枯涸，小婢輩一汲，動失數時晷景，水田已乾枯，秋事又可知，此非一人一家之憂。若使聖賢處之，必有籌策可以救得一分者，觀朱先生社倉之設，可見矣。非立朝有官守之日而乃措置此等事，此可見規模力量宏大處。今吾輩但爲一身私計，遑遑慽慽如此，直可笑耳。中立入夏汨沒冗故，科工亦廢之矣。今便忙急，渠亦未能拜書耳。

答申子長【體仁】

逢別已再變節序，時一起懷，不但面目阻隔爲可恨。精核之見，明切之論，相對輒覺有警人者，而坐遠不能源源，此尤入念中。不意情訊見及，辭語娓娓，不止於叙忉怛問寒溫，足替一奉芝宇矣，感慰何極？就悉體氣當寒安吉。俗務纏繞，吾輩常談。然畢竟是無工夫可據，故視事務如外邪，有鄙厭之意，物來順應，苟能如《定性書》所論，豈但不爲心累而已？理事爲一，正是此學關棙。禦飢寒應租糴，雖貧者極勞心力處，然亦本分內事，苟處之有術，顧何損於淸平和樂之氣耶？如樂行者雖嘗有聞於此，而未能少用其力。來書亦恐有未盡脫然者，願加之意也。

樂行草土之餘，旣頑忍不死，保守先廬，溫理舊聞，固其職事。然嬾廢成習，無以自奮，時對書冊，窒礙難通者，正不可以一二言。每當此等處，輒恨無彊輔在傍，所以興懷於子長輩也。來書乃反云云耶？

所云妙悟深得，令人不覺發笑。至於獎引教授之責，前日固知子長以樂行退避此事爲病，然非故爲退避也，實無才能可以開發蒙學者。嘗不得已於族親隣里之請，聚數三童幼，以授句讀，而卒無所成就，常有因己壞人之悔，若其進於此者，尤非所可論也。雖欲勉强而不辭，自知其量審矣，何敢復作罪過耶？ 今所見責， 似出於引而進之之意， 而秖令人蹙然增愧耳。

《心經》依到，《或問》竢看讀畢，討的便還擲是望。兩書中必有思索講說可聞者，而無由對扣，瞻望忡忡。早晚因書略示所得如何？

答申子長【乙酉】

前月家兒歸，爲言往返得子長諸賢力甚多，兼及其動靜大槩，旣感且慰。自後嚮往，倍於前日，不意委伻惠以盛牋，披玩再三，欣聳不可言，況悉至寒風雪，侍學佳勝？

子長識趣，今不可但以文辭目之。然竊觀書辭漸趨馴雅鍊熟，理到意足，殆無罅漏可指。所《和雲洞韻》亦然，甚可愛也。

樂行，蘇湖之遊誠可樂，但卒無實得而濫仄大方之門，是爲愧耳。子長年尙富志益遠，將來之進，未可量，每念之，喜若在己。竊聽人之誦子長者，已以後生之師表尊之，以其所存固宜得此聲。然切磋琢磨之功，終亦不可不念。幸與蘇湖源源往還，博而約之，卒究遠大之業，以毋負同人相待之意也。詩意固亦在此相愛之深，漫復貢愚。欲令續和，苟可爲則不必辭以重複，而見今無況味可及此等可歎。

答權伯審【應度】

秋初歷訪，病困無以應接，謂或歸馭再枉，庶當攄此一二，竟落莫矣。竊聞書笈從容山寺，欲從末由，但自悵然興懷，北還以後，又益遠矣。竝州山水人物，誰不入夢想？而伯審新有逢別倏忽之歎，故尤耿耿於中。

前月忽承惠書，驚感何量？況辭意勤懇，非草草寒暄之比？無似何以得此於賢者哉？數年相從，竊見吾伯審德性醇美發於面目，心乎愛矣，而不曾與之相處，傾倒心肺。伯審又相對淡然而已，不肯少示其胸中之所存者。以此不知伯審視我爲何如？乃今有以見相念之厚果不偶然也，幸幸甚甚。

且前日所自謂知伯審者，惟其質美耳，至於志尙之不俗，文辭之夙成，猶未及盡知之。今玩書辭，辭達而理順，筆畫亦精鍊可愛。

記昔戊申年間，樂行嘗拜書於江左公。公手賜還答，見教以筆札鍊熟。今伯審年紀正與樂行彼時相同，而筆札鍊熟，雖樂行今日，有不可及者。恨不起江左公於九原，見宗堂有此後生也。家聲之大、負荷之重，固非區區筆札所可了。然所存淺深，亦可推知，朋友所期望不淺。幸益懋遠大之業，以光先荷塘先生之遺緒，千萬千萬。

如樂行者，何足道？狂犇自廢之餘，尤悔山積，怠荒日甚，終無以自脫於下流矣。願賢者但以親戚情誼相待，無復以過情之語見責也。若書牘相問訊，誠許令源源，則何幸如之？歲且盡矣，迎新增福。

答朴漢章

便中得書問，足慰久阻之懷。生孤露殘喘，當此霜節，觸境愴慕，無悰況可言奈何？女婚迫近，張陳凡具，皆賴姻親相資之義及諸女共助之力，吾無所用心。惟傢婿輩來會叙歡，是所願也而不可得，此爲可恨耳。

答李宇弼【甲戌】

得書，甚慰戀懸。蒸溽甚惱人，日來重侍外做况何似？頹嬾膏肓之示，旣知如此，何不勇治也？其病實不在膏下肓上，只在方寸中，不待菖蒲茯苓而自有對證妙劑，試思得之。

與李宇弼

夜來重侍餘況味何似? 歸來耿耿于心, 非復前日往還比也。樂行無撓反面, 實荷僉念, 老人幸免疾患, 而寒苦日甚, 隣里憂疑多端, 種種悶歎。迷劣賤息新入高門, 父母愧懼之心, 殆不自勝。所望惟夫子私相教告, 使無大罪戾, 無上貽尊章之憂耳。

扶仲今日果歸否? 朞三百註, 想相對講究, 其能領悟無餘疑耶? 三百四十八分, 昨因忙擾, 言之未究, 亦緣本無功力, 倉卒應答, 不免窒塞, 致令聽者不能了解, 可愧可愧。蓋自正月一日至十二月晦, 爲三百五十四日三百四十八分, 此以六箇月小盡故然爾。準之以三百六十日, 則恰小五日五百九十二分。然則三百四十八者乃十二月元數中之餘分也, 不係於閏數, 閏數只是盈虛多少之數耳。以此細看如何? 扶仲想已說及此意, 而昨日鄙答未瑩, 故聊復言之。

與族弟雲若【翼溟】

所論大致不無意思, 但言句之間, 差謬處頗多。七情若渾淪說, 則謂之發於性, 固無不可, 而與四端對擧而分其所主, 則四端是發於理者, 七情是發於氣者。朱子定論昭然可見, 而今以四端七情, 竝謂之原於性命, 此差謬之大者也。況七情卽人心也, 而屬之道心其可乎? 人心不是全不好, 特以易流於惡故謂之危。今以道心之不得其正者，直謂之人心，則是以人心爲全不好也。

且四端固亦有不中節者，然此特爲氣所昏耳。爲氣所昏則氣爲之主，然其理之本然者，未嘗不自在。今不言其所以然之故，而直曰"道心不得其正則是人心也"，有若道心變爲人心者然，此亦未安者也。

所謂"心一而已"者，蓋言人心之心、道心之心，其爲心一也。若譬之水，當曰西流之水、東流之水，其爲水一也，而今以一源而東西各流爲言，則是乃五峯同體異用之說，非所以言心之爲一者矣。道心之失其正者乃人心之所使然也，人心之得其正者乃道心爲之主也，而今曰"東流之濁，不是將西流之濁者濁了；西流之淸，不是將東流之淸者淸了"。是道心不待人心之用事而自有失其正之時，人心不待聽命於道心而自有得其正之時也。然則道心不足恃以爲據，人心可以縱之而獨任乎？

且所謂"人心惟危"者，以其易流於不善；"道心惟微"者，以其無形而難見也。今以東流比之道心，西流比之人心，而乃曰"東流之淸者易以濁，西流之濁者難以淸，此人心之所以危，道心之所以微云云"，亦未見其名義之相當，語勢之相稱也。

至於末端贅入堯、舜、桀、紂之民者，未知主意何居？豈以前後一民，比於彼此一心，而以堯、舜率之以仁，桀、紂率之以暴，比於從性命知覺，從形氣知覺，以堯·舜之民、桀·紂之民，比於道心人心耶？若然則語甚齟齬，不成義理，何者?

心是合理氣而成者, 則性命形氣, 初非心外之物, 而若民之於堯、舜、桀、紂則逈然有物我之分, 截然有尊卑之等, 其不相近似一也。心之知覺, 是心自知覺, 而若民則隨堯、舜、桀、紂所率之如何而從之, 其不相近似二也。況形氣雖聖人亦有之, 何可便擬於桀、紂之暴? 而人心又豈至如比屋可誅之民哉? 此皆無謂之甚者。雲若必不爲此言, 無乃謂堯、舜之心純是道心, 桀、紂之心純是人慾, 而其民從而化之耶? 若然則於義不爲病, 而語意模糊, 未見其所以然者。

且方論心性理氣, 而遽及於上行下效之說, 亦可謂闊疏無情理矣。盖人心道心、四端七情之辨, 乃儒家議論之大端, 不容少差, 而見之未精, 則言之易差。幸雲若更取《中庸·序文》, 熟讀而審思之, 仍博考諸家文字而參證之, 庶乎其有得矣。但區區所論, 亦不敢自保其無差謬, 望異日雲若以其所得於心者, 復有以敎之也。

答族弟濯以【江漢】

盛論昨以客煩, 未得細玩, 然其大槩則可見矣。思索深密, 說得亦頗根據, 非靜中用力之篤, 何以及此?

顧此荒迷, 舊聞忘失盡矣, 不敢與聞此精微之論, 而於君亦何必自外不與傾倒切磨? 但今便未暇繹玩, 姑未知所以爲答，容竢後日是計。惟願賢者不徒騰諸筆舌，而凡於感物情動之際，必反省而體驗之，則當有以自得之矣，又何待於愚陋之言耶？書中一字，使人惶恐，有不敢目者。且在左右道理，亦大有不宜然者，豈未之思耶？忙不能盡，後書可究言之。

與濯以

前月復字及三冊子，竝即領納否？老炎采酷，寓中侍學何狀？色憂計已復初久矣。樂行老人粗安，頑縷亦尙不絶，而才接騰傳朝報，春中疏決時，先人姓名在放秩中。向使少遲凶禍，庶可以恩榮歸也，而以樂行罪逆無狀，故不得延十朔之命，以蒙此霈澤於在世之日，于今將何所及乎？痛矣痛矣。昨因俗節，告于靈筵，然亦何益哉？

彼時來書，未暇細玩，略不副所須，後更無便，闕然至今，想爲之懣鬱矣。但書中一二語，有宜急相繳正者。樂行所聞所知覺，所見於行事者，何事可爲濯以師者？徒其年長耳。使無他嫌疑，是固不可以師字妄相加焉。況濯以昔年徒步五六百里，相從瘴海之濱，飮食粗惡，盛暑衣服爲之腐，而兀然危坐數月，略無厭怠之容，若有樂焉而忘其憂者，是果爲樂行乎？濯以其忍忘之耶？以親屬爲重，故雖不得變易稱謂，其分與義，固已一定而不可移矣。濯以以此名加於後人爲倍義，樂行受之爲犯分，千不是萬不是，濯以念之念之。

所論四端理發七情氣發之辨，甚善甚善。世之聽瑩於退溪說者，其病根每在於以渾淪二字，先主於未發之前。若能於本源處較然判別，則其發之各有所主，不待多言而決矣。今濯以於此已了然則其源頭已正矣。

且以爲四端亦外物感觸而發，則非的見而自信者，不能如此敢言之也。然此亦本非前人之所不言，特以文成作一大話柄，故後學疑畏而不敢言耳。【栗谷說，卽無父子而孝發，無君臣而忠發一段。】但所謂"以七情徒爲外物感觸而發，則七情爲性外之物"云者，恐思之不愼，察之不精，而其言亦不免於自相矛盾也。

感之者外物，而發者乃在中之性發也。旣曰發，而又却曰性外之物，則此所謂"思之不愼"者也。旣曰四端亦然，而獨於七情云云，則此所謂"其言自相矛盾"者也。且濯以以爲天下之物，有離理而獨立者乎？理外有物，方可言有性外之物。物莫不然，況七情乎？樂行謂不獨七情，雖外物，亦不可謂性外之物也，如何如何？

又謂渾然之中，根柢苗脈，各有界至，自相依附，此則分別之已甚者也。雖曰"理自理，氣自氣"，是豈眞有界限，如地之有畛域，而以此附彼，如兩物之相倚著者哉？此非濯以之所不知也，想言之偶差耳。

人馬之喩，推說亦好。但兩端皆以人乘馬爲說，恐於理發氣隨、氣發理乘之訓，有不合者如何？今且就來諭論之，亦有未盡焉者。人馬俱行，而或言人行，或言馬行，特在乎其行之所主如何耳。人之壯弱，馬之馴悍，恐不當論也。今人有爲人事，乘馬而出者，則非無馬也，而是人之出也。以馬之牧於野步於場，而乘之而出者，則非無人也，而是馬之出也。何必壯夫馴馬而後爲人行，弱人悍驢而後爲馬行哉？誠如是也，七情將爲悍馬之類而惡一邊之說，不爲非矣。弱者而乘悍驢，殆無時而可制，卽七情又豈有得其正之時耶？

且馬之循軌與否，在乎人之控御而已。苟控御之有術也，則雖悍馬，可使之循軌。如人自恃其壯而委轡棄策，閉目而睡，以爲馬無爲也，則雖馴馬，亦將落路入草，之南之北。甚則與悍馬相逐橫奔於傾側幽險之途，前日之制此馬者，至此而反見制於馬，而路傍觀者於是乎指以爲馬行，而不復言人行矣，惡在乎人之壯弱與馬之馴悍也？故樂行竊謂理氣强弱之說，非所以論此也，如何如何？

幸更細思之，還以示之，至望至望。愚言必多謬誤，斤砭之尤所企竢也。懼樂二字互言之義，思索儘精到，非淺見所可容議。須問於識者，若不見非，則可作一定論也。

答濯以

日者書感暢甚矣。小雨令人有蘇意，侍學際玆何如？樂行老人眼患，往往極苦，兼窘束比甚，事亡事存，俱無以如意，古人傷哉之歎，實獲我心。秋事又判大無，此普同之憂，而喪敗之家，有甚焉者，將奈之何？

書中縷縷，見懋學不已之意。別紙所示，思索又精深，非淺陋所敢往復，而重孤辱須，略貢所見，必多謬戾，愧懼愧懼。此事廢而不講久矣，荒迷哀苦中心地益茅塞，賴賢者撥起，得弄筆作此等說話，雖無實得，亦已幸矣。幸毋謂不足與言，繼此源源，以卒其惠，千萬千萬。

文定門人卒業五峯之門，此於義無所不可。愚之所云，非此之謂也。未知其人所以處於五峯者，果一如文定否乎？生而名之曰師，死而心喪三年，恐不當旣施其父，而又施其子也。先人於密庵先生，質疑請益，尊敬瞻仰則固至矣。若所謂就養服勤之義，則在葛庵先生，而不在於密庵也。故平日相處，但以長少而已，觀於書牘稱謂可見矣。然此豈樂行之所敢比擬者耶？賢者於此，又失言矣。萬萬書不能盡。

別紙

古人言情，有不盡相似者，或言懼不言樂，或言樂不言懼，初不必曲爲之說。然就言懼者言之，則懼之爲情，自爲一物，非哀愛之所可兼也。賢所引怵惕二字，於哀愛固近之，若便以哀愛爲有懼之意，則不亦齟齬之甚乎？故愚前書曰"言懼者爲備"，若就言樂者言之，則喜怒哀樂愛惡六者，兩兩相對，喜與怒對，哀與樂對，愛與惡對，而欲無不在焉。以此觀之，言樂者又極均停，蓋言之者各自有意，恐難主此而廢彼也。人心性情，與天地造化，儘有不相侔處，欲一一牽合則爲病矣，如何如何？

不言四端而獨言七情，則乃所謂"渾淪說"者也，如《中庸》、《禮記》好學論是也。旣渾淪說，則理發氣發固包在其中，此恐不必致疑。如何？

端與情，其字義固不同。然至謂泛言情，則是非眞妄，錯雜而不純善，此恐言之過也。使不言四性而只言情，則固有是非眞妄之雜。今旣言四性，則此四性之發而爲情者，豈有不純善者哉？端字固精密不可易，然設云"仁之情，義之情"，果可以非與妄疑之乎？心是眞妄錯雜之物，而加惻隱羞惡等字於其上，則乃純善者也。故曰惻隱之心、羞惡之心，而不爲病，以此推之可見矣。惻隱於孺子之入井，而有內交要譽之心者，乃本發於理而爲氣所揜爾，不當惻隱，而惻隱者，亦畢竟是理之發而爲氣所昏爾，恐不可便謂氣之發也。如何如何？

所感之物，有公與私之別，此條所論得之。但所謂"不能不資於外物"者，爲語病矣。資之爲言，取於彼而成於此之謂也。四端七情得於天而出於性，本自具足，無所欠缺，本自直遂，無所疑撓。其於外物，但應之而已，豈有資之之可言哉？

朱子以七情爲人心，東陽許氏以四端爲道心，則不待分配，而七情與人心自是一物，四端與道心自是一物矣。情發於性，似不可直謂之心。然情卽心之所以爲用者，而人心道心卽心之已發者也，謂之情者，亦謂之心，何不可之有？故孟子於四端，皆著心字，此可見矣。至以情爲都無知覺運用，則又非情之所以得名之意也。物之無知覺運用者，謂之無情意，旣名爲情，則安得遽謂無知覺運用耶？

人心聽命於道心，而七情不管於四端，乃區區所常疑晦而未得其說。今觀所論，亦未覺瑩然，蓋徒見心與情字面之不同，而不察其歸趣之未嘗不同也，如何？

氣質之性，果非別爲一性，則孟子言性已盡矣，程子、張子何苦架屋下之屋哉？所謂"氣質之性"，君子有不性者又何也？非別爲一性云者，非吾人之說也，乃朱子之說也。然此須深思而的見，因其已言而推其未言，左右逢原，俱無所悖然後可也，不可徒依倣見成之說，膠滯而不變通也。

又謂七情不可謂四端墮在形氣中，此與上句所謂"本然之性墮在氣質中"者，恐不相値。若曰"不可謂四端在七情中"，則可相當矣，然此以對擧者言故然耳。若專言七情，專言四端，則亦有說焉。其說頗長，今不敢率爾筆之於書。

答濯以

日者，從輞川遞到長牋別幅，感慰感慰。新凉，侍學更何狀？罪人凡百依昨，所論愈出而愈富愈深，非迷昧淺陋所敢往復上下者，恨其問之失其人也。然旣不自量而從初與聞之矣，今不可中道收蹙，玆復妄發，亦欲因此以質其得失，非敢以答問爲事也。更乞諒之。

好學論正是渾淪說，故其所謂情有熾而益蕩之累。此五性感動之際，氣便用事，故發於是氣者乃有非與妄者爾。若直原於性命之正者，則豈有不純善者哉？四端者，何謂也？仁之端，義之端，禮之端，知之端也。賢謂其所以可擴而充之，而無所事於約之者，果在於一端字乎？抑以仁義禮知四者，著在上面故耶？詳此則其得失可見矣。

謂之端者，若不可謂之情，則《集註》何以云"惻隱、羞惡、辭讓、是非情也"？言情而或以四、或以五、或以七，乃言之者偶有詳略耳，非以眞妄相雜之故而故爲之增減替換也。設令只言惻隱而不言羞惡，只言辭讓而不言是非，則亦可謂眞妄相雜之故耶？【若以四端爲非情，則設令以下一端，亦不能破高明之說矣。】

眞莫如性，然孟子或但言仁義，或單言仁，或言仁禮義。其他如或言四性，或言五性，此皆所就而言之者適然耳。賢所謂"一大證"者，愚未見其的當也。

夫所謂"端"者卽端緖之謂也，有物在中而端緖外見之謂也。借曰喜之理在中，而其端爲喜，怒之理在中，而其端爲怒，則將不可乎？前書所謂"惻隱於孺子之入井，而有內交要譽之心"云者，似是乍見此事，良心卽發，而旋復有私意攙入之謂。故愚以爲本發於理，而爲氣所揜爾。

若先有內交要譽之心存於中，則此但可强作顔色，矯飾言語而已，其情則不可以僞也。其所謂“惻隱”非眞惻隱矣，何理發之可擬耶？但此惻隱之心，乃生人之所不能無也。自非病風喪心者，凡有所感，不待勉强而自然發出於霎然之頃。方赤子之匍匐將入井也，目纔及而此心便動，許多計較，都未暇著得。此可見人之良心天然自有，不假作爲而自不能已也。

故孟子曰“非內交、要譽、惡其聲而然也”，深味此數句，則來書所謂“本爲內交要譽而發”者，恐無此理矣。蓋情之善惡，無一時交併之理，若非天理卽是人欲。其心旣欲內交要譽，則豈有以此私邪之心，爲仁之端者哉？

“情無運用”一段所引朱子說，是以情與意對言而細分之耳。若專言情，則恐不可謂都無運用，何者？孟子以心言四端，而朱子以情爲心之用。旣曰心，又曰心之用，則烏得爲無運用乎？如以人與舟車對言之，則舟車固不得自運用，必待人之使之，若單言舟車，則亦自有運用。

蓋心之運用，有二焉。經營量度，固爲運用，發動流出，亦豈不爲運用耶？心統性情之統，朱子釋之曰“如統兵之統”，愚以爲此說若錯看，則失其旨矣。如新安陳氏以心爲將，以性情爲軍，有若以心與性情判爲二物而各在一處者然。此但見其號名之殊，而不察其一而二，二而一之理也。

夫合性與知覺，有心之名，知覺者心之用，而心之用卽情也。然則外性情而言心，其可乎？性卽心之體，情卽心之用，性情體用，無非心者。故曰“心統性情”，非若將帥之與軍兵，判然有物我彼此之别，截然有尊卑大小之分也。

來書曰“統乎性而盛貯該載，統乎情而敷施發用”，此固然矣。然以盛貯是性而發用是情，故有心之名，非心爲一物而性情又爲一物也。此須細看可得之矣。但謂之心則兼未發已發，而謂之情則只是已發，此乃心與情之别也。若遂以情爲非心則不可也，況人心道心，正是已發之心，何以見其異於情乎？

至如所謂“當惻隱而惻隱，當羞惡而羞惡者心，不可以惻隱羞惡直謂之心”云者，尤不省其所謂也。所謂“當惻隱、當羞惡”是所感之物，而所謂“而惻隱、而羞惡”是應之之心。其與所謂“不可直謂之心之惻隱羞惡”，何以見其不同乎？

夫惻隱羞惡，果不可直謂之心，則何以曰“惻隱之心、羞惡之心”乎？竊詳來書之意，以爲能惻隱能羞惡者是心，而惻隱羞惡是情也云爾。然則惻隱羞惡之發也，所謂“心”者，别爲一物分付而指導之，量度其所當而使之應之，所謂“惻隱、羞惡”者，又聽受心之命令，然後方出而應之耶？恐思索太過，遂至陷入於迂曲崎嶇之徑也。

至若所謂“七情雖中節，不可謂四端”者，愚嘗有一說焉。人心道心，分兩塗而爲情之統體，統體之中，各有條目。聲色臭味之欲及喜怒哀樂之類，凡生於形氣者，人心之目也；惻隱羞惡辭讓是非之類，凡原於性命者，道心之目也。條目之於統體則可以推移相屬，而條目之與條目則不能替換相合。故聲色臭味、喜怒哀樂之當於理者，謂之道心則可，而謂之惻隱羞惡辭讓是非之心則不可也。

夫條目之不可以相合，甚明而易見，雖單說人心道心亦然。飮食男女之心，同爲人心，而飮食之心，不得爲男女之心；惻隱是非之心，同爲道心，而惻隱之心，不得爲是非之心。此皆所謂"心"也，而不能自相變易，所謂"心有運用，故互相爲用"之理，果安在哉？喜怒哀樂之當於理者爲道心，此卽所謂"情"也，而以屬於人心者，變而屬於道心，所謂"情無運用，故不能相兼"之理，又安在哉？故此當以統體條目之說求之，不可以有運用無運用言之也。來示中此一段，非淺見所可及，待他日稍進，更尋思之也。

與濯以別紙

端情同異之辨。

情有理發氣發之別，但謂之情，則理發氣發未定也，必曰七情，然後方爲氣發【就分開處說】。端亦須有純理兼氣之別，【朱子曰："上蔡之言知覺，謂識痛癢能酬酢者，乃心之用而知之端也。"】但謂之端，則純理與兼氣未分也，必曰四端，然後方爲純理。情與端是虛字，七與四是眼字。此正如昌黎所謂"虛位與定名"者，而如賢所論則刪去四七二字，直以端情二字，明其所以不同之故，此愚之所未解也。

《樂記》曰"感物而動，性之欲也"，程子曰"其中動而七情出焉”，所謂性也中也，豈非所謂在中者，而所謂欲也動也，豈非所謂端者哉？妄之一字乃氣已用事以後事，初無關於未發之性，而今乃執此以爲說，其亦異矣。

今且論七情之發於性與否可也，何爲不循其本而只就枝葉上說，又何爲刪沒其是與眞而獨擧其非與妄，有若訟者之相抉摘乎？端不可謂情之云，乃因賢者第一書所謂“必以端言而不以情言”一句，以推之耳。今乃歸之於捏造，此則樂行之過也，敢不承款？但所謂端可以情互言，而情不可以端言者，其爲說固若微妙細密矣。然終有未甚灼然可驗者，恐求精之過而反失之鑿也。

所謂“形氣夾雜，失其端緒，節約而克治，然後端緒可尋”者，未知此所謂“端緒”是何端也？是謂七情夾雜，失四者之端緒而節約七情，然後四者之端緒可尋耶？抑謂七者之端緒有所失而節約，然後可尋其端耶？由前之說，則七情之發，適足以賊夫四端，而必克去七情，然後方可以尋此四端也，四端之與七情，殆無同於漢賊之不兩立乎？由後之說，則七情亦果可以端緒言矣，情不可謂端之義，又安在哉？然方痛斥鄙說而不當躬自犯之，愚誠莫曉其旨義之所歸也。

七情之於四性細推之，俱有可屬之處云爾，則何獨於此厭其細推而必欲闊略看過也？旣曰“俱有可屬之處”，而旋又曰“一一分配，以爲某之端則不可”者何也？所謂“仁之端發爲喜，義之端發爲怒，似無不可”者又何也？性中未嘗有所謂“喜怒”者，此則雖愚亦知之。愚之所云乃謂喜怒之理耳，豈惟喜怒哉？雖惻隱羞惡辭讓是非，亦非性中之所有，性中之所有乃惻隱羞惡辭讓是非之理耳。仁義禮智，性之綱也，千條萬緖，從此流出，此卽賢者之所言也。喜怒之類，何遽不爲綱中之目、萬緖之一乎？【喜怒之理，爲綱中之目，喜怒爲萬緖之一。】

私怒私喜，雖主於氣，而其中亦莫不有理焉。當於是理，則斯謂之道心，豈有道心而不爲仁義之發者耶？旣發於仁義，則雖謂之仁義之端，吾未見其不可也。賢所謂“情有眞妄而端無妄”者，愚欲改之曰“七情有眞妄而四端無妄”，如何如何？

朱子所謂“識痛癢能酬酢”者，當屬之理乎？屬之氣乎？是固亦有理存焉。然其分則乃氣之屬也，而猶曰智之端。設令古今儒先著端字於論七情處，其有不可者乎？特以古來相傳以爲七情，故只得依他說耳。

心統性情之說

來示以爲前日解此，以西山說“心者性情之統名”云者爲主，及見朱子統兵之說，然後始翻轉來。若愚則與賢正相反，西山、朱子說，竝不曾見，只以意解之，以爲心自爲一物，性與情又是各爲一物，而心爲主，以統性情云爾。近日方自疑前見之謬，蓋因“性者心之體，情者心之用云云”者而得新意耳。仍又考出統兵之說，以相參互則始若齟齬不相入，終又若融會爲一者。蓋不敢以前後見得之異，而遂廢統兵之說，如左右之於西山說也。然愚意亦非曰一而已，實以一而二二而一者爲主也。心合理氣者也，性則理也，情則理動而乘氣者也。心兼未發已發者也，性則未發者也，情則已發者也。卽此而觀之，三者之非一物，曉然矣。而若心之所以爲心者，則以其有此性以爲之體，有此情以爲之用耳，無此性情，則不得以爲心矣。是其可判而二之乎？然則所謂"如統兵之統"者何謂也？來示所謂不宰之宰，正愚見之所不能外也。

答族君【就河】

頃接胤君以服制事有所問，當初妄論，已懼僭汰，今何敢復有云云？但哀意須索不置，不得已姑以淺見所及言之。

《儀禮》緦麻章"庶子爲父後者爲其母"，《家禮》因之，而竝不言嫡母卒則爲其母伸，蓋所重在於爲父後，初不係於嫡母有無存歿故耳。楊信齋說，未聞其出於朱子後來定論，而沙溪旣以不可從斷之，自周公、朱子皆不言，而信齋始言之，沙溪之不從，無乃可乎？衆言紛淆，當折之以聖賢。今且守經信古，庶或寡過，如何？

上大人【乙巳】

意外因便，伏承下書。伏讀欣豁之餘，仍審堂上氣候暨哀中體力平安，伏不勝喜幸之忱。子良食善眠，惟是歸事至此遷就伏悶。

先生集，近與士安叔兄弟棲石泉，相與講讀，而義理精深處及時事出處諸子名姓，多未能詳，無可就質之處，未免鶻圇之弊。此實觀書之大患，奈何奈何？

上大人【戊午】

近日風寒猝酷，伏不審證候加減若何？竊伏念術家之言，固難盡信，而旣聞云云之說，在子等情理，其可一歸之誕妄而不爲動心乎？旣不能無動，而伈伈然坐而待之，決非人子所可忍也。用是捨目前醫藥之急，而汲汲還家，有所營圖，今此可丘兄之行蓋是也。

又伏念庭下今日所以愛惜一身者，當無所不用其極，恐未可以古人不惑妖說者自處矣。天命非禱之可免，而父母有疾，孝子必禱，蓋情之所至，不問其理之有無。且比來癘氣在在更熾，王母若慈氏，政爾隱憂之際，聞此兄之行，喜見於顔色，在庭下順養之道體諒之義，必不以爲怪，而亦當以爲幸矣。且此兄冒寒遠驅，而庭下或示未安之意，則此兄必且憮然作悔。伏乞下念情勢之不得不然，姑寬子之未嘗稟告而私自擾擾之罪，如何如何？

別紙

崔君擧《大學》中一二起疑處，叩平日所聞於庭下者。其一卽絜矩章章句，“上下四方長短廣狹云云”者。蓋渠說以爲：“小註中朱子說云‘惡下之不以禮事我，而我却不以禮事上，則是下面長上面短’，【大意如此，而不能的記其文云。】以此見之，長與廣是善底，短與狹是不善底，與章句所云‘長短廣狹彼此如一而無不方’者，似相矛盾云云。”

子答曰：“前日未能於此起疑，禀質於父兄。然淺見則以爲章句之意，蓋謂上下前後左右均齊方正，無有偏倚不相同處，如上長則下亦長，上短則下亦短，左廣則右亦廣，左狹則右亦狹爾。小註所謂‘下面長上面短’卽上下不均適之謂，非必以長屬善，以短屬不善也。如是圓看，恐兩說初不相妨。”

渠不肯點頭，且曰：“下面著長字，上面著短字，必是用意處。”子亦不能了然，故無以復應，但云“前日汎汎看過，只以爲長短是以上下而言，廣狹是以四方而言，而未及考小註，今聞君言，政宜起疑處，後可以問於知者”，渠謂“《或問》中亦無明白分說處”云，而連日多事，未得搜考。伏未知朱子兩說長短字，果是一般面貌，而小註所載，特言其不均齊之意歟？抑前後下語之間，偶各不同，不可通融看，如崔君之意乎？以長廣爲善，以短狹爲不善，則章句長短廣狹彼此如一云者，將不成說。迷昧之意，章句所謂“長短廣狹”者，固以上下四方而言，而小註長短字，猶云分數多分數小等語勢。如是看則兩說相爲表裏而不相礙矣。如何如何？

上大人【庚申】

南谷再從祖行及貴玉來時兩度下書竝伏承，而患候如許添劇，問藥走人，一日爲急。減等喜報，亦宜卽達，而迄未果焉，夙宵悶煎而已。

旱天漸熱，南風日作，此時諸證之一倍難堪，可以仰揣，伏不審氣體凡百更若何？泄候之暫時止息，非眞向減也。其氣上發於胸膈口舌，爲滯鬱糜爛等證，故下焦少須臾寧靜爾。權必偁所命加味平胃散，似知要領，勿復質問於他醫而決然試之如何？

減等之命，雖無目下變動，亦可爲後赦蒙霈之階，感祝感祝。此中高堂體候一向康寧，母氏氣體亦無愆違，仲父若叔季母竝平安，伏幸伏幸。

梁學者，見之甚可愛。其言論極穩當，大意以色目界限爲世大病，而半餉略話，不能悉其所存耳。南雲擧果復來留否？李景文今旬前，委來相問，留一日，公燮氏適又來會，頗有講討之樂耳。

下書末段下教事，伏讀惶恐。矯情要譽，子雖不肖，亦知其可恥，豈敢故爲無義之事，以自陷於大不孝之科也？特以年少疾病，毋論男女，多因於混處。室人殘病，實由生產之太數，況一乳兩胎，雖充健婦女，尙且大損氣血，以本來羸弱之身，積年虛勞之餘，而其所陷敗，尤當如何？其不絕於丁巳而至今保存者，誠天幸也。雖無此患難，欲限五六年，不復產育者，是子之本意。

且以子之身言之，年來雖無形見疾痛處，自量氣力，不無受傷之漸，若有不愼者，必速其疾。當此南北奔走之日，萬一疾病乘發，其爲父母之憂念，已不可言，而事之莫可收拾，孰甚於此？設或子幸而不至於生病，彼婦女積病甫完之氣，必不如愼攝之時，及其舊疾之復發則以吾家卽今形勢，其何力之遑暇於手下憂病乎？不但此也，昔年有一二推命者謂三十後必有妻宮之厄，不則累歲相離。術家之言固杳茫，而頃年以來，相離之日多，適與其言合。子之心或意其以此而當云云之厄運，故還家之日，亦欲各處者此也，而近於迂怪，故未嘗發諸口外。

如宇兄輩，往往以不近人情，强作苟難等語，譏斥之，而但一笑而已。不意傳播之廣，至於如彼，下敎之嚴，至於如此，便成大段事，伏不勝驚歎之至。有子無子，莫非命也。苟非窮獨之命，則雖生産於數歲之後，亦何晩乎？然下敎如此，何敢自行己志也？

上大人【甲子】

辭歸已近四十日矣，伏不審旱炎，氣體若何？地黃元服至幾許，而姑未見利害否？母氏眼患，亦當依前，而日熱如此，窄室正難堪耐，深恐別生疾患耳。霽行不復添苦否？

子之不能仍留侍側，不但嚴命之下，有不敢違咈，實以子之夫婦年紀已晩，恐終犯無後之罪，欲知其有娠，然後還于庭下，所以隱忍而歸。既到見室人，絶粒委席。見之者皆以爲胎候，果然則今三四朔矣。生男與否，惟天命是聽，而目下作一憂患，家事益無模樣，却不如前日之爲無事耳。

頃者李景文來訪，一宿說話，多可聽。且要相聚於中道一山房子，以觀勢圖之之意，謝之耳。權丈書，以母氏久留彼中爲不便。蓋自行次後，往往有意外之言，此固不足云，而以權丈通見，亦爲浮議所動，良可異也。彼元城携家轉徙及磨天嶺下賦"三從義重一身輕"之句者，皆非耶？末世之義理，果非常情所可測也。

子之趨侍，初欲以重午後作行矣，事多妨碍，姑待回便，若堂候無大段愆違，則稍竢五晦六初，伏計耳。

別紙

李景文來時所酬酢，今不能盡記得，姑以一二錄稟。景文問曰："《中庸》何以獨言喜怒哀樂四者？"答曰："情雖有七，其大致不外乎此四者。愛是喜之屬，惡是怒之屬，欲是通貫喜怒哀樂者。故但言喜怒哀樂，而愛惡欲自包攝在其中。且喜與怒相對，哀與樂相對，以相反者爲配而言耳。"景文曰："此說頗好，然有未盡者。喜怒哀樂之未發則性也，性卽仁義禮智也。禮是仁之發越處，智較義，更有收斂底意。其發而爲情亦然。樂是喜之發散者，哀較怒，更有隱切底意。天之四德亦然，天人一也，性情一也。此所以獨言喜怒哀樂四者也。"彼此問答，今不了了，而大意如此耳。

景文問曰"《太極圖說解》所謂"動靜者，所乘之機"云者，是理之動靜，氣之動靜"，答曰："《圖說》旣曰'太極動，太極靜'，《解》所謂'動靜'亦必以理之動靜言矣。"景文曰："此氣之動靜也，雖曰理自有動靜，然畢竟理不會動靜。動靜者氣也，所以動靜者乃理也。濂溪主理而言，故曰'太極動而靜'，而然其實非太極動靜，乃氣之動靜也。"答曰："動靜不可謂非氣而其主宰者乃理也。故濂溪主理而言，朱子之《解》，亦何遽捨理而言氣耶？"景文曰："頃往商山，權拙修齋丈擧此問我。我對以氣之動靜，權丈頗駭之。今君之說亦與權丈同，然有不然者，更細思之。"

其後李師靖【字仲則】來訪，語間又發此論曰"《圖說》主理而言動靜，《解》主氣而言動靜。蓋朱子旣解濂溪之意，又於末段，摠論理氣之分，故曰'太極者本然之妙也，動靜者所乘之機也'云云"，此言頗分曉。後日取《性理大全》觀之則果然。其後李師靖以書來，提及此說，故卽已作答承款耳。

龜潭相會時說話，亦已太半忘失。景文所論，大抵皆通透灑落，其不相合者有數處。景文問曰："戒愼恐懼，或曰兼動靜工夫，或曰靜一邊工夫，二說孰是？"答曰："二說竝存似好。"休文【李光靖】曰："天下無兩是底義理，君言何謂也？"曰："以《章句》上下說觀之，卽可見矣。其曰'君子之心常存敬畏'。"曰："君子旣常戒懼此數句，可見兼動靜。其曰'自戒懼而約之，以至於至靜之中，無少偏倚'。"曰："次言存養省察之要，【存養是就靜一邊言，戒懼卽是存養。】此數句，可見重在靜一邊。蓋但言戒愼恐懼，則君子之心，無時而不戒懼，固爲貫動靜工夫，而著不睹不聞字則此乃靜時也。故對謹獨而言，則不得不屬之靜耳。”景文曰：“竝存之論，正如吾意，但以著不睹不聞字，故屬之靜云者不然。戒懼固兼動靜，而對謹獨而言，故戒懼屬之靜，謹獨屬之動。初不係於不睹不聞字之著與不著也。”曰：“若無不睹不聞字，則何可强以己意遺却動一邊，而獨取靜一邊乎？惟其有不睹不聞字，故可以言靜耳。”景文終不以爲然，子亦終未悟彼言之允當耳。但存養不必偏言靜，而乃以靜一邊言之，此不敢自信處耳。對省察而言，則謂之靜工夫，亦無妨否？

《心經·首章》附註西山眞氏曰：“仁義禮智之理，皆根於性。”景文以爲：仁義禮智，是理是性，而乃云根於性可疑。子亦以爲儘可疑。

“天理人欲，同行異情。”休文從前所論，以爲此以二人之心言者爾。景文問於子，子答曰：“此以一人之心言亦可，以二人之心言亦可。”休文固守前見，未知如何？

《天命之謂性章》附註程子曰：“善觀者却於已發之際觀之。”子誤以朱子所謂“聖賢正要就發處制”之說解之。景文曰：“不然，欲觀心之本體者，於未發處難觀，必須於已發處觀之之謂也。”此言甚當，故卽從之耳。

《誠意章》附註小註朱子說,“無天德,是私意是計較。人多無天德,所以做王道不成”,【月川吐,“是計較人多”五字作一句。】景文諸人,皆以月川吐爲正義。子以爲是計較爲一句,人多屬下句,諸人頗非之。景文今行,見謂“考《語類》,‘人’字上有‘後’字,退甫之言,似是云云”耳。

景文語間,傍及目今民瘼,而銖兩毫釐,無不析言,亦可謂通才矣。令人歎服。

權丈,虎溪行,出示其所著中庸疑義,【未及成書,止論二十章以上。】見謂“本欲送質于謫所,然亦欲先示君及景文輩而後送。君其袖歸一閱,標示其謬處,以爲參看之地”云云。歸後試錄其可疑處,作一小冊。初欲送稟庭下,然後送似權丈矣。頃被權丈力推,不得已徑投,竢權丈還擲,當於後便附上耳。

上大人別紙

天理人欲,同行異情,伏承下敎,猶未能曉然覺得。蓋《孟子集註》固以聖賢、衆人相對爲說,潛室陳氏亦以堯、舜、桀、紂言之。

然五峯立言之本意,似有不然者。蓋所謂“同體異用,同行異情”云者,是直取一人性情體用上說,如飮食男女之心,可以爲天理,可以爲人欲,此所謂“同行”也,發而中節則爲天理，不中節則爲人欲，此所謂“異情”也。一事之中，而吾心之所發，有合天理者，有徇人欲者，恐不待竝跱彼此二人，而卽吾一心之中，已見其情之有異矣。況人心道心、善幾惡幾等處，何嘗以二人之心對擧而云哉？《孟子集註》及陳氏說，特欲明白判別，以示後學，故有聖賢、衆人、堯、舜、桀、紂之云耳。伏未知如何？

上仲父【癸未】

患候非常之報，承聞於向減之後，而猶不勝其驚懍，伏未知是果何證而猝重乃爾也？近日伏聞氣體幾至復常之域，伏幸萬萬。然風日甚不佳，伏祝加意愼攝，使外感不復乘虛侵攻，千萬千萬。

仍伏念平常自處，勤儉太過，惟恃氣力之不甚衰謝，而不念春秋之已極頹暮，往往作年少動作，雖於當時不自覺其疲苦，畢竟與方旺之氣不同，安得無六氣感觸之患？以此每當寒暑代序之際，有外寒內熱之證，或瘡癬受風，或丹毒熾發，此皆暴急危惡之疾。尋常所悶然於中心者，而誠意淺薄，言辭拙澁，不能委曲陳請，以備聽納。

至若家中常侍之人，雖有所陳，輒以峻辭拒之，故一言而不敢再告，私相憂歎悶迫而已。雖非痘患分析之日，從姪輩有難常常在側，復從一身，又遠在數舍外，猝當倉皇之時，豈不厄塞之甚哉？伏望深念自愛，一以優游宴息爲務，寢處饌御之節，毋過於簡薄，出入作用之間，切戒其勞瘁，不至有自損天和之悔，千萬千萬。

但凶年離析之故，勞費心力，不止一端，此甚可悶，而前在景山，些少稱貸米升，亦皆仰煩區處。此雖從子計拙力乏之致，而其爲悚恨傷歎，何可勝達？

與舍弟季通【霽行○丁巳】

船頭不欲見君垂泣之狀，不成別語而作闊別，人情觸處難聊也。未知凡幾日到家，而驅馳殘敗之餘，能不生病否？家中重堂氣候若其餘諸節，俱何如？

吾陪奉僅僅渡海，而三宿海中，憂慮倍萬。然風高之時，此亦可謂利涉，家中可以此少慰耶。明向旌義，果如所願，而定於玉溝，姑未可必耳。濟州境內，無痘患云，此則幸矣。此書之不浮沉未可知，而到配所後，當偵探更寄耳。

與舍弟季通

去夜小雪，風氣頗勁，此際調況何如？黃連丸未遑劑服耶？嘗聞此丸，當四月用之云，姑遲之無妨否？

前書示以看讀《朱書》一遍，此非小工夫，病中得力，想不少也。但聖賢道同而氣質各異，朱子與知舊門人往復書辭，峻截嚴厲處多。以此先生亦自謂威厲猛奮之氣勝，又有自稱以太陽之證者。此雖自道撝謙之語，然亦可見其有壁立巖巖之氣象。當時門人或致疑於先生處世之道，有曰"先生有天生德於予底意，少微服過宋之意云云"，先生答以吾不曾擊鼓訟寃云云【不記其全文，大意如此。】，此等處，槩可以想像矣。

今讀其書，凜然若親承敎誨，以自振其萎靡頹懦之志氣，則其功效何遽讓於摳衣門下者哉？不然而不量己之地位，便欲以先生所以接人者自處，則正不免於不善學朱子之病。讀之者須知此意可也，如何如何？

彼中有《退溪集》借得處耶？《朱書》已卒業，則又一讀《退溪集》，以觀其溫裕恭遜畏約愼密之氣象，未必無補於吾輩處世之方也。如何如何？仲文兄葬時酹文草示及如何？欲觀君文思如何耳。

與從弟中立【道行】

惻隱之心，本天地生物之心也。人得是心以生而混然處乎天地之中，則自我一軀殼以至天地萬物，此心彌滿充塞，無空缺處，是豈有內外彼此之間？譬之草木，豈可言一草一木，獨有此生意？即藹然充滿於天地間者，無非此生意，於此見之得之矣。

但草木無知，雖連枝竝蔕，亦不能推而及之。惟人最靈，隨感而通，故乍見孺子匍匐將入井，此心便發出。然常人亦蔽於有我之私，則又不能擴而充之。惟廓然大公，以天地萬物爲一體者，方能立其體之大而致其用之廣。

今初學固難遽議於此，亦須先見得大意，驗之於身，措之於家。自玆以往，亦隨其分而推之，庶不至孤負此心爾。今觀所論，於自作主宰處已有見，獨少此一段意思，故聊復云云。自餘言句未穩，援證過當處，亦不無可論，容俟異日自得之也。

九思堂集

卷七

雜著

雜著

喪服經、傳、註、疏通攷

斬衰章。

《傳》曰："一溢米。"註曰【鄭註】："二十兩曰'溢'，爲米一升，二十四分升之一。"射慈同鄭義，王肅、劉逵、袁準、孔衍、葛洪皆云："滿手曰溢。"

謹按王、劉等說，恐得之。

《傳·雜記》曰："大夫爲其父母兄弟之未爲大夫者之喪服，如士服，士【註曰："士謂大夫庶子爲士者也。"疏曰："若大夫適子，雖未爲士，猶服大夫之服。"】爲其父母兄弟之爲大夫者之喪服，如士服。大夫之適子，服大夫之服。大夫之庶子爲大夫則爲其父母服大夫服，其位與未爲大夫者齒。"

謹按註疏，皆依傳文解之。王肅云："三年之喪，自天子以下無等，春秋之時，尊者尙輕簡，喪服禮制遂壞。"又云："大夫與士異者，大夫以上，斂時弁絰，士冠素委貌也。"疏以王說爲不通，《通解補》註曰"父母之喪，自天子達於士，一也"，而記禮者之言乃如此，當以王肅之言爲正。

《春秋傳》曰："齊晏桓子卒，晏嬰麤衰斬。"註曰："麤衰斬，其縷在齊、斬之間，縷如三升半，而三升不緝也。斬衰以三升爲正，微細則屬於麤也。"疏曰："麤卽齊也。斬衰三升，麤衰四升，其布在三升、四升之間。縷之麤如三升半，而計縷惟三升也。"

按晏平仲麤衰枕草，與士喪禮異，而其室老曰"非大夫之禮也"，平仲曰："唯卿爲大夫。"【言己位卑，不得服大夫爲父之服。】曾子問於孔子，孔子曰："晏平仲，可謂能辟害也。"【言惡直己以斥時失禮，遜辭以避害。】以此觀之，當時大夫喪禮之尙輕簡可知矣。

《傳》曰："何如而可以爲人後？支子，可也。"疏曰："支子可也者，以其他家適子當家自爲小宗，當收斂五服之內，不得後他。故取支子。"

按此恐指從父兄弟以外之親之子而言。若同父母親兄弟，其兄主父母之祭，而無子，則取其弟第一子爲後，於義恐無害。蓋其弟方宗其兄而生存也，則其子不得爲小宗當家者也。若其弟已死，而其子已爲其父主喪祭者，則亦不可取而爲後也。此禮律所未著，當問于知者。

《傳》曰："爲所後者之祖、父母、妻、妻之父母、昆弟、昆弟之子，若子。" 疏曰："所後者之妻之父母、昆弟、昆弟之子，於爲後者，爲外祖父母及舅與內兄弟。"

按疏說如此，而下不杖期章世父母、叔父母條補傳曰"爲人後者爲所後者之昆弟"，豈補傳者之意，以疏說爲失子夏本義歟？

若曰"疏說固是，而姑以意推之，補入所後家叔父母之服"云爾，則恐未安。何者？若於註疏之下，補以註脚，推明其義則可也，而今乃特列於傳記之間，則無乃近於自我作經之義乎？

故愚意以爲：補傳者以子夏所謂"昆弟"，爲所後者之昆弟，昆弟之子，爲所後者之昆弟之子，故不從疏說，而就不杖期章，載之如此爾。

若果以義推之而補其闕，則子夏所不擧期、功、緦麻之服非一二，而其不補入於各章者何也？此其於本文之外，不敢自以意著一字故也。若使假其名而增其例，因一辭而取二義，則又未安之甚者，其不從疏說明矣。當問于知者。

《經》曰："女子子在室爲父，布總、箭笄、髽，衰三年。" 疏曰："上文不言布，不言三年，至此言之者，上以哀極，故沒其布名與[2]年月，至此須言之也。上文經至練有除

2 與：저본에는 "而".《儀禮經傳通解續》卷1에 근거하여 수정.

者，此經[3]三者，旣與男子有殊，竝終三年，乃始除之。"

愚謂男子喪冠，雖不言布，可知也，故沒布名，婦人之總麻與布，未明也，故著布名。其言三年者，以婦人制服，與男子，有不同者。疑其年月，亦與男子異，故特著之，以見其同於男子耳。

若以哀極言之，妻爲夫、妾爲君，女子子爲父，何遽殺於上五條乎？下一段所釋，又似謂布總、箭笄、髽，終三年，乃除之，故表三年爾。然則布總、箭笄、髽衰之外，皆未三年，而除者乎？所謂"嫁反，爲父三年"及"疏衰三年"等文，豈皆此例乎？是未可知也。

子嫁反條註曰："凡女行於大夫以上曰嫁，行於士庶人曰適人。"

按鄭必有所据，而此經傳中，未見有此例。竊恐或稱嫁，或稱適人，各因文勢，未必分尊卑。子夏所謂嫁者，嫁於大夫云者，特明其雖嫁於大夫者，不以己尊而降其服耳。《春秋》"伯姬卒"，《公羊傳》曰"此未適人，何以卒？許嫁矣"，蓋亦通用之矣。

《經》曰："公、士、大夫之衆臣，爲其君，布帶繩屨。"

3 經：저본에는 "經".《儀禮經傳通解續》卷1에 근거하여 수정.

謹按上絞帶《傳》曰“繩帶也”，後世以布帶爲布絞帶者非也。

疏衰三年章。

《經》曰：“疏衰裳，齊，【止】三年者。”疏曰：“言‘三年’者，以其爲母稍輕，故表其年月。”

按疏說固有理。然恐經文本旨，不止於是。蓋削杖、疏屨之齊衰，有三年、期年二等。今且以爲母言之，父在則爲母期年，父卒然後，爲母得伸三年。此所以別之耳，未知是否？

不杖、麻屨、期年章。

按此章傳中，恐當補爲所後者之父母一條。蓋子夏所謂“所後者之祖父母”，恐是祖與父母。若謂祖父、祖母，則闕父母，安得越期年之親而擧三月之服乎？賈疏謂擧疏以見親，此恐不然。孰親於所後者之妻而乃擧之哉？古人爲文，有文同而旨異者，恐不必以經所謂祖父母爲準，而遂以是爲爲後者之曾祖父母也。不然則子夏本文有闕文，祖父母上下，當有父母二字，但無所證，是可歎也已。

昆弟條補傳，爲所後者之昆弟之子此一條，當在大功章從父昆弟條下，而誤在於此。

女子子爲祖父母條傳曰“不敢降其祖也”，子夏固以祖一字，言祖父母矣。

大夫之適子爲妻疏曰:“適子爲妻,通貴賤。”

謹按經於士與大夫,皆兩言之。以例推之,此當先言適子父在爲妻,而後言大夫之適子,以明大夫適子之爲妻,亦與士同也。今沒士之適子爲妻,而直擧大夫之適子何也?

疏曰:“惟據大夫者,以五十始爵,爲降服之始,嫌降適婦,其子亦降其妻,故明擧大夫不降。”此說固亦有理。但經文分士與大夫而言者非一, 彼何獨無此義, 而此何必生新例乎? 是必有以也。然今未得他證,而欲舍疏說而推經旨,其僭妄甚矣,且當謹守疏說而已。但就疏說考之,亦有所未備者。

《傳》所謂“父在爲妻不杖”者,嫌於衆子亦不杖,註疏當及衆子雖父母在,亦杖之說,而今闕之矣。且疏曰:“大夫之適子爲妻,在此不杖章則上杖章爲妻者,是庶子爲妻。”此亦於義不足。杖章所謂妻者,從夫而言者也,此章所謂“大夫之適子爲妻”者,係於父之辭也。從夫而言,則夫主其喪可見矣, 係於父,則父主其喪可見矣。夫主喪也,則是夫也,豈獨庶子之爲夫者乎?卽父沒之適子,亦是已然,則杖章爲妻,是通庶子與父沒之適子而言,何得主言庶子?若如疏說,則爲妻杖期,本庶子之服,而適子父沒爲妻者,特其附贅者耳,庶子爲主而適子爲客,其可乎哉?

蓋經文無上辭而直曰妻,則此本從夫而言。自天子諸侯至大夫士，凡爲夫而主妻之喪者，皆在此條中矣，何必上係於父而以子道言耶？ 此經文之所不及，而疏家乃繁蔓至此爾。必曰"大夫之適子爲妻"，然後方可以子承父而論，而庶子爲妻不在不杖章者，亦可以推見矣。

○ 同條經下疏曰："上杖章爲妻，是庶子爲妻，此庶子，通大夫士適妻所生之衆子而言者也。"傳下疏曰："不敢降至大功，與庶子同。"此庶子，卽大夫之妾子也。

經文嚴適、衆之別，故名衆子，下同於妾子。然爲註疏者，明言其此爲適妻所生之衆子，此爲妾所生之子，此爲士之妾子，此爲大夫之妾子，使不相混可也，而今疏中上下"庶子"字，略無分別，使緣文而求義者，紛然如亂絲之難理，可歎也已。

齊衰三月章。

曾祖父母爲士者，如衆人條，《傳》曰："大夫不敢降其祖也。"疏曰："經不言大夫，傳爲大夫解之者，以其言曾祖爲士者，故知對大夫爲之服。"

按經文此條，統於上文大夫爲宗子之大夫，蓋"大夫爲宗子、舊君、曾祖父母服，如衆人云"爾。今謂經不言大夫，又謂以其言爲士，故知對大夫爲之服，似失之矣。

女子子嫁者、未嫁者，爲曾祖父母條，《傳》曰："嫁者，其嫁於大夫者也。"

按經文固闕嫁於大夫者。然其實恐非專指嫁於大夫者也。何以明之？經文於士與大夫，皆兩言之。

不杖期章，上言祖父母，此士之爲祖父母也，下言大夫爲祖父母爲士者，此言大夫雖尊，不敢降其祖也。上言適孫，此士之爲適孫也，下言大夫爲適孫爲士者，此言大夫不降其適也。

齊衰三月章，上言曾祖父母，此言士之爲曾祖父母也，下言曾祖父母爲士者如衆人，此言大夫不敢降曾祖父母也。上言丈夫婦人爲宗子、宗子之母妻，此士之丈夫婦人爲宗子、宗子之母妻也，下言大夫爲宗子，此言大夫不敢降其宗也。

今此條若專指嫁於大夫者，則當別言適子、適士、庶人者，而乃不著之何哉？若謂上文曾祖父母條，是兼男女而言女子子適士者，已在其中，則亦有不然者。

不杖期章祖父母，與此章曾祖父母同，而其下別言女子子爲祖父母，亦與此章女子子爲曾祖父母同，則其在上者，不兼男女，可見矣。愚故曰：

嫁者非專指嫁於大夫者也，乃通上下，而言適士者未必不得嫁之稱，行於大夫者，亦可謂之適人也。他傳記中，設有可据如鄭註者，當自爲一說，此經中，未見其有此義也。

蓋男子分士與大夫而言，女子子通嫁於大夫、士者而以一條總言之，此經文之例也。下大功章女子子嫁者、未嫁者，爲世父母、叔父母、姑、姊妹，此亦適士者及適大夫者之所通行也，所謂"一條總言之"者也。愚見如此，當問于知者。

殤大功章。

子女子子之長殤中殤，《傳》曰："不滿八歲以下，爲無服之殤。無服之殤，以日易月。"註曰："生一月者，哭之一日也。"疏曰："若至七歲，歲有十二月，則八十四日哭。"又曰："王肅、馬融以爲以哭之日，易服之月，殤之期親，則以旬有三日哭，緦麻之親，則以三日爲制，若然，哭緦麻三月喪，與七歲同，又此傳承父母子之下，而哭緦麻孩子，疏失之甚也。"

按傳所謂"以日易月"者，其文承無服二字之下，月恐謂服之月者爲長，以易字觀之，可見其義矣。若謂生之月，則爲文不當如此。

蓋鄭、賈以爲生之月者，以傳末所謂"子生三月，父名之，死則哭之"一段而云。然凡人之齒，必以年計，未聞以月計者。不滿一歲而後，方以月計，今生至七歲者，乃計之以月，不亦迂乎？若喪服則自大功以下，固以月計，雖斬齊，亦有曰"二十七月、二十五月、十三月"者，則喪服之以月計，所從來遠矣。

此傳在子女殤服之下，則王、馬之旁及緦親，固若疏矣。然期之殤，哭旬有三日，則不可竝廢也。蓋子女之殤，是卽期之殤也。緦麻之親，亦有二焉，若族昆弟、從祖昆弟之子殤，固非同宮之慽，若曾孫外孫之殤，是吾子女之所生育，何害其竝擧於此條之下也？補註謂傳文通言爲殤之義，不專爲子女子子而言也，若然則王、馬之說，尤自無病，蓋補註之意，亦似右王、馬而左鄭、賈也。

同條經下疏曰："殤有三等，制服惟有二等。"

按所謂"制服有二等"者，或長殤中殤爲一等，或中殤下殤爲一等，中殤或從上、或從下，未嘗自爲一等，故只是二等也。

若服制則凡四等，大功有九月、纓絰二等，與小功、緦麻合爲四等。讀者或疑於服制之爲二等，則失其旨矣。

大功正服九月章。

從父昆弟條。

謹按此下，當補爲所後者之昆弟之子。

公之庶昆弟，大夫之庶子爲母妻昆弟，註曰："其或爲母，謂妾子也。"疏曰："謂妾子也者，以其爲妻昆弟，其禮竝同。又於適妻，君大夫自不降，其子皆得伸，今在大功，明妾子自爲己母也。"

按爲母大功，則其爲大夫妾子明矣。大夫妾子父在，爲母妻昆弟大功，則所謂"父在爲妻以杖卽位"之庶子，乃大夫適妻所生衆子及士之衆子、妾子也，與此章庶子相嫌，而不杖期章疏中，混稱而無別。夫經文簡奧，有難讀之歎，註疏家當別白言之，以曉後學，而此等處，乃略過焉，使人不能無憾也。

大抵五服之中，爲妻一節，最紛拏。適子父在不杖，而衆子雖父在亦杖，是一義也。士之適子期，而大夫之適子，亦不降爲之期，又一義也。士之妾子父在亦期，而大夫妾子父在大功，又一義也。大夫士適子竝父卒杖期，而大夫之妾子，亦父卒杖期，此又一義也。

公子爲其妻，縓冠、葛絰帶、麻衣、縓緣，旣葬除之，父卒然後爲妻大功，蓋公子爲先君餘尊之所厭，【亦曰"以旁尊降"，蓋公之庶昆弟之謂也。】所厭愈重則服愈降，【士卑無厭降之義。故士之妾子爲妻如衆人。】此又一義也。

諸侯絶期，大夫降期，【卽旁期也】而妻之服，自天子至于士，一也，此又一義也。【公子爲其母，練冠、麻衣、縓緣，旣葬而除之，君卒爲母大功。大夫庶子爲母大功，父卒三年。士妾子父在爲母杖期，父卒三年如衆人，與爲妻同。】

大夫之妾，爲君之庶子。

女子子嫁者、未嫁者，爲世父母、叔父母、姑、姊妹，

註曰："舊讀合大夫之妾爲君之庶子女子子嫁者、未嫁者，言大夫之妾，爲此三人之服也。"疏曰："馬融之輩，舊讀如此，鄭以此爲非，故此下註破之也。"

《傳》曰："嫁者，其嫁於大夫者也，未嫁者，成人而未嫁者也。何以大功也？妾爲君之黨服，得與女君同，下言'爲世父母、叔父母、姑、姊妹'者，謂妾自服其私親也。"註："此不辭。卽實爲妾遂自服其私親，當言其以見之。齊衰三月章曰'女子子嫁者、未嫁者，爲曾祖父母'，

經與此同, 足以見之矣。傳所云'何以大功也? 妾爲君之黨服, 得與女君同文', 爛在下爾。" 疏曰: "何以大功也? 妾爲君之黨服, 得與女君同, 此傳當在上大夫之妾爲君之庶子下, 爛脫誤在此。但'下言'二字及'者謂妾自服其私親也'九字, 旣非子夏自著, 又非舊讀者自安, 必是鄭君置之。鄭君欲分別舊讀者, 如此意趣, 然後以註破之。此不辭者, 謂此分別文句, 不是解[4]義言辭也。"

朱子親書藁本曰: "傳先解嫁者、未嫁者, 而後通以上文君之庶子, 竝以妾與女君同釋之, 乃云下言爲世父母以下而以自服私親釋之, 文勢似不誤也。" 又批云: "此一條, 舊讀正得傳意, 但於經例不合。鄭註與經例合, 但所改傳文, 似亦牽强。又未見妾爲己之私親, 本黨服期者, 合著何服? 疏言十一字, 是鄭所置。今詳此十一字中包爲世至姊妹十字, 若無上下文, 卽無所屬, 未詳其說, 可更考之。" 又曰: "此段自鄭註時, 已疑傳文之誤。今考女子適人者, 爲父母及昆弟之爲父後者, 已見於齊衰期章爲衆兄弟, 又見於此大功章惟伯叔父母姑姊妹之服無文, 而獨見於此則當從鄭註之說, 無疑矣。"

謹按朱子定論, 以舊讀爲非, 而從鄭註之說。《語類》所記"姊妹於兄弟, 旣嫁則降服, 而於姊妹則未嘗降云"者, 乃親書藁本之意, 蓋未定之論也, 而楊氏於《家禮》期服條, 添姊妹

4 解 : 저본에는 "辭". 《儀禮經傳通解續》권1에 근거하여 수정.

旣嫁相爲服，蓋亦聞朱子未定之說，而以子夏傳及馬融舊讀爲是也。沙溪、愚伏皆致疑於此，豈不曾詳考朱子定論歟？

小功殤五月章。

謹按此章經文，闕字"之下殤"，而傳、註、疏皆不言可疑，豈此本有字句脫漏者耶？

小功正服章。

從父姊妹條疏曰："此謂從父姊妹在室大功，出適小功。不言出適與在室，姊妹旣逆降，宗族亦逆降報之，故不辨在室及出嫁也。"

按從父姊妹，旣在此小功正服章，則其爲成人之姊妹可知，旣成人則固有逆降之義。然以經文體例考之，凡於女子子、姑、姊妹，除在室及三殤外，皆繫以嫁適字，彼何獨非逆降者，而必曰嫁，曰適人乎？惟此一條，特發新例，似無此理。竊恐此條，當聯下文孫適人者讀，蓋謂從父姊妹適人者及孫之適人者爾。

緦麻章外孫甥條。

上小功章爲外祖父母，《傳》曰："母出則爲繼母之黨服，母死則爲其母之黨服，爲其母之黨服，則不爲繼母之黨服。"註曰："雖外親，亦無二統。"

謹按爲所後者之妻之父母，若子則統已歸於所後外家矣，爲本生外親，當降明矣。但本生外親之爲之也，未知當如何？外孫旣歸重於所後外親而爲己降服，則己亦不當以外孫服之歟？抑在外孫則有二統之嫌，而在己則無此嫌，當服本服歟？

若其降之，一如同姓私親之爲之也，則外祖父母爲外孫，舅爲甥，皆無服矣，而又未知從母之爲之也，亦當降爲緦麻歟？傳、註、疏，皆不及焉，當問于知者。

> 又上小功章從母丈夫婦人報，疏曰："丈夫婦人者異姓，無出入降。是皆成人長大爲號也。母之姊妹之男女，與從母兩相爲服，故曰報。"

按疏說所謂"無出入降"，恐據姊妹之女子子而言。然丈夫亦可竝用此禮歟？

疏說中又有曰"外親雖適人不降"者，此亦指女子子而言，丈夫之爲人後者爲從母與從母之爲此丈夫也，果如何？亦當問知者。

更考之《通典》，步熊曰"子雖不服外祖，外祖猶爲服緦麻"，按此指出妻之子而言。然爲人後者，亦似通用此禮。若然則外孫出繼者，爲本生外祖降服緦，而外祖服本服緦似得之矣。然則出繼者爲從母降服緦，而從母服本服小功，出繼者爲舅無服，而舅服本服緦亦可歟？貞觀禮加舅服小功，則出繼者當爲本生舅降服緦也。

○ 又考《大傳》疏曰:"出入者, 女在室爲入, 適人爲出, 及爲人後者。" 以此觀之, 異姓無出入降之說, 丈夫婦人可以通用矣。從母丈夫婦人報, 則出繼者爲從母當不降歟? 若然於外親無二統之義相牴牾奈何?

竊恐爲外孫者有二統之嫌, 故爲本生外親, 皆降服, 而外親則爲外孫無此嫌, 故當從異姓無出入降之說, 而服本服。然則從母爲姊妹之子出繼者, 服本服, 而姊妹之子出繼者, 爲從母當降服矣。

殤服條小功傳曰:"大功之殤中從上, 小功之殤中從下。" 緦麻傳曰:"齊衰之殤中從上, 大功之殤中從下。" 以註疏考之, 上傳謂丈夫之爲本親殤服也, 下傳謂婦人之爲夫黨殤服也。丈夫婦人於小功中下殤, 皆無服, 此則同, 而丈夫於大功中殤, 從上殤之服, 婦人於大功中殤, 從下殤之服, 此則異也。

舅條補傳曰:"爲所後者之妻之昆弟, 若子。" 舅之子條補傳曰:"爲所後者之妻之昆弟之子, 若子。"

按此補傳之意, 却從疏說。愚之上所疑"假其名而增其例, 因一辭而取二義"云者, 極妄矣, 然終不能無疑。若從疏說, 則期章世叔父母條, 大功章從父昆弟條, 皆不當補傳矣, 若於本文之外, 以例推之, 則祖父母條及他期功緦麻之親闕之者非一, 是何哉?

緦不降之說，不見於經傳，已有先輩說。有人言："凡言降者，降本服而服其次服之謂。若其本服於禮既不可服，而其下遂無可服之服，則不可謂之降，當服緦者出適則不服，而緦下更無服，故曰緦不降。" 此說似是。然既不見於經傳，則亦何足深究耶？

> 繩屨，傳曰"菲也"，註曰"不借也"，疏曰"周公時謂之屨，子夏時謂之菲，漢時謂之不借"，一物而異其名。

按以此觀之，爲《儀禮》疏者，非漢人明矣。賈公彦卽唐人，故謂康成時曰"漢時"，其謂漢者，可知是異代之人也。尤宋禮論，有曰："賈逵喪服疏云云。" 其後亦有踵謬者，以其該洽，乃失於考据如此，儘乎博古之難也。

《孔子通紀》，載賈逵，而字景伯，東漢人。然則賈公彦與賈逵非一人，而近世先輩有以逵爲釋鄭註之賈氏者，當考。

按賈景伯東漢明帝時人，鄭康成獻帝時人，《儀禮·疏》卽解鄭註者也，其爲賈公彦之疏明矣。況賈景伯只爲《周禮解詁》，而不及《儀禮》，以《儀禮·疏》爲景伯所作者，失之甚矣。

《自警編》私箚

間讀漢國 趙氏善璙所纂《自警編》，其於宋朝名賢嘉言、善行，蓋取之略備矣。苟能玩繹而自反，想慕而興起焉，則亦足以有得於脩身治家接物之大槩矣。然其人未必皆純於道，而言未必盡當乎理，要在擇其所從而論者。或推而躋之於《心經》、《近思錄》之上則過矣。恐其尊尙之至，漫然無所去取，以爲言言而可佩，事事而可師也。是敢就諸篇，私識其有疑於心者，非故欲洗前人之瘢而索其垢也。

壬申，日短至，書。

《學問》篇

○ 范魯公質自從仕，未嘗釋卷。人或勉之，質曰："昔嘗有異人，與吾言他日必當大任，苟如其言，無學術，何以處之。"

　愚謂魯公此言，非學問者之言也。無學術，固不能當大任，勤學固欲出而行之。然若君子爲學，豈以窮達爲怠勤哉？假令異人語之曰"窮老終身"，亦不可廢學也。爲魯公者當答曰"仕而優則學，無公事，只得看書"，其可乎？

○ 趙普告太宗曰："臣實不知書，但能讀《論語》。佐藝祖定天下，纔用得半部，尙有一半可以輔陛下。"

　愚謂趙之此言，太夸矣。其佐二朝，特舞智行詐而已，何能用得《論語》！設有一二近似者，是所謂"五霸假之"者也。

○ 胡文定公曰："李文靖澹然無欲，王沂公儼然不動。資稟旣如此，又濟之以學，故是八九分地位也。"

愚未知二公學術果如何，然要之未得爲聞道者也，文定遽許之以八九分地位無乃溢乎？ 然二公誠偉人也。 夫以其所學，成就且如彼，況以美質而眞用力於聖賢之學者哉！

○ 趙君錫被召，別韓魏公請教，公曰："平日之學，正爲今日，若不錯，餘不錯矣。"終不語及他事，又請云："若上問某事，以何對。"公曰："此則在廷評自處。"

愚謂魏公德器深渾，於此亦可見。然彼果以誠心請教乎，則當忠告而善導之，何可任其自處。萬一有誤，豈不爲先達者之憂耶？

○ 滎陽 呂公《家傳》曰："公未嘗專主一說，不私一門，務略去枝葉，一意涵養，直截徑捷以造聖人。"

愚謂不主一說，不私一門，則失之雜；略去枝葉，一意涵養，則失之偏。聖人之道，又豈直截徑捷而可造者哉？朱子已備論之，今不復悉辨。

○ 張子韶以孔、孟及杜詩、蘇文，竝列而言之，略無輕重之分，可謂失之於辭矣。

○ 安定胡侍講布衣時，與孫明復、石守道，同讀書泰山。【止】一坐十年不歸。得家問，見上有平安二字，卽投之澗中，不復展讀。

愚謂古人專心勤學，有如此者，然至十年不歸，不讀家書，則過中矣。聖賢之學不如此。

○ 張子韶曰："伊川云'富貴驕人，固非美事，以學問驕人，害亦不細'，此眞格言也。余聞尹彦明從學於伊川，聞見日新，謝顯道謂之曰'公旣有所聞，正如服烏頭，苟無以制之，則藥發而患生矣', 顯道之言, 誠可爲淺露者之戒。"

愚按上蔡說, 與語錄一條載《淵源錄》者不同。或再言之而異其指意, 亦無怪也, 然無垢所引, 似非有德者之言, 恐記錄傳聞之誤歟。蓋彥明所聞於師門者乃殺毒之烏頭也, 豈復憂其藥發而患生哉? 信斯言也, 聖賢所以教人者, 爲未制之烏頭而旣服, 須別有藥以制之, 其不可妄嘗之也決矣, 不亦謬乎? 彼以學驕人者, 乃自負其服烏頭而恣嗜, 欲觸霧露, 以自喪烏頭之力爾, 與初不服烏頭者何異? 故驕者非烏頭之罪也, 乃烏頭之力微也。

《見識》篇

○ 慶曆中, 劫盜張海橫行數路, 將過高郵。知軍晁仲約度不能禦, 喩軍中富民, 出金帛具牛酒, 迎勞厚遺之, 海悅, 但去不爲暴。事聞, 朝廷大怒。

時范文正在政府, 富公在樞府, 鄭公欲誅仲約以正法, 范公欲宥之, 爭於上前。仁宗從范公言, 仲約免死, 富公慍曰: "今患法不擧, 方欲擧法, 而多方沮之, 何以整衆?" 范公密告曰: "祖宗以來, 未嘗輕殺臣下。此盛德之事, 奈何欲輕壞之? 且吾與公在此同僚之間, 同心者有幾? 雖上意, 亦未知所定也, 而輕導人主以誅戮臣下, 他日手滑, 雖吾輩, 亦未敢自保也。" 富公終不以爲然。

及二公跡不安, 范公出按陝西, 富公出按河北。范公因出欲守邊, 富公自河北還, 及國門不許入, 未測朝廷意, 此夜彷徨不能寐, 遶床歎曰: "范六丈聖人也。"

愚謂輕殺臣下，誠非盛德事，爲大臣者當以不嗜殺導人主。

范公於此參酌功罪，可恕則恕之，一以公心爭之可也。若顧慮一身他日之禍福而爲之也，則未免爲私意所雜，此識之未至也。

○ 開寶中，趙普專政，帝患之，欲聞其過，召翰林學士竇儀。語及普所爲多不法，且譽儀早負才望之意，儀盛言普開國勳臣，公忠亮直，社稷之鎭，帝不悅。

儀歸言於諸弟，張酒引滿，語其故曰："我必不能作宰相，然亦不詣朱崖，吾門可保矣。"學士盧多遜攻普之短，遂參知政事作相。太平興國七年，普復入相，多遜有崖州之行，是其言之驗也。

愚謂竇之自爲身謀則得矣，其欺天而媚寵則甚矣。若是而謂之見識，則亦不足貴矣。

《撿身》篇

○ 趙康靖公槩中歲，常置黃、黑二豆於几案間，自朝數之，每興一善念，則投一黃豆，興一惡念，則投一黑豆，暮發視之。初黑豆多於黃豆，漸久反之，旣謝事歸南京，二念不興，遂徹豆無可數。

愚謂無黑豆則可矣，竝黃豆而無可數，則除未接物外，豈容爾耶？此心固有寂然不動時，朝晝之間，何得全不興一念？善念亦不興，則殆釋氏之學乎。

○ 張子韶謫嶺下，於書室中置夫子、顔子像，列淵明、曲江萊公、富鄭公、韓魏公、歐公、溫公、余襄公、邵堯夫、二蘇、梁況之、王彦霖、范淳夫、鄒志全、劉器之、龔彦和、陳了翁、黃魯直、秦少游、晁無咎、張文潛諸畫像于夫子左右，自言晨朝瞻敬，心志肅然，其所得多矣。

愚謂此擧殊失輕重之倫，古所謂“夫子之門雜”者，不幸而近之矣。朱子知南康，旣立濂溪 周先生祠于學宮，以二程先生配，別立五賢堂，以祠陶靖節、劉西澗父子、李公擇、陳了齋，斯其至矣乎。

《誠實》

○ 慶曆二年，富鄭公再使契丹議和，受書及口傳之詞于政府。旣行次樂壽，謂其副曰：“吾爲使者，而不見國書。萬一書詞與口傳者異，則吾事敗矣。”發書視之，果不同。乃馳還都，奏曰：“政府固爲此，欲置臣於死，臣死不足惜，奈國事何？”仁宗召宰相呂夷簡而問之，夷簡從容袖其書曰：“恐是誤，當令改定。”富公益辨論不平，仁宗問樞密使晏殊如何。殊曰：“夷簡決不肯爲此，直恐誤耳。”富公怒曰：“晏殊姦邪，黨呂夷簡以欺陛下。”富公，晏公之壻也，其忠直如此。

愚謂富公此言，直則有之，舅甥之義亦重矣，斥之以姦邪，無乃太迫切乎？直曰“晏殊黨夷簡以欺陛下”，亦不患不直，不必擧二字也。後世黨論盛托以爲國，而濟伐異之私者，雖至親，有不恤焉，漸成薄惡之風，安知不藉口於此也耶？

《儉約》

○ 李文靖 沆頹垣壞壁，不以屑慮。堂前藥欄壞，妻戒守舍者，勿令葺以試沆，沆朝夕見之經月，終不言。妻以語沆，沆笑謂其弟濰曰："豈可以此動吾一念哉？家人勸治居第，未嘗答。"濰因語次及之，沆曰："身食厚祿，時有橫賜，計囊裝，亦可以治第。但念內典，以此世界爲缺陷，安得圓滿如意，自求稱足？今市新宅，須一年繕完，人生朝暮不可保，又豈能久居？巢林一枝，聊自足耳，安事豐屋哉？"

愚謂此與偸惰弛廢者，雖有間，然苟合苟完，亦古人之所屑而聖門之所稱善。墻傾壁倒，全不理會，【朱子說】豈平常之道耶？且儉約之義可援者多矣，何必猥引內典耶？此等皆與吾儒正法異矣。

《謹言語》

○ 張子韶曰："古人默觀方寸，孰偏孰正，偏處舍之，正處行之。心在於正而情或居偏，吾則痛撿其偏，而不敢劇談正理，深恐所見隨言散去，其於行也必無力矣。今人寡言者，雖善惡未可知，然使其爲善必力，其爲惡也亦必力。若夫終日譊譊者，爲善、爲惡，多見其不終耳。"

愚謂心在於正而情或居偏一句，語意糢糊。旣曰"默觀偏正，舍偏行正"，而又曰"心在於正而情或居偏"，所謂心者，未知指心之體耶？抑指用耶？指體也則與上所謂"正處指用而言"者，相矛盾矣，指用也則是乃情也，旣在於正，而又居於偏，豈有是理耶？

《太學》正心，皆以用而言，苟在於正，則忿懥、恐懼等，皆正而無偏矣，若謂“無事時欲正心，而臨事不免於偏”云爾，方其偏也，何可復論其正耶?

所謂“不敢劇談正理，行正無力云云”者，雖若與道聽塗說之語，略相近，然一向主此意，則殆廢講說而作禪會矣，此正所謂偏也歟。

《韜晦》

○ 杜正獻公 衍戒門生曰：“毁方瓦合，求合於中可也。”

愚按毁方瓦合，本出《記·儒行》篇。然說者以此篇爲非孔子之言，如此句，殊不類聖人言語。況中無定體，可方而方，則方爲中，若必毁方然後乃合於中，則所謂中者不亦偏乎? 恐此不識中字之過也。《論語》曰“邦有道，危言危行；邦無道，危行言孫”至矣。

《好生》

○ 此編所載，讀者當有去取。不然則孔聖之釣弋，爲不仁，而梁武之麵犧牲，可保天祿矣。

《君子、小人》

○ 韓魏公務容小人，善惡黑白不太分，故小人忌之亦少。

愚謂激而生禍固不可，過於容受，不分黑白，則失是非之本心矣。後雖有扶持善類之效，不免爲枉尺而直尋矣。況薰蕕雜處，冰炭同器，則幾何其不隨而化也。

小人之於君子，諂諛偪側，以取容悅，然包藏禍心，偵伺百徑，一乘其便，輒肆蜂蠆之毒，可不愼之哉？此一條所錄，與上條魏公雅言，大相逕庭，恐記者之過也。

《出處》

○ 韓魏公旣解相印，王丞相遺公書謂"過周公、霍光、姚崇、宋璟"，又曰"爲古人所未嘗任，大臣所不敢"，天下以爲名言。歐陽文忠公亦曰："進退之際，從容有餘，德業兩全，謗讒自止，過周公遠矣。"

愚按歐公論人，以論尹師魯碑文事觀之，亦可謂毁譽不苟矣。論魏公則殆過矣。二叔之流言，何傷於日月之明乎？以此而病周公，非君子之所宜言也。公孫碩膚，赤舃几几，其從容於進退之際亦至矣。

定天下輔冲辟，刑措而禮樂興，魏公德業，其果髣髴於斯乎？抑魏公大節，固爲千古偉人，然其言論施措，似或有意於止謗讒。蓋謗讒不期止而自止，則誠美矣，有意於止而止，則未盡也。魏公得無此否乎？

《義命》

○ 蘇文忠公平生於人，見善稱之，如恐不及，見不善斥之，如恐不盡，見義勇於敢爲而不顧其害。用此數困於世，然終不以爲恨。孔子謂伯夷、叔齊古之賢人曰："求仁而得仁，又何怨？"公實有焉。

愚謂此不知何人所記，然可謂阿其所好矣。坡老固多高處，然至比之於夷、齊而曰“得仁而不怨”則不亦過乎？

《處患難》

○ 章子厚，與蘇東坡書云“愼靜可以處患難”，東坡佩服嘉歎不已。

愚謂言之不可以人廢也，有如是者，而亦可見人之不可以言取之也。但章子厚不能使人不處於患難，而乃勉人以處患難之道，是可惜也哉。

《用人》

○ 上曰：“韓琦敢當事，賢於富弼。但木强耳。”司馬光曰：“琦實有忠於國家之心。但好遂非，此其所短也。”

愚謂溫公非娼疾者，魏公實有遂非之病，可知也。但魏公德量寬渾，以今想像之，遂非之病，若非所可論者，而乃有之何哉？

竊嘗推之，人病自處太高。自處高則謂人莫己若，而謂己無不善，不欲見其短於人，此可戒者也。

若魏公者，其自任之重，與夫一時諸公之所倚仗何如哉？人非堯、舜，何能事事盡善？而乃硬自主張，欲人之盡入於吾度內，則其弊必至於遂非，豈魏公有近於是者歟？如魏公者且然，況下焉者乎？甚可懼也。

《善處事上》

○ 眞宗不豫大漸之夕，李文定公迪與宰執，以祈禳宿內殿。

時仁宗幼沖，八大王元儼者，有威名。以問疾留禁中，累日不肯出，執政患之，無以爲計。偶翰林司以金盂貯熟水也，王所須也。文定取案上墨筆，攪水中盡墨，令持去，王見之大驚，意其有毒也，卽上馬去。

愚謂危疑之際，以彼威名，久留禁中，甚不便，文定以計出之，誠國家之利也。然置毒食物中以殺人，非君子之所忍。墨筆攪水非眞毒人者，而其跡則同，士大夫何可以此等事萌於心而出於手耶？ 若使元儼終有遲徊希覬之心，諸公白於太后，驅而出之禁門之外可也，不然則以義理事體正言之，使之愧懼而去亦可也，何必作此黠黠之擧哉？

英宗初卽位，允弼以尊屬心不平。韓魏公召允弼令賀，允弼曰："豈有團練使爲天子者？何不立尊行？"公曰："先帝有詔。"允弼曰："焉用宰相？"遂循殿陛上，公叱下曰："大王人臣也，不得無禮。"左右甲士已至，遂賀，中外晏然，豈不偉哉？

○ 英宗初晏駕，急召太子未至。英宗復手動，曾公愕然，亟告韓魏公欲止召太子，公拒之曰："先帝復生，乃一太上皇，愈促召上。"其達權知變如此。

愚謂雖使英宗少延，業已召太子矣，固不可旋止，以致倉卒疑惑也。然其曰"先帝復生，乃一太上皇"者，語頗迫切，似非人臣所忍言。 設令英宗因此而有乃瘳之慶，聽斷如平日，亦可以太上皇處之乎？

○ 劉后服未除，而呂申公勸仁宗立曹后，希文進曰："又教陛下做一不好事。"他日申公語公曰："此事外人不知。上春秋盛，郭后尙美，人皆以失寵廢，以色進者，不可勝數，已幾於昏矣。不立后，無以正之。"

韓魏公《別錄》云："申公固多不正以結上。然皆有說以勝人，人亦不能奪也，每事自有深意云云。"

愚謂韓、范二公，固皆非之，無容更論。然凡處事無論是非，爲之者莫不有深意，莫不有說以勝人，以此而載之於善處事之編過矣。

○ 溪洞蠻彭仕羲納其子師寶之妻，師寶與子投辰州告之，且言將謀叛。轉運使李肅之等遂領兵討之，自是入寇不已。仕羲方乞復通貢奉，却欲得投來子孫，二府合議，宰相文彥博呼吏擬奏許之。韓魏公曰："二子既還則爲魚肉矣，他日朝廷何以來蠻夷也？"遂議遣殿中承雷簡夫往議之，先約勿殺師寶，俾知龍陽州然後許降。仕羲乃聽命納款，荊、湖之間遂無事。

愚謂此事未爲善處。夫仕羲納其子之妻，師寶告其父之惡，俱可誅也。吾力不能制其命，則固無奈何，今師寶既投我矣，仕羲乞復通矣，斬師寶，以正子告父之罪，璽書責仕羲亂倫之罪，而仕羲若復倔强逆命，命將討之，使蠻夷知中國重禮義、崇孝道之意，豈不光明正大矣乎？雖失仕羲父子之心，必令他蠻夷震懼悅服矣。今一切覆蓋容護，且遣使受約，區區爲師寶地，則予奪操縱之權，不在我矣。彼爲仕羲者，豈能釋然於心，父子如初而畏服朝廷乎？荊、湖無事，特一時之苟安耳，旣失威信，何以來蠻夷也？潞公之直欲許之，固未盡，魏公之議，亦恐爲智者之一失。蓋魏公每事務鎭定，故往往不能無弊，尙論者不可不知也。

《善處事下》

○ 陳忠肅公嘗爲別試所主，文林自謂蔡卞曰：“聞陳瓘欲盡取史學而黜通經之士，意欲沮壞國是而動搖荊公之學也。”卞旣積怒，謀將因此害公而遂禁絶史學。計畫已定，惟候公所取士求疵，文說而行之，公固豫料其如此，乃於前五名，悉取談經及純用王氏之學者，卞無以發。然五名之下，往往皆博恰稽古之士也。

公嘗曰：“當時若無矯揉，則勢必相激，史學往往遂廢矣。故隨時所以救時，不必取快目前也。”

愚謂忠肅善於料事，故往往至於矯情用機權如此，在他人，固無足深非，而非所望於忠肅者也。

或曰：“史學因此而遂廢，則不但爲一身禍福而止，以計弭之，豈不善乎?”曰：聖賢何以言枉尺直尋之不可乎？況談經者自可取，史學亦未必盡當，若以王氏之故，而欲廢經說而專取史學，則是私意也，亦何足尙哉？ 不當分經學與史學，惟觀其議論之當否而已。抑後來浙人專尙史學，爲朱子所深斥，豈前輩矯枉過直之所致歟?

蓋取士者，當先經學，何必待顧慮後患而後，方强取之哉？ 特患所謂談經者，徒區區於王氏穿鑿之說，而非眞得聖人之旨者耳。

《政事》

○ 范忠宣知襄城縣，襄城之民，不事蠶織，鮮有植桑者。公患之，因民之有罪而情輕者，使植桑於家，多寡隨其罪之輕重。後按其所植榮茂與除罪，自此人得其利，公去，民懷之不忘，至今號爲著作林。

愚謂此民之兩利也。然其弊必使民見懷而不畏威，可爲一時便宜，不可爲久遠之法也。

《鎭靜》

○ 趙普爲相，於廳事坐屛後，置二大瓮，凡有人投利害文字皆置中，滿卽焚之通衢。

李沆常言："居重位，實無補萬分，惟中外所陳利害，一切報罷之，惟此少以報國爾。"

愚謂二公皆名相，此必有謂。然彼所陳利害，亦當考閱其可否，可則施行之，否則置之，何必一切不問而已哉？

宰相與人主共天職，耳目聰明，皆當取諸人。古昔聖人，設誹謗之木，陳敢諫之鼓，好察邇言，詢于蒭蕘，凡若是者，果何爲哉？諸葛武侯曰："若遠小嫌，難相違覆，曠闕損矣。"

今所投文字，旣焚之矣，旣一切報罷之矣，後誰肯爲我言？壅蔽之害，曠闕之咎，未必不由於此，恐不可爲後人之法也。

《通下情》

○ 延州民二十人，詣闕告急，上召問，具得諸敗亡狀。執政惡之，命遠郡，禁民擅赴闕者。富韓公言：“此非陛下意。宰相惡上知四方有敗耳。民有急，不得訴之朝，則西走元昊，北走契丹矣。”

愚謂富公此言誠切矣。然不禁，亦將有後弊。凡導民必有法以示之，使知趨避，然後上不得以一時好惡，私於其間，而下亦得以不犯於罪。

若不禁則民將以爲一身利害，皆可自言於朝廷，凡錙銖毛髮，莫不告訴於國門之下，不勝其紛紜矣。禁之則小民鰥寡孤獨貧弱之類，有枉而不得直於州縣，將有抱寃而死者矣。然則如之何而可也？爲之法曰“凡有寃枉，必就所部州縣，訟之，州縣爲之聽理，必明白之。其有不見直者，具狀訴於朝，州縣不得操切禁遏。若不經州縣聽理，而徑告朝廷者罪之，還下州縣處之，若先就告州縣，而州縣不審理者，按治州縣官”，則上下相維，可無欺蔽枉屈之弊矣。

《救荒》

○ 范文正，皇祐二年領浙西時，吳中大飢。公發粟募民存餉，爲術甚備。吳中喜競渡，好爲佛事。公乃縱民競渡，太守日出宴于湖上，自春至夏，居民空巷出游。

又召諸佛寺主首，諭之曰：“飢歲工價至賤，可以大興土木之役。”於是諸寺，工作鼎興。又新敖倉吏舍，日役千夫。

監司奏劾杭州不恤荒政，嬉游不節及公私興造，傷耗民力。公乃條叙所以宴游興造，皆欲以發有餘之財，以惠貧者。貿易飮食，工技服力之人，仰食於公私者，日無慮數萬人，荒政之施，莫此爲大。是歲兩浙，惟杭州晏然，民不流徙，皆公之惠也。

愚按此以兵家言之，所謂奇計也。不惟俗吏之所不及，抑循蹈規矩者之所駭也。緣公不早申，監司致有奏劾，此公之疏處也。萬一朝廷因監司奏劾，遂致公於罪，不能久於杭，則豈不爲公私之害乎？故縣邑令長欲有所施設者，必先與上官商量，使人言不得間可也。

○ 王沂公曾留守洛師，歲歉。里有困積者，飢民聚黨夯取。隣郡以强盜論報，死者甚衆，公但重笞而釋之，遠近聞以爲法，全活者數千計。

愚謂飢寒切身，不顧廉恥，彼夯取困積者，其情固可矜而不可怒。然其爲良民之害則甚矣，剽掠之餘，里閭又至於空虛，則一境之內，將無完民矣，是豈可不爲之痛抑之哉？已犯者，不可盡誅，其聚黨也，必有倡之者，覈其首而斬之，餘悉重笞，使之懲勵，不亦善乎？

遠近聞而法之，不幸而飢荒連歲，民間蓄積旣盡，則將竝起而爲盜，罪不至於誅死，而習已成於劫掠，駸駸以及於官廩，幾何而不爲葛榮、黃巢之亂乎？

然彼里閭之有困積者，亦當有以處之，然後可慰飢民之心。必先敎以仁義，使知同胞之不可不相救，諭以利害，使知助官發粟則獲賞受職，惜財專利則招怨速禍，親戚隣里轉相資恤，則可無夯取之患，而於飢民利亦普矣。

○ 參政王文忠公 堯臣知光州，歲大旱，羣盜發民倉廩，吏法當死。公曰："此飢民求食爾，荒政之所恤也。"乃請以減死論，其後遂以著令，至今用之。

愚按文忠此事，與沂公同，或可爲目前權宜，至於著之令甲，則不知其可也。

《辨誣》

○ 王和甫言：蘇子瞻在黃州，上數欲用之，王禹玉輒曰："軾嘗有此心惟有蟄龍知之句，陛下龍飛在天，而不敬，乃反欲求蟄龍乎。"章子厚曰："龍者非獨人君，人臣皆可以言龍也。"上曰："自古稱龍者多，如荀氏八龍、孔明臥龍，豈人君也。"及退，章語之曰："相公乃欲覆人家耶?"禹玉曰："舒亶言爾。"章曰："亶之唾，亦可食。"

愚謂章豈眞卞人誣者? 特於東坡，不相失耳。後來子由謫雷州，不許占官舍。遂僦民屋，章又以爲强奪民居，下本州，追民究治，以僦券甚明乃已，恨不令禹玉語之曰："相公欲覆蘇氏家也。"

《救弊》【議論反覆條參看】

○ 御史中承呂公著言靑苗法非便，安石欲黜之。上曰："欲別坐事令出。"又曰："公著言韓琦近有章疏，朝廷亦當聽納。自古執政與藩臣，若生間隙，至有擧晉陽之甲，以逐君側之惡者。"安石遽曰："只此可以逐矣。"公著遂坐誣大臣欲擧晉陽之甲罷，知蔡州，諫官孫覺聞之曰："此言覺嘗奏之，今貶公著誤也。"

又《聞見錄》曰："孫莘老嘗爲上言今藩鎭大臣，如此論列而遭挫折，若當唐末五代之際，必有興晉陽之甲，以除君側之惡者矣，上已忘其人，但記美鬚，誤以爲申公也。"

愚謂此說無論孫、呂，近於已甚。萬一小人加之以要君脅上之罪，公與韓公，何得貶官而止哉？神宗非猜忌之君，故寬容之爾。

《報應》

○ 眞宗上仙，內侍雷允恭爲山陵都監，司邢中和言："今山陵上百步，法宜子孫，類汝州秦王墳。"允恭曰："如此，何故不就？"中和曰："恐下有石竝水耳。"允恭曰："先帝獨有上，無他子，若如秦王墳，何故不用？"中和曰："山陵事重，踏行覆按，動經日月，恐不及七月之期爾。"允恭曰："第移就上穴。我走馬入見太后言之，安有不從？"

允恭素貴橫，人不敢違，卽改穿上穴。及允恭入白太后，太后曰："此大事，何輕易如此？出與山陵使議可否。"允恭見丁謂，具道所以，謂亦知其非，而重違允恭，無所可否，唯唯而已。【謂之進用，允恭之力。】允恭不待謂決語，入奏太后曰："山陵使，亦無異議矣。"旣而上穴果有石，石盡水出。

王沂公具得其事，以謂擅易陵地，意有不善，欲奏之而不得間，【謂逐李廸，大行貶竄，沂公參知政事，不平之曰："責太過矣。"謂熟視久之曰："居亭主人，恐亦未能免也。"沂公踧然而懼，因密謀去之。】語同列曰："曾無子，欲令弟子過房。來日奏事畢，略留奏之。”謂不以爲疑。太后聞之大驚，卽命差官，按劾其事，而謂不知也。比知之，於簾前訴之移時，有內侍卷簾曰：“相公誰與語，駕起久矣。”謂知太后意不可回，以笏叩頭而退。謂既得罪，山陵竟就下穴。蓋謂所坐，本欲庇允恭，不忍破其妄作耳。然其邪謀深遠，得位歲久，心不可測，平時陰險，傾陷正人，雖沂公以計傾之，而公議不以爲非也。

愚謂允恭擅移山陵，而丁謂阿黨不能正之，其罪足以顯言出之。且上穴既有石有水，彼雖欲文，不可得，何必托以過房作譎，而不正之擧乎？公議不以爲非者，特幸其爲國家除害，而未及深論其處事之當否爾。

○ 石介既卒，夏竦言於仁宗曰：“介實不死，北走胡矣。”卽出中使，與京東部刺史，發介棺以驗虛實。時呂居簡爲京東轉運使，謂中使曰：“若發棺空而介果北走，則雖孥戮不爲酷，萬一介屍在，卽是朝廷無故發人冢墓，何以示後世耶？”中使曰：“誠如金部言。”遂劾介之內外親族及會葬門人姜潛以下，至於擧柩窆棺之人，合數百狀，結罪保證。中使持入奏，仁宗亦悟竦之譖。

後夏竦死，仁宗將往澆奠，吳奎言於上曰：“夏竦多詐，今亦不死矣。”仁宗至其家澆奠畢，躊躇久之，命大閹去竦面冪而視之。世謂剖棺之與去面冪，其爲人主之疑一也，亦所謂報應者耶。

愚謂仁宗於是乎再失德矣。若吳公者既以微言動上心，以導去冪之擧，又不能追正竦之罪惡，諫止澆奠之行。亦非君子忠厚白直之風，殊可惜也。小人殘忍，固其性也，君子豈可效其尤耶？雖爲守道報復，非所取也。

記疑

○《大學或問》析之有以極其精而不亂，然後合之有以盡其大而無餘，玉溪 盧氏註，似非本義。

蓋篇首三言，已是《大學》之綱領，而明明德，又爲三言之綱領，自明與新民，有賓主、對待、先後之分，此所謂“析之極其精而不亂”，至此後段，極其體用之全而一言以擧之，曰“明明德於天下”，此所謂“合之盡其大而無餘”，如此看，所謂“言之序云”者，方有下落。

今以吾心之用無不貫於事物爲析之極其精之意，恐未安。所謂“吾心之體無不該”，“吾心之用無不貫”二句，皆屬合之盡其大而無餘之意，而剽取一半而爲說，想是失照管，齊家治國章如保赤子小註盧氏說，亦失本意。

○《論語》志道據德章章下註，先後之序，輕重之倫，慶源 輔氏說，似非本意。

蓋朱子之意，以志據依游爲先後之序，以道德仁藝爲輕重之倫。

○ 性相近章小註新安 陳氏說，解集註所謂“兼氣質而言之”之意，曰“兼云者，言本然之性，夾帶言氣質之性云云”，恐是語病。

蓋集註之意，以爲孔子言性，以理與氣質兼言之云爾。

今曰“言本然之性，兼言氣質之性”，則本然之性與氣質之性，眞若有二性者。然夫所謂“氣質之性”者，以本然之性，墮在氣質中而言者也。孔子謂性相近，則是以氣質之性而言。故集註曰“此所謂性兼氣質而言”者也，氣質字下，更不著性字，然後兼字方有下落。若著性字於氣質字下，則當曰“此所謂性即氣質之性”，何可曰“兼而言之”乎？ 陳氏以輔氏、饒氏說爲終欠透徹，而所自爲說，亦不免謬悠。性理名言之際，其難如是夫。

○ 動容貌、正顏色、出辭氣，集註舊說，以上三句、下三句，皆作效驗說，動正出三字爲閒字。

改本以六句，皆作工夫說，而其答門人之問曰“動正出三字，雖不是做工夫底字，然便是做工夫處，作效驗，似有病故改之云云”，此則三字，比舊說稍緊。

又嘗曰“世上人雖有動容貌者，而便辟足恭；雖有正顏色者，而色取仁而行違；雖有出辭氣者，而巧言飭辭云云”，此則三字甚緊。

今按程子說，竊詳其意，以動正出三字爲道之可貴者，朱子舊說及改本，皆以遠暴慢近信遠鄙倍爲可貴之實，程說重在上句，朱說重在下句，此有少不同者，而程說下分註曰“此則集註舊說”恐未盡。

○《孟子》觳觫章有復於王，集註中天地之性，【止】推廣仁術則仁民易而愛物難小註饒氏說曰：“人性靈，所以仁民易，物無知，如何感得他動？所以愛物難。”

愚謂饒說，恐非集註本義。如以羊易牛，何論感動難易？特以民與我同類，故推廣仁術易；物與我異類，故推廣仁術難耳。以上文惻隱之發，於民切而於物緩者觀之可見。

○ 蔡氏《書集傳·序》云“《二典》、《禹謨》，先生蓋嘗是正”，而今按《大全》，字句之間多異同，至若《堯典》之疇咨若時登庸、《禹謨》之汝惟不怠，總朕師及敬修其可願，則其旨義逈殊。

疇咨若時，《大全》則曰“堯誰何咨嗟而問有能順此理者，將登而用之也”，蓋以疇爲誰何，咨爲咨嗟，時爲此理，而《書傳》所載，則以疇爲誰人，咨爲訪問，若時爲順時。

汝維不怠，《大全》則“汝乃能不怠於其職，故命之以攝帝位而率衆臣也”，蓋以不怠爲已著之功勞，奬美之意也，而《書傳》所載，則曰“汝當勉力不怠而總率我衆”，則勉戒之意也。

敬修其可願，《大全》則曰“若不恤其民，使至於困窮，則天命去之，一絶而不復續矣，豈人君之所願欲也哉？”蓋以永保天祿爲可願，而《書傳》則以孟子所謂可欲釋之，曰：“凡可願欲者，皆善也。”未知朱子既是正，而蔡氏復以己意竄改之如是耶？《召誥》、《洛誥》集傳，亦載《大全》，而蔡氏序中無所及，亦何也？

○《二典》、《禹謨》，《今書傳》，以《大全》考之，固多删改處，至《召誥》、《洛誥》則全不從《大全》所載，間有一兩句從之者，而亦皆删潤。

蓋義理天下之公也，雖經師門之手，不敢苟從如此。世之阿好者，心知其不然而因襲遮護，或有致疑於先賢之論者，則羣起而攻之，此亦末俗之弊也。

○ 渾天儀黑赤雙單環，天經必以黑，天緯必以赤者何也？

竊恐此不過表經緯之別而已。然推而言之，朱子說有曰“夜間無月時，黑窣窣地，是天之正色”，天經之以黑環，可謂取其象也。

黃赤道，東西横亘，爲日月所行則天緯之以赤環，可謂取其義也歟。

天經以雙環，天緯以單環者，何也？

竊恐此別無意義，天經之環，受南北極二軸，狹而鑿之，則難以爲力，且所刻度數於施軸處，當致鐫削，所以欲其廣，而用雙以竝之也歟。是故凡貫天經之軸者，皆用雙環，餘環皆用單，此可見矣。

三辰儀之白單環，特承其交，使不傾墊而已，無與於天象，故只用白色歟？然不敢質言，當問于知者。

○《金縢》小註，載《朱子大全·金縢》說，而秋大熟，【止】我勿敢言一條，只載起頭九字，其下竝截去之，全不成說話。蒙學乍看，不省其何謂，有若以秋大熟我勿敢言二節爲《金縢》所藏代武王之說者然。經書中小註，固多可疑，至如此等處，可謂非常醜差，最宜釐正。

○《檀弓》，曾子曰：“吾與子游聞之。”妄意曾子與子游同聞夫子之言，而子游聰敏，故久而猶記，曾子魯鈍，故忘其所以言之故也。看《程氏外書》曰：“與當作於。若兩人同聞，安得一箇知，一箇不知？”信哉！於是乎見先賢看文字精密如此。

○《月令》“仲夏之月，日長至；仲冬之月，日短至”云，而後世文字，冬至曰長至、夏至曰短至，與《月令》不同，未知此又何據？《退溪集》亦以冬至爲長至，夏至爲短至，必有所考矣。

《月令》註，以至爲至極之至，蓋謂夏至日長之極，冬至日短之極也。若夏爲短至，冬爲長至，則至字當爲來至之至，蓋謂冬至後日漸長，夏至後日漸短也。

或意夏至晷極長而影極短，冬至晷極短而影極長，竝晷與影而言之，則兩至長短字，通用無妨耶？姑識之，將問于知者。

○ 長至、短至，古今所用有差互，余嘗疑之。近見《類苑》冬至條，引《孝經》註曰："至有三義。一者陰之至，二者陽氣始至，三者日行南至，故謂之至。"陰之至此至字，卽極至之謂也，《月令》短至之義也；陽氣始至此至字，卽來至之謂也，後世長至之義也。日行南至，似兼極至來至兩義。以此言之，冬至或稱短至，或稱長至，恐皆無妨歟。

○《西厓集·喪葬質疑》有曰："宋文公之喪，華元始用蜃灰，此必以蜃灰代石灰，塡塞於壙內。宋非濱海之國，取之必難，故君子譏其過制。若雜於松脂而用之，則所入至少，且不費力，何害於義也？"

謹按此說可疑。嘗見蜃灰載於《周禮》，蓋天子之葬用之，諸侯嫌於逼，不敢用，而華元爲其君用之僭也。君子之譏以此，非以用之之多、取之之難也。說見《周禮·地官》及《左傳》成公二年當考。

○ 葛庵曰："《士虞禮》註曰'禫月吉祭，未配，後月吉，如少牢配', 蓋禫月行吉祭, 不忍遽然合配, 且待後月, 別設祭奠于家廟, 告以合配, 如少牢饋食之禮, 奠畢合櫝云云。"

謹按此說可疑。蓋禫月當四時正祭之月, 則因正祭而行吉祭, 雖行吉祭, 而猶是禫月之中, 故未得以妣配考, 若喪中然也。若不是正祭之月, 則踰月乃行吉祭, 踰月而行吉祭, 則以妣配考, 如少牢饋食之禮。

蓋《士虞》疏所謂"後月吉", 卽踰月而吉祭之謂也, 非謂以"禫月行吉祭, 未配, 故待後月, 別設祭奠于廟中, 告以合配, 奠畢合櫝"云爾。今以後月吉如少牢配二句爲禫月吉祭之一項事, 恐或偶失照管。

○《喪禮》易服條, 但云"妻子婦妾, 去冠及上服", 而不及諸親。下云"餘有服者, 皆去華飾", 蓋諸親但去華飾而已, 不當去冠及上服, 而今俗凡有服者皆去冠, 或有不去者, 則衆駭之非也。

今之士人上服卽所謂道袍也, 去道袍爲是, 而今俗喪主必著道袍, 亦恐失之。只著中單衣, 以應《士喪》記服深衣之文, 似可也。

○ 翣, 大夫用黻翣、雲翣各二, 士只用雲翣二。今人或知其如是, 而士之葬, 兼用黻翣、雲翣, 不可不正也。

○ 喪冠首絰, 旣有纓當結之, 但不緌可也。今人多不結者, 乃曰"喪冠不緌", 誤矣。緌則纓之垂者, 不緌, 謂纔結之而無餘長者也。

○ 方笠, 乃出入時不得已之用。力不足者, 又多著平涼子, 不足深譏。然其纓則當有斬齊之別, 今人齊衰者亦用繩纓,誤矣。

○ 深衣方領，楊信齋以兩襟相掩，衽在腋下，兩領之會，自方，爲朱子定論。然一衣之制，取象於規矩繩權衡者，皆以裁縫方成之形言之，豈獨於領以旣成而服之之後言之也？

愚意領之長廣尺寸，雖不同，兩端裁割處自方，此便是矩之象也，是卽所謂方領也歟。蓋衣領有所謂盤領者，亦有斜裁而一端尖者，而深衣領獨不然矣。恨無由及朱子之門而質之也。

○ 幅巾、幓子補註曰："與衰裳幓不同。衰裳幓相揍在外，幅巾幓相揍在內。"昔聞之先人：葛庵先生以爲補註不可從，蓋再反屈之而成巾，則幓之相湊者，當在外。嘗以語於人而無信之者，獨洪木齋一言而領其意云云。

今詳反屈，亦在屈之如何。若於初屈之際，使相揍在外，則再反之後，相揍當在內，如今浩然巾額幓矣。

頃年，與李公欽夫論此，李公曰："曾王父晩年說，與初不同。"恨無由及門以聞其定論爾。嘗過晉陽，見河謙齋後孫，聞其舊藏幅巾，亦相揍在外，與葛庵初說同矣。

○ 族人之喪將卒哭，而出繼子某之女出嫁者死，某往哭未歸，而卒哭在彼成服之前，主家疑於當行與否，來問於余。余以不知答之，問於忍齋兄，忍兄亦不質言。日期已迫，未暇遠問，又來議於余。余不得已取考禮書，而未得其据，姑以《曾子問》推之，而答曰：

"大夫之祭，鼎俎旣陳、籩豆旣設，外喪自齊衰以下行也，註外喪，大門外之喪也。

今以士而擬大夫之禮，固爲未安，且與陳鼎俎、設籩豆之時，有間。然曾子所問之祭，乃宗廟吉祭若時祭之類是也，吉凶逈別，而以其外喪故，猶不廢祭，況今葬後之祭，與宗廟吉祭不同，似無以外喪廢祭之義。

所謂'士緦不祭'，所謂'祭於死者，無服則祭'者，其祭亦謂吉祭也，非喪中之祭也。

或謂卒哭亦爲吉祭，無乃未安乎？是不然。所謂'卒哭爲吉祭'者，卒哭以神事之，比虞爲向吉云耳。豈有哭踊衰絰以行事，而可擬於受胙設餕之吉祭者哉？今新死者之父，旣非主祭者，不必退卒哭以待其歸，且新死者於所祭，爲再降之緦，於主祭者，爲再降之小功，且是大門外之喪則行卒哭，似無不可云云。"

其家遂於明日行卒哭，又明日行祔，未知其果如何也。深有汰哉之懼，不可以事過而置之，當問於知禮者。

日課

○ 早起，櫛髮百二十梳。盥訖，問安重闈，退讀所業十板一遍。【時看《朱子大全》，故限一遍。若欲遍數多，不必至十板。】

○ 食後，問安諸父母，先近後遠。【合於朝前次第省問，以諸房皆別，其勢有所未暇故也。】

○ 歸，讀所業，至日暮，倦則間以諸家。摠不下四十板。

○ 午，問安重闈。

○ 夕食，已侍坐重闈一餉。退而諷誦經、史、詩、騷。【不拘多少，只取能記誦者。時久乏燈膏，無以對卷故云。】

○ 二更，就寢。【素有目疾，夜深不寐，則眥爛睛赤眵結，滿胞，遂至廢業。且年來愼疾殊過，恐强所不堪，而別生他病。故姑欲取便，良愧。】

○ 當寢，切須銘念毋[5]昏酣，凡家有不虞之警，易以省悟。【寢睡最難强制，余又氣甚昏濁，交睫便沈睡。不可猝然改革，然亦在勉之而已。】

○ 毋追逐無益之人，閒說度日。

○ 毋跛倚。

○ 毋晝寢。

○ 雖盛暑，毋脫襪。

○ 雖夜，毋不冠而坐。

○ 毋徵酒食於人。【今人於啖食之物，或恥求於人，而獨於酒不以爲嫌。此自古人風流，若凡人爲之，則其爲恥與乞食無異。且如今之南草，尤不嫌其相索，至或丐諸賤隷，此皆大累心術者也。余素不免此，自今宜痛戒之。】

○ 常須佩服色難之訓。【余素欠內行，凡在父母之前，多不遜敬。縱令百事皆善，大本如此，餘無足觀。自今痛自刻責，庶幾免於悖子，不爲鄕黨之罪人焉爾。】

○ 切宜誦法忍性之戒。【余甚粗暴，詬罵僕隷，辭氣極悖厲，自今痛戒之。】

○ 勿言朝廷利害、州縣得失。

5 毋 : 저본에는 "母". 《九思堂集》에 근거하여 수정. 이하 "毋"는 동일.

○ 勿言人過。

○ 勿論女色。

○ 懲忿。【思難，尤爲處今世之道也。】

自警【甲寅】

余今年二十七，血氣漸盛，軀殼漸大，人之道，亦可以備矣。顧志未能立，行未能飭，日用之間，顚倒錯謬，與初七歲童子，異者幾希。人以在賢父兄之下，意其有異於人，而反以自省，無一肖似，其貽羞於父母大矣。常澟然惕懼，思有以革舊習加新工，庶幾免於無述、無聞之戒，而不復爲家庭之憂。然氣質昏濁，明德日蔽，動作、云爲，無以自撿。

是以竊取古人座右銘之意，書其最切於病者十餘事，揭諸壁上。願自今日出入常目，罔敢或犯。且欲入吾室而觀於此者，曰："汝之言如彼而汝之行乃如此乎?"如是而不愧且悔者，豈人也哉?

甲寅，元日，書。

○ 曾子養志，必思企及，子夏之少愉色，必自反焉。

○ 凡在父之列者，毋敢以年少而或忽，諸兄之年長者，毋敢以同序而或慢，彼雖自貶，己當益敬。

○ 處室家之道，孟母之戒孟子，冀缺之在田間，皆所當佩服而效則者也。然有過，亦須諄諄相告，使彼敬而不敢怠。

○ 嘗觀世之不愼交游者, 小則惹謗, 大則罹禍, 處斯世也, 所當深戒也。余甚拙澁, 顧有淸濁無失之意, 自今切宜念之。

○ 凡論朝廷用舍之偏及歎賦稅過重之類, 皆怨國之意, 評地主政治得失, 亦非居是邦, 不非大夫之意, 須絶口不言此等。

○ 獨處無側坐, 日必夙興, 與人居, 毋占便宜。

辭令務簡而明, 聲容務厲而靜。起居行步, 常令過於從容, 毋爲戲謔, 如淫褻貨利之談, 尤宜戒之。

凡酒食之會, 非甚不得已, 毋往, 與人共食, 毋多於人, 毋徵酒食於人。毋以詞翰自多, 毋自是己見。

九思堂集

卷八

雜著

讀《易》說

《易》之爲書，廣大悉備，盡天下之常變、該天下之義理，本不可以一端求之。然以其爲卜筮之書也，象變占辭，往往與目前所遇之時、所處之地合，而吉凶悔吝，隨而具著。故後世讀之者，不暇窮其源探其賾，而獨悅於其文句之間，遂以爲避凶趨吉去害就利之資。上自公卿貴人，下至韋布處士，鮮不以讀《易》爲名，朋友師弟之勉導而指授之者，常在四子、《詩》、《禮》之先，嗟乎！亦衰世之意也。

雖然，《易》中大義，在於扶陽抑陰，其所重在於剛健中正，而以諸卦言之，《屯》之經綸，《坎》之行有尙，《遯》之與時行，《睽》之同而異，《困》之以剛中，蓋亦處難行患之一道也。

竊怪夫世之論《易》者，執其一而遺其全。於《大過》之象則捨獨立不懼，而獨取遯世无悶，於《坤》之爻則略直方大，而必曰“括囊无咎”，其所主每在於低頭退步，保惜一己之意，其於開物成務之大用，豈不爲偏？而末流之弊，陽或可抑而陰或可扶也，剛健中正，不爲貴，而柔懦偏邪，不爲非也，如之何其可也？

是故學《易》者，必先取夫《乾》之自强不息，《蒙》之果行育德，《大壯》之非禮弗履，《晉》之自昭明德，《損》、《益》之懲窒、遷改等處，以爲受用之地，而若《否》之儉德辟難，《旣濟》之思患豫防，不害爲隨時相濟之一義。

然其要歸，又在利貞二字。蓋貞，正也固也。貞則无不利，不貞則无攸利，貞則過涉滅頂，亦不爲咎，不貞則不出門庭，未免於凶矣。是故六十四卦之義，皆以利貞爲主，而又有曰"利永貞"，永貞，又利之大者也。讀《易》者，盍亦以此意讀之哉？

余乃男之窮者也，余之爲此言，人必有怪笑之者。然竊恐聖人垂《象》、《繫辭》之意，不但爲免禍保身之一塗而已。故私識之如此，將以就正于虛受之君子云爾。

改字艮夫說

《易》卦莫善於《謙》、《艮》。夫以《乾》之元亨、《泰》之吉亨，其爻猶有亢龍之悔、復隍之亂，而惟《謙》與《艮》，六爻皆無凶。

今以《艮》言之。六二、九三，雖有不拯、列夤之象，然六二係乎所主而非其咎也，九三亦不過爲君子之過而已。故其占但爲心不快、厲薰心，而不至於凶也。

若初六、六四、六五之无咎、悔亡，雖不能元吉而大亨，其不失正而以中固，已爲守身愼言之道。至於上九敦艮之吉則乃君子終身之大節，雖《禹謨》所謂安汝止，《大學》所謂止至善，何以尙焉？是故彖傳曰“時止則止，時行則行，動靜不失其時，其道光明”，而程子以仲尼之仕止久速當之，至哉，《艮》之時義也！

雖然，欲敦於艮者，非艮其背則不能也。凡人之節移於晚，守失於終，事廢於久者，徒以有欲牽於前而亂其心也。苟能止於所不見，而忘我，如不獲其身，不交於物，如行其庭不見其人，則於止，豈不能厚其終哉！有欲則當止而求動，不能止物而不止諸躬，其思出位而其輔無序，天下之凶，將並至矣。尙何望於終之厚哉。故艮其背，凡以防止乎此，而求所以進乎敦者也。

抑九三與上九，同爲成卦之主，然九三有薰心之厲，而上九乃有敦艮之吉。夫始以吉而終以凶，不若始以厲而終以吉也，此又《艮》之所以爲六十四卦之最善，而與《謙》同其德者歟。

昔高王父瓢隱先生，隱居于英陽縣 大靑之先庄，而顔其草堂曰敦艮，蓋艮卽我家世淵源之所自，而後孫所宜仰體而追述者也。

余初名晉行，先人晚年改錫之曰樂行，而字以舊所行退甫仍之，鄕里或有以犯其先諱，易甫以夫，以相接者交際之間，旣有所妨碍。且又自念退非嘉義也。子路兼人，故夫子退之，昌黎氣銳而標高，故字以退。余之病，在於柔懦而不剛勇，委靡而不奮厲，志日下而業日退，是宜以進而藥之，不可以退而益其病也。若以行於時而言之，有進然後有退，余初不進者也，何退之有。於余皆無所當。乃取其文之相近者與義之利於行者，而更之曰艮夫，蓋於退，去其辵，易甫以夫，如鄉人之呼余者也。

夫樂則行、憂則違，卽《乾》之初九潛藏之義，而與《艮》之彖傳及初六艮趾之辭合，夫然後名與字，相應矣。

但未知吾之果能顧名與字而思其義，以不負先人之意，而使今日之言，不歸於虛設否乎。姑以是告于朋友。

《禮》君子已孤，不更名，若字則無論之者。故朱子旣孤矣，而改其字元曰仲。

心體用說

靜是體動是用，大槩如此。然動是靜者之動也，靜是動者之靜也，非二物也。故方其靜而爲體也，此心之全，卽在於是，而無復有所謂“動而爲用”者；及其動而爲用也，此心之全，又在於是，而無復有所謂“靜而爲體”者。

是以南軒嘗謂已發之後，中何嘗不在裏面，朱子非之曰：“已發之後，中又只在裏面，則已發者與未發者，自爲一物，不相涉入。” 蓋言其已發者卽此未發之理，發見於此而非各自爲一物也。然其自靜而動也，非出而外也，自動而靜也，非從外而反乎中也，卽其所居之地，而動而靜也。

所謂“其所居之地”者卽軀殼之內、方寸之間，此非入而中乎？所應者皆在外者也，此非出而外乎？

曰：心之爲物也，虛而無不包，靈而無不通，寓於形氣之中，而非可以形氣局焉者也。故雖在軀殼之內、方寸之間，而其大無外，四海六合，無不在其度內，是豈有出入中外之可論耶？是以程子曰：“心豈有出入？亦以操舍而言。”朱子又曰：“此心廓然，豈有中外之限？”其義可見矣。

方其靜也，自坐榻之外、跬步之間，亦無所與，而其動也，天下之廣、事物之衆，無不普焉，則其爲體也小，而爲用也大歟？

曰：有微著而無大小。蓋體大故用大，體小則用何自而大乎？天下之廣、事物之衆，其理莫不具於體之中，率其體而發者，斯之謂用。是以程子曰“無性外之物”，夫性外無物，則心外無物可知矣。朱子又曰“天下雖大，而吾心之體無不該”，其義益明矣。

靜而爲體也，衆理具矣，而動而爲用也，隨所感而發見焉，則衆理不應一時而倂發。宜若用有所偏而體有所分，方其動也，猶有靜者存焉，而今曰“動而爲用也，此心之全，在於是，而無復有所謂靜而爲體者”何也？

曰：物之所感各異，則心之應之者，自有所主，其未感者，非所可論也。然心之所以爲體用，固一而不二者也。方其爲體則一於體而已，爲用則一於用而已，夫焉有半爲體而半爲用者乎？

蓋其爲體也，雖曰衆理畢具，亦何嘗片片各成一箇，如有形之物哉？渾然一體之中而有燦然者在，隨感而應，各有情狀，而其【缺】依舊渾然者耳。故雖俄頃之間，衆物沓至，左右應接，千塗萬轍，而逐事逐物，莫非此全體之發，如惻隱羞惡喜怒哀樂，其所主雖異，而其發者皆全體也。

故有相統攝者，有相通貫而相爲首尾者，【朱子論仁義禮智處亦有此意，蓋體既如彼，則用亦當如此矣。】觀於"上蔡之慙恐汗出，而明道以爲惻隱之心"者及子游所謂"猶斯舞，舞斯慍，慍斯戚"者，亦可見矣。

此其故何哉？其渾然而爲體者一也。靜則皆靜、動則皆動，豈有一方動而一則靜，一方爲用而一則爲體者哉？

此雖未見先賢之明言及此者，而其理似有如是者，當問于朋友而正焉。

讀《法言》，有感而書【此下至《泉解》，丁丑北寓錄。】

嗚呼！《寡見》第九章曰："君子不可得以侍也，侍君子，晦斯光、窒斯通、亡斯有、辱斯榮、敗斯成。"嗚呼！君子今不可侍也。使荷翁、雪翁在世，而訥翁與江左、琅軒諸公，皆無恙者，吾之居於此，其樂當如何哉？

荷、雪吾固不及已，餘三公，皆吾二十年所事者也。江左、琅軒，又何其不壽也？使今日在者，亦不甚老也，嗚呼！

織席說

俚諺云"村措大少習科文，不成名，爲風月，又稍衰則業織席，而遂老死”，蓋賤侮之言也，而遠於儒雅，損於風致，織席其甚者也。故尤鄙下之，爲窮老者之終事。

人如是而終，誠可哀已。然亦循其分而已矣，不必遽非笑之也。今余科文、風月，皆非所事，寓居山中，其窮益甚，耕耘樵採，乃其分也，況織席之不甚費筋力者哉!

家人悶余之徒食而無所用心，乞席材於其兄弟家，强要之，且請隣翁授其法。余不獲已，抑而爲之。始也手澁而心不入，甚艱以遲，終日而得寸焉。旣日久稍熟，措手自便捷，心與法涵，往往顧語傍人，而經緯錯綜，皆順其勢而不差。

於是乎忘其苦而耽好之，非飮食便旋及尊客來，則不輟焉。計自朝至暮，可得尺，自能者視之，猶鈍矣，而在余可謂大進矣。

天下之短於才而拙於謀者，莫如余，學之旬月，能至於是，是技也，爲天下之賤也可知也，余業之固其宜哉。雖以是終吾身，亦不辭焉，分所當也。爲之有益於余者五。不徒食一也。簡閒出入二也。盛暑忘蒸汗，當晝不困睡三也。心不一於憂愁，言不暇於支蔓四也。旣成而精者將以安老母，粗者將以藉吾身與妻兒，而使小婢輩亦免於寢土，有餘將以分人之如余窮者五也。丁丑，夏五月日，書。

殺蜈蚣說

《記》曰“凡有血氣之類，不身剪也”，明道先生《放蝎頌》曰

“殺之則傷仁，放之則傷義，與其傷於仁，寧傷於義”，余嘗未曉其旨。

竊謂人我之類也，其所當仁之也。奚啻鳥獸蟲魚哉？而可殺則殺之，但其殺之也，服念而欽恤，哀矜而勿喜而已。若其罪可殺而不問其情，一切以不殺爲仁，則是亦私意也，非仁之全體也。於人且如此，況鳥獸蟲魚之爲人害者哉！

鳥而梟鴆，獸而豺狼，蟲而蛇虺，魚而鯨鱷，皆可殺者也。苟可以驅之而遠其跡，感之而徙其居，使不得爲害，則誠善矣，不然則殺之而已矣。

非害人者，而祭則殺之，養則殺之，盟則殺之，釁鐘則殺之，況其害人者哉！

君子之於禽獸也，見其生，不忍見其死；聞其聲，不忍食其肉。故遠庖廚，雖害於人者，苟有爲之除之者，豈必自殺之而後爲快哉？不然而有逼切於目前者，則不得不手自剪滅之也。

孔子不綱而已，未嘗幷與釣而廢之；不射宿而已，未嘗幷與弋而廢之。非害人者，而猶且自殺之，況害人者哉！

蓋嘗思之，《記》所云者，謂無故而殺之者也，程子所言者，蓋有術以制之，一放而不復爲人害故放之也。若放之而復入袵席間，嘬人肌膚，亂人心思，則必不每放之。

余於蚤蝎與虱，旣無術以制之，故遇輒殺之，如蛇鼠之類，亦不能縱焉，可逐則逐之，逐而不去，則不得不謀所以殺之，未知不得罪於古之仁人否乎？

蜈蚣能殺人，蟲之至毒者也。今日過吾膝前，驅之而不外向，不得已而殺之。丁丑，六月日，書。

記鷲棲行

將縛數椽屋，家人勸令入鷲棲寺，求麻骨。幼宅不可，幼平勖之，余亦自念僧舍覆瓦，麻骨非其所甚惜，特以應民間求請而已，求之無甚害義。遂不復廣謀。

會妻叔父上舍公以合藥，有鷲棲之行，知余欲往，使從之。蓋公亦不以爲不可也。

旣至，旁近閭閻上下來聚者，殆與僧徒相半，皆爲麻骨來者也。左右攫拏爭多競捷，喧鬧雜沓，便作一市肆，得之多寡，隨其力之强弱，僧徒無所與焉。晚至而無奴者，責之僧徒。至或加以笞朴，亦不能得。其朝夕供饋，牛馬芻牧，又紛然不勝其騷擾，所謂三寶和尙，奔走應接，不遑小息，如是者數日而罷。

余心竊慭然，而旣往在其中，義理爲利欲所奪，不能超然棄歸。以上舍公之力，得數十束，曝乾藏弆，皆賴公指使。頗自幸其不空行，及歸，恍然如初醒之人，追思其大醉時也。

糟糠婦人，雖非有遠識者，常恐以窮故受恥辱，使知其如此，必不勸余行，幼平亦不當贊之也。

上舍公廉介，取予不苟。所居屋下三架茅茨也，宜若須麻骨者。方爲三[6]溪山長，而鷲棲乃三溪屬寺也。彼時院僕，以其私往留寺中者三四人，苟欲取之，不患無力勢，而泊然無一言相干，是其心內必非我也。然拳拳爲我費心力如彼者，特恤我之窮耳。

孟子曰：“窮不失義。”李克曰：“窮視其所不爲。”余以窮故，旣自失義，爲生平所不爲，又令瀆及於長者，良可愧也。旣能知悔，後宜愼之，玆備錄焉，且以見幼宅之愛我爲藥石也。

南草說

今年春，國中南草大貴，一錢大者一葉，小者二三葉。余貧不能買，輒從人乞之，此亦飮食之類，嘗歉焉以自愧，而未能改也。

歐陽公《答章伯鎭書》云：“惠茗，正爲所少之物。自病來，絶不飮酒，尤爲無聊，正藉此物，以增淸興爾。”

今南草，蓋茶酒之類也。自去年，國家禁公私用酒，無病而不飮酒已久矣。東俗不喜茶，欲忘憂而助興者，惟南草哉。余固非有淸興者而憂愁則萬端矣，非此物，殆無以銷遣。然若乞覔於人則不可也。

蓋茶酒南草，較他食物，稍近雅。故雖自好者，亦不屑屑於辭受取予之際，不矜細行，終累大德，縱不能止，亦宜

6 三：저본에는 “二”. 1801년(순조 1)에 간행 된 초간본《九思堂集》에 근거하여 수정.

戒之。適有惠新草者，無聊中喜而飮之，旣而見歐公此簡，意況有相近者，感而書。

泉解

所寓直寢室後，有泉甘而洌，大旱不渴，宋人所謂"得一人焉"者也。外書，忌屋後開井，始來欲去之，家人及二小婢，利其用，皆不悅。余亦更思之，術家說不足信也。與其惑於不經而疑其凶，曷若折之以經訓，以歸之吉乎？

《易·蒙》之大象傳曰"山下出泉，蒙，君子以，果行育德"，余行不果、德不育甚矣。山下泉，莫美於斯，而今余朝夕觀焉，飮食食焉，沐浴用焉。使我能自反省乎，則行或可果、德或可育，是殆天所以相我也。吉孰大焉？於是益疏而渫之，築以石。

孝子吳後種傳

夫大嶺以南，古稱鄒、魯，儒學之源，獨發於禮安。遺風餘俗，迨今不滅，士大夫家競以禮義相尙，而質行之美，或出於廝徒，君子之敎，豈不遠哉？

孝子吳後種，英陽 鄭某奴也。家禮安縣治東易東學舍下，以善事父聞。家貧，朝晡不能自食，父常厭稻肉，祁寒雪虐，富豪或難暖處，種父不知寒也。然未嘗以非義憂父，惟盡其力之所及。

愍父老，晝非耕樵不出，夜在父側，耳其呼吸，或坐而至朝。里多逐利，走海入峽，種未嘗從也。日早興櫛頮，與妻調嘗衆味，潔盤盂而進焉，置皮藏以備歉時。其被服，以適溫凊。妻亦順承其意，未嘗言勞。

父嘗病，思川大魚，時隆冬。種謀諸隣里，皆曰："無可爲也。"縣法，漁人藏氷魚，以須官索，種乃以斗米就求，會魚已盡入官，不果得。種心悶然歸，到汾江，將涉臨水，咄咄歎不已。水方氷堅，忽見大魚從氷隙，圉然而臥。種大喜走取之，魚不振掉，若死無氣者。歸進之父，父甚甘，病遂得愈。

上四年，朴文秀觀察嶺南，巡至禮安，聞種至行，致種及妻于館下，飮食之，投七百金于鄭某，使贖後種，據國法，與其父二品資。時百姓男女左右觀，文秀言曰："孝哉，後種！竭力以養父。賢矣，其妻也！順夫之意，以成其孝。爾等亦人也，其效之。"明年，後種父死，種哀毁如知禮者。嘗爲學服事，以謹潔稱，與弟後善友愛篤，未嘗相過責。今存。

余嘗遊禮安，過後種居，在陶山之南，與古李節孝先生遺宅相距約數百弓。見縣人問後種事，咸嘖嘖以爲眞孝子也。頃年，密庵先生爲陶山長，至易東，坐明教堂，招後種，坐之階上，稱其孝，給肉米，令供其父也。

序

與族弟濯以【江漢】序

余向在家鄉，與忍齋兄論內外輕重之辨。蓋忍兄之意，以爲扶持門戶，莫大於科擧，吾家零替方甚，用力時文，乃今日切近之務也。余則謂：士之學，猶農夫之耕也，乃職分所當爲，科擧是外物，雖或不得已而從俗，亦當以餘力爲之。若以家門零替之故，而便以學問爲弁髦，營營焉惟科擧之是求，則方今吾嶺累世以寒素相傳者多矣，卽三百年鄒、魯之邦，相率而爲滔滔利欲之鄉而止耶。論不合而罷，門內羣兄弟，方靡然趨忍兄之論。然亦聞濯以輩數人，隱然有意於捨學業，而從事古人之學，心竊喜之。

及余來侍親側，而濯以之來，已數日矣。自我大人從海外移泊此土，宗族固皆欲日相問。然率迫冗故困貧約，多未能自遂者。今濯以亦上有父母之養，而出無驢馬，資糧不給，較其勢，無所異同者。乃能決然擺脫，觸冒潦熱，重繭而至，豈其情義有厚薄哉？蓋濯以之志有所爲也。

南方熱爍，瘴雨漫天，以我之經歷慣熟，亦不能堪敵，衣服坐臥，任吾意之所便，惟無疾是冀。尙且往往嘔泄昏仆，爲大人憂，而濯以日束帶危坐，穆然而進，受業惟謹，怡然而退，對卷終夕。飲食寢處，皆足以損人之身氣，而凡留五十餘日，觀其色，若益安而樂之者。既受《庸學章句》、濂、閩諸書，微言奥旨，頗能領解，然猶探究不已，若悅其味而不忍捨者。間聽其言而察其意，於擧子業，蓋泊然不留於心也。是其存乎中，而飭於外，與夫所講而習焉者，無不與世俗異，蓋儼然一學問中人也。

夫濯以卽大成公之曾孫也。大成公之後兩世不仕，而以至於濯以。以忍兄之論律之，亦可以汲汲用力於時文者，乃其所從事如此，豈其味於利害緩急之分，而不思夫扶門戶悅親心之大者乎？ 抑其心眞知科名之爲外物，而此學之爲職分所當爲者也。以我之見，濯以其庶乎有所自主於中者，而不爲俗習所撓奪，先進所牽制也的然矣。

雖然，吾於濯以猶不能無過慮焉。今濯以之歸也，其儕流必將曰："是從某於數百里之外而受學焉，是爲學問者也。" 遂摘抉其一言一動，少有差失，卽曰："是爲學問，而何乃爾耶？" 故爲調笑，使人殆不可堪。濯以於此，能確然自守，無沮縮則善矣。如其不然，欲苟避指目，謙讓不居，又欲自免於實不副名之譏，過自貶抑，爲左右彌縫之計，則幾何不因徇遷就，徬徨中道，終至於逡巡以退乎？

先輩固有不自表異，務爲韜晦者。然此特撝謙之德，不求人知之意。若發軔之始，已有此心，決非勇往直前之道，彼《中庸》所謂"闇然而日章"、"的然而日亡"者豈謂是哉？余向於一童子，蓋嘗懲其如此。故今爲濯以言之，且欲因以自警焉。

《農工說》贈李學甫【宗洙】

有農者於此，旣操耒耟，易畎畝矣，而語於人曰“農非吾之所知也”，其可乎？有工匠於此，旣攻金玉，治木石矣，而語於人曰“工匠非吾之所知也”，其可乎？

奔走而告於人曰“我爲農爲工匠”，則不可也，人問之，而曰“我果爲農爲工匠也”，其有不可乎？人問之，而曰“我爲農而能盡神農氏之妙。我爲工匠而能合公輸子之巧”，則不可也，人問之，而曰“我之爲農也，學神農氏之法也。我之爲工匠也，學公輸子之術也”，其有不可乎？

士之爲學，猶農者之爲農，工匠之爲工匠也。旣留意於斯，從事於斯矣，而語於人曰“學非吾之所知也”，其可乎？奔走而告於人曰“我爲學”，則不可也，人問之，而曰“我果有志於學也”，其有不可乎？人問之，而曰“我爲學，而能造乎聖賢之域”，則不可也，人問之，而曰“我之爲學也，將以學聖賢之道也”，其有不可乎？

夫不爲而自以爲爲之者固誕矣，爲之而掩乎外，不知其可也；亡之而自以爲有之者固妄矣，有之而諱於人，不知其可也。

有爲之而掩之者，非所當爲而爲之者，有掩之者矣，爲所當爲而掩之，不亦異乎？有有之而諱之者，非所當有而有之者，有諱之者矣，有所當有而諱之，不亦苦乎？

嗟乎！習俗之弊也久矣。彼農與工匠者，衣食資用之所由出也，人知其無是則不可以生也。故爲民者擧爲之，人亦以爲當然而不之怪也。至於學也，人見其不足以榮其身肥其家，誇耀於鄕里而張大其門戶也。故爲士者皆望望然背而去之，以趨夫所以榮其身肥其家，誇耀於鄕里，而張大其門戶者。其能慨然自拔於流俗，不屑於彼，而用力於此者，乃一二於千百，而彼則羣起而笑之。嗟乎！習俗之弊也甚矣。

爲之者少，而笑之者衆，勢孤而難立，力寡而不敵，於是乎有爲之而掩之者，有有之而諱之者。掩與諱，起於不常有而生於恥與畏者也。不常有，則人怪之，見怪於人，則恥而畏之，恥之斯掩、畏之斯諱，此時俗之所使然也，豈古之道，而君子之所樂爲者哉？

修之於獨而毁之於衆，守之於私而廢之於公，怯怯然避其名，蹙蹙然斂其跡，行身不敢異於常人，與人言，不敢盡其所志。使古聖賢正大光明之道，局束偪側於吾胸臆之中，而不得措之於手足，出之於脣吻，有若駭異不祥之物，不可以示於人者然，況可望其發越宣著，充滿洋溢於天地之間哉？噫！士之欲有爲於此世也難矣。

雖然，吾之所以爲之者，乃吾之所當爲也；吾之所以有之者，乃吾之所當有也。爲吾之所當爲，有吾之所當有，而彼乃笑之，笑之者妄人也，吾何恥之有焉，而何畏之有焉？

恥而掩之，畏而諱之，是使聖賢之道，窮蹙而屈辱也。聖賢之道，由我而至於窮蹙而屈辱，則我且得罪於聖賢矣。我當汲汲求免於罪之不暇，人之笑也，又何足恤耶？我苟爲之也，苟有之也，行於事，可以勇往而公行之也，與人言，可以明告而直言之也，又何用掩諱爲哉？

夫農者爲農而無所恥，工匠爲工匠而無所畏，而士之於爲學也，獨可以恥而畏乎？農者不掩其爲農，工匠不諱其爲工匠，而士之於爲學也，獨可以掩而諱乎？天生蒸民，各有其職，職其職，而恥而畏，掩而諱，惑之甚者也。

世固有惡名譽之盛，而爲之謙抑退讓，以韜晦之者。然是人也，皆學已成矣，德已深厚矣，所守者已確然而不可拔矣。外若無異於人，而內實超然於世俗之表，《易》所謂"卑而不可踰"，子思所謂"闇然而日章"者是也。

若初學之士則有不然者。方當向學求道之始，而已以韜晦爲主，則不惟其志未固而易變，氣未充而易撓，駸駸然入於流俗而已。卽其中之所存也，固已微矣，而又抑而伏之、蔽而匿之，幾何其不至於磨滅而消亡哉？夫其初也，能出意思、用氣力，自脫於習俗纒繞之中，而爲之始初者，蓋不易矣，而一日乃居然而失之，豈非可惜之甚者乎？

聖人之言曰："不患人之不己知，患不能也。"蓋不患人之不知而已，未有曰"患人之知者也"，苟己之不能也，人無可知者，苟己之能也，人之知之也，亦無異焉。惟不能之是患而能之之是務耳，人不知與人知之，何干於己乎？患人之不知則不可也，能之而人知之也，吾亦將如之何哉？其亦任之而已矣。

余固無所爲者也。顧懦弱，每以退蹙爲事，旣晩而乃覺其病之不少，凡遇有志者，輒爲之相告，蓋懲於己而戒於人也。

有李學甫者，與余新相識。其年尙少，而其存於中、見乎外者，純乎其不雜，儼乎其若老成焉，余誠愛而畏之矣。然嘗聽其論之所歸，察其意之所重，未始不以韜晦爲可。其對人，退然若無能者，叩之，蹙然若不敢當者，蓋有以也。

夫韜晦誠美事也，而差之則乃所謂掩諱者也。我不敢知學甫之所爲者，是果人之所不當爲者乎？其所有者，是果人之所不當有者乎？

學聖賢之道而乃爲農工之所不爲，何哉？學甫志已立矣、行已篤矣，固不足深憂也。然愚者竊恐其計較之心多，而直截之意少，使人不能知其爲職分之所當爲，而聖賢之道，不能伸於世也。故旣相對言之，於其歸，申以告之。

記

柏湖書堂記

眞城，退陶 李先生本貫縣也。與朱子之新安同，蓋古之名鄕而其士族至今，猶有淳雅之風，宗儒道尙文藝。

縣治西北芍藥山下，有翠壁澄潭之勝，存齋李先生，嘗游歷至此，愛玩逍遙，築臺以識之。先生歿，有門人金公兄弟，縣人也。爲禁耕牧，以護守焉，相傳爲存齋先生臺址。

先生之曾孫猷遠氏寓居漢川上，教授里中秀士，有興起文學之功。於是縣之父老相與謀，置書室一區，爲諸學子藏修游息之所，而金公之孫光彦言於衆曰"先賢杖屨之地，埋沒久矣。今爲書室，何必他胥？表遺躅而興後學，於義兩得之"，僉曰："然。"

遂爭相感激，奔走致力，公私協應，遠近資助，以丁丑夏始役，至戊寅春而成，凡若干架。金君某某、安君某某、申君某某、權君某某，前後遞幹諸事，其終始監董土木之工者，權君鼎昌，而本縣宰曹侯命協、金侯思默及知寧海府事鄭公玉，皆聞而善之，贊其成而濟其乏。以其地有所謂柏巖者，而前有川水成湖，名之曰柏湖書堂。

夫斯地也，其山水之勝，誠奇矣。然存齋先生東海人也。

海上瑰特壯大之觀，不可一二數，乃越涉他境，眷眷躊躇於此一小丘者，安知不有意乎？先生道學之源，實出於退陶，見羹見牆，猶當思之，況於其先故肇基啓休之鄕邑乎？嘗聞先生欲卜居縣境，蓋愛其地有如是者。其築臺於此，必將爲後日計，如楮谷之冥棲、雷澤，使先生於焉棲息，而與縣之故家君子，講明陶山之教，以訓廸其後生，必其所樂也，而乃不果焉，此亦千古之一恨也。然其陳跡，今且百年，而忽翼然爲絃誦之堂，若有以追成先生之志者，斯豈偶然哉？

《記》曰"嗜欲將至，有開必先"，荀卿子之言曰"千秋必反，理之常"也。意者眞城文敎之復盛，爲之兆也歟？嗟乎！或廢或興或成或毁或幽或顯，皆天也。凡君子所以不戚戚於當時，而必竢夫悠久者，爲是哉！而縣之諸賢趨向好惡，不隨俗變遷如此，此則又今之名都巨邑所不及也。其可尙已，玆爲記。

養拙堂記

人之道，養爲貴，不養則不成。然養有當養，有不當養。以體則養其大，以德則養其正，養性以事天，養浩然之氣，以配道義，是養之當養者也，人之養，莫大乎是。

韓山 李君信少有氣槩，言議不苟，遇事敢爲，在儕類中，稱爲傑然。旣年老，經歷世故多。於是稍自抑按而斂晦之，乃名其所居之堂曰養拙。

間以語於余曰:“吾前日不量世態之異於古昔, 人心之不如我心。鄕黨之事, 有可言者則言之, 朋友之過失, 有可規者則規之, 以爲斯民之道, 當如是也。旣而有所懲矣, 自今將聞之而若無聞也, 見之而若無見也, 雖是非枉直紛然於前, 而吾一無所與焉, 則庶幾其免矣乎。此吾所以名堂之意也。”

余素懦弱, 又自數十年來, 以畏約自守, 聞其言, 犁然當乎心。已而念之, 有不能無疑者。夫拙固非惡德。然謂之正則未也, 君子之養, 何必偏於是哉? 況拙者巧之反也。不徇乎衆、不諧於俗, 言觸忌諱、行犯譏誚。惟吾意之所向, 而不顧人之喜惡, 其於處世也, 拙莫甚焉。黑白不分, 淸濁無失, 呢眥其言, 突梯其行。不度義之可否, 而惟計一己之利害, 其於爲身也, 巧莫甚焉。君信前日之所爲, 眞所謂拙, 而今日之所欲養者, 無乃近於巧乎? 而君信乃舍前日, 而取於今, 名與實, 無乃有相戾者乎?

抑吾聞之, 聖人於《易》之山雷, 言養之道矣。其彖辭曰“頤貞吉”, 而傳曰“養正則吉”, 其大象之傳曰:“君子以, 愼言語、節飮食。”蓋愼言語, 卽養之以正者也。訥於言者, 號爲拙, 君信其有取於斯乎? 然則君信之所謂拙乃《易》之所謂正也, 吾於是乎可以無惑矣。夫苟養之以正, 則由是而性可養也, 浩然之氣可養也, 又何必拙之云乎哉?

移壺庵記

我七世叔祖孝廉公之後孫德潤，遷居關東十餘年，復移于嶺南之一善。間者歸川上故里，與宗族從容叙阻闊吐情素，而語於余曰："吾自離鄕井，思墳墓、戀親戚，固無論已，山川草木、田園里落，何者不往來於心，而其尤所耿耿不能忘者壺隱亭也。先祖之所創，子孫門戶根本之所在，而其重修也，吾大父實幹之，吾輩幼少時，目見其殫盡心力。不幸吾諸兄弟蕩析漂流，宅舍園林，盡歸于他人，亭亦不能守，爲生産家。今其間架僅存而堂室牕壁，皆非其舊，池臺庭砌，堙削隤夷，爲采畦禾塍。吾竊悲之。在關東時，名所居之堂曰移壺，今又於所寓，別構數椽而曰移壺庵，以寓吾不忘舊物之意，其情亦慽矣，請爲吾記之。"

余曰：諾。善哉！禮反其所自始，樂樂其所自生，不忘其本，禮樂之所由作也。夫亭之興廢有數焉，固無可如何，處無可如何之地，而欲有所憑依，以少慰其心者，亦不忘本之一道也哉。雖然，溪山棟宇，非可移者也，移之，將以其名而已乎？孝廉公德行風流，爲朝廷之所甄拔，鄕里之所敬重。斯乃壺隱亭之實也。爲後孫者苟有志於紹述，可以載之身而運諸心，雖去家鄕萬里，可移也移之，無徒以亭之名，而以吾所謂實者移之，其可乎。是眞不忘其本者也。遂書以爲記。

識跋

《安陵世典》識

《安陵世典》者，安陵 李氏諸先生禮說也。陶山之學，歷厓、鶴、敬堂，傳于存、葛二先生，而恒齋羽翼之，密庵、顧齋繼述之，其下數公，又相與謹守而不失，連世家學之盛，蔚然爲東南宗主。

其於禮也，蓋根於心而體於身，行之於家而達之於鄉邦，內外相孚，體用全具，有以見其道德仁義之成，教訓正俗之備，而其出於後者，亦皆得之擩染薰襲之餘，彬彬有先進之風。是以其所論說，莫不有補於天秩之庸、人極之立，而非掇拾陳編，出入口耳者比也。

夫秦火之餘，禮書殘缺。然《儀禮》猶存周公之舊，戴氏所記，大抵皆聖賢之遺言，而參互敷演，以極旨趣，則有諸儒註疏，斟酌損益，以該古今，則有《朱子家禮》。此皆行于天下，人得而讀之者也。如欲行禮，不患無所考信，顧學之不博者，遇事而昧前言之有據，知之不逮者，臨卷而病古辭之難通，非先覺者爲之敎告而啓發之，何從而決其疑而措諸事乎？而況天下之生久矣，事之常者少而變者多。自孔、曾問答以來以至歷代制令，及我東方公私講議答述之說，殆若無復餘蘊，然猶不得以盡焉，往往所遇吉凶，有古人所不及言之者。是以每當一變，茫然莫知所處，不能不奔走於君子之門，此諸先生所以不得已而應之者也。

折聚訟於當時，而垂嘉惠於後人者，其功不亦大乎？厥或有事未至而研之於慮，變未形而擬之於言，私相講訂，設爲斷案。蓋其見天下之動無窮也，而定之於前，使來者臨事而不困也，其用心之勤，又如何哉？

顧其遺文，旣各自爲一部，禮說又散見於往還書牘之間，倉卒考閱之煩，學者之所病也。存齋先生之曾孫猷遠 宏甫氏乃悉采而輯之，以四禮彙分，別爲一書，總若干卷。盛矣哉！此祖子孫三世八賢，禮敎源流之所在也。凡李氏有事，不待越國而問，而以其家門之制，相告可也。世之尊信諸先生者，亦將隨所疑，而就正於是書焉，何獨爲安陵氏之典也哉？

孔子曰："夏禮吾能言之，杞不足徵也，殷禮吾能言之，宋不足徵也，文獻不足故也。足則吾能徵之矣。"李氏文獻之足如此，後之言禮者，其有所徵也，夫是則又宏甫氏編輯之功也。其可謂賢子孫已矣。宏甫氏以樂行忝在通家後生之末，嘗辱示之，旣卒業，則又命識之于卷端，閱數年要責不置。屢辭不獲命，謹書其大略如此云爾。聞韶 金樂行，謹識。

書正心說後

心有體、有用，用工之方，不可偏主而偏廢。專於用而遺其體，則無以立天下之大本，而其用無所原矣；專於體而遺其用，則無以行天下之達道，而其體無所施矣。此衆人膠擾之患，異端空寂之說，皆所以爲此心之害者也。是故體用俱正然後，方可爲心法之全功，吾儒之正學，而凡言心者，亦不可偏指而單言之也。

《大學》經文，但曰正其心，曰心正，則固貫幽明、該動靜，而體用兼擧矣。聖人之言，渾然不偏，有如是者。故朱子於《經》之《章句》及《或問》，亦統言之而已，則朱克履所謂"《經》之正心，是兼體用言"者，實非無稽之言，老先生所以不以爲病者，以此也歟!

雖然，體微而難見，用著而易知，靜之著力，賢智者或易於差，動之用工，衆人亦可以勉焉，而凡人之有生與心之爲物，自少至老、自朝至暮，靜時短而動時長，爲體也少而爲用也多。故聖人之敎人也，則必就其動而爲用者而告之，此曾子所以述孔子之旨，而以忿懥、恐懼、好樂、憂患，言之者歟。

夫其微著難易之分，短長多少之等，固如彼矣，然用之不能無體，猶體之不能無用，今獨言用而不及體何也？蓋前乎此而爲體者，經文固已包之矣，而上自格致誠意，下至脩齊治平，皆以用之所行言之，則序於其間者，獨可以不主於用乎？所本者體而所主者用，此傳者立言之意也歟。

然近而撿乎一身，接乎一家，遠而施之一國，推之天下者，皆此心之用也，則其所係之大、所及之廣，爲如何哉？一有不得其正，則本末內外竝受其害，而隨其所加，符驗立見，是其可忽焉而不愼乎？故歷言其所以爲病之端，使學者，必察乎此而不失其正焉，此又傳者示人深切之意也歟。

今雲峯、整庵必以不得其正爲說心之體，則其意之所歸，偏重於體之一邊，不論其用之正不正，而惟恐其爲害於體耳。夫人之有心，將以應物也，正其體，將以致其用也。若不恤其用而徒患夫體之不正，兀兀奉持於寂然不動之際而已，則將安用是心哉？其不爲面壁之禪宗也者，幾希矣。

徽庵之說，於所謂"體之正"者，抑之太過，胡、羅二公之說，又輕用而重體，皆不免於偏，而其失傳文章句之意，則胡、羅尤甚矣。故余復論之。

書權而敬家藏《法言》謄本後

此而敬家藏。而敬性好書，然多病，常以藥物爲事，且獨子無兄弟，家務燥濕無不管，不能專心於鉛槧。有欲傳書者，多取資於人，此本凡三數手相錯，而未塡者，尙數十張。

余寓居無聊，請以拙筆助之。自《重黎篇》第六張之第六字以下，至末張法言終云者，皆余筆也。註中字句，或有與舊本異者，蓋恐句有倒置，字有譌謬，故輒以妄見易之。或亡失舊本字，遂仍其闕，此是之也字，不甚爲有無者也。或有疑字未判眞贋者，空之，以待他日得善本，定之。皆註說然耳，而敬覽之恐致訝，知此意可也。若筆畫之拙劣，卽而敬已知之而許之矣。

而敬要余一言以識之，爲後日相記之資。余謂而敬不惡余陋，不毁裂之，則後足以相記矣，何用復贅識爲？若其註中字句之，所以變動者非識，恐正爲而敬所惡也。丁丑，十月，壬午，書。

書《耽羅志略》後

丁巳，濟州牧使金公儆卒于官，李大將森之從姪希夏代之。與我家非有雅素者，而存卹周救甚勤。先人旣出陸，猶以書寄問。後李官止水使，不得壽云，而吾不能往弔，其身後事，皆不可知，殊負以德相報之義。異日因京洛人，問其子孫之有無，如有之，特修世誼，至吾兄弟之後孫，無忘此意可也。

壬午，九月，二日，閱篋中故紙，見《耽羅志》抄錄者，追念往事，不勝悲感。爲之出涕，因識之如此。

箴銘

自警箴

冬之夜，昏昏以竟夜；夏之日，泛泛以送日。夏之夜、冬之日，昏昏泛泛之不足。

又

積貨盈囷者，力工賈之功也，露積粟者，其不惰於農也。何士之不學而中空空？

質疑箴

疑不思問，爲學之患。問而不精，非問之善。好之則裕，審之則明。蓄之必敗，闕之亦妨。聖哲尙戒，矧我之癡！於下尙問，矧於父師！我有至樂，朝夕趨庭。疑胡不質，質胡不精？天下義理，世間事物，豈盡默會，豈盡自得？不憤、不悱，其昏、其懦，矯我昏懦，庶免蒙蔀。

省身箴

爾盥而濯，震弗喪匕。爾艮爾背，乃安其止。弗聽何校，毋聵爾耳。

座右銘【己酉】

汷而溧也，我襛而煖。惄而枵也，我饎而餇。脩塗之跟，胡踤而不趲，深井之繘，胡縮而不展。自我降而籥廿改，恒瞢瞢然如飮戀，補舊罅而刮舊垢，尙克始于作噩。

鏡銘

我有兩眸，只以觀人之貌，不可以觀吾之貌。觀吾貌，如何？鏡以照。惟鏡之照，可以正吾貌。

君子爲己不爲人，責己不責人。吾將無眸而有鏡乎？鏡之照吾貌，必待吾之眸，遮吾之眸，焉知鏡之照乎？

欲觀吾貌也，不可無鏡，欲鏡之照吾貌，不可無眸，吾其有眸而後有鏡乎。所貴乎眸，以其瞭也，瞭而後，其視鏡也益昭。鏡之昭，待吾眸之瞭，眸之瞭，待吾心之正，吾其正心而後，有眸有鏡乎。

硯銘

方其外，以象坤。圓其內，以象乾。雕之以金，盛之以水。其色火，其質土。匣以木，用於人。兩儀並，五行全，三才相參而位育，財成之妙寓焉。

紙銘【此等却似頌贊，非銘之本體，而古亦有是例。】

洗鳳尾，操鼠鬚，濡龍髓，而無尺寸之素，何以寫腹中之錦繡？

燈銘

月依微而不了，螢小燿而卽滅，惟火之光，可以照於字而歷歷。鐵檠近於侈，蠟燭近於濫，惟片木缺器，草實之油，海鱗之膏，可以昭其儉。

小刀銘

干將利於剸犀革，而不適於裁籐裂帛。步光宜於將軍之帶，而不合於書生之腰。此吾之所以愛小刀。

硯滴銘

應之不勞者，必有備。用之不乏者，必有貯。中夜疾書之時，赫蹄狀草之際，硯已渴而甕又空，走東溪而挹西泉。於是乎知斯器之爲要，於是乎驗斯器之爲便，彼三江、硯池之句，特騷人浮浪之言。

又

呼吸異門，出入殊路。蘸之於盆，大海之尾閭；注之於硯，香爐之瀑布。

壽福枕銘

爲善斯福，行仁斯壽。惟玆之枕，何能有佑?

上樑文

孤山書堂上樑文

百工居肆以成，生徒豈無肄業之所？衆人同聲相應，棟宇已有訖功之期，冠衿愜心，江山出色。

粤！惟書堂之剏號，玆蓋閭塾之遺規。雖設敎之方，古今有異，而成材之道，大小是隨。比隣相從，無離親去家之苦；朝夕爰處，有專精攻業之便。用是士夫之居，率多學舍之置。

顧玆臨河古縣，素稱安東名村。山水淸佳，人物蘩庶。往在中世，特爲文明之區；今於西皐，尙傳藏修之地。

惟其興替之有數，儒宮久作犁丘；堪嗟雅俗之相淆，勝界但一倉廨。況前輩凋零之已盡，奈後生振作之無方？闤闠囂塵，非敬業樂羣之所；圭蓽冗務，多損志分工之端。抱經安歸，庠序之弦誦寂寞；出門相逐，村巷之聚散忽忙。至如山寺旬月之提携，徒煩道途鞍馬之來往。苟欲專心於講習，莫若更設書齋。遂與合謀而經營，何幸適遇豐歲？

事係復舊，固宜重建於遺墟；務在從便，肆乃新卜於別岸。雖非一面公共之意，亦出本里僉同之謀。地勢逈臨郊原，兼孤絶爽塏之勝；人烟近在咫尺，有招呼應接之宜。

合小成多，除斗穀於公糴，無貧與富，給盤飧於役夫。寫南山之松，良材具足；隙西疇之事，一心來趨。經始幾時，忽見傑構之突兀；入處有日，行覩翚彦之盍簪。豈徒里閭之改觀？亦令遠近而聳聽。

將陳善頌，更有餘懷。彼皆自篤於工夫，不待他人之相勸；我亦忝仄於朋友，請效一言之奉規。

生斯世而業程文，固當隨分著力；在吾儒而主經學，尤合專心致知。洙、泗、濂、洛之書，莫作場屋材料；道德仁義之說，乃是士子菑畬。何況立身而揚名，非但決科而登仕。天爵良貴在乎我，何如軒冕浮榮？令聞廣譽施於身，不啻文繡華飾。禮義忠信，各念先輩之遺風；孝友睦婣，共成仁里之美俗。

是所望也，將有辭於四方之觀瞻，豈不善哉？庶無愧於三代之庠塾。聊倣古事，輒相脩樑。

樑之東，岐山朝日上秋空。
會看鳴鳥聞昭代，多士栽培棫樸中。

樑之西，臨川舊址草萋萋。
隔岑興廢使人感，但願儒風思與齊。

樑之南，山脈祖宗牛·斗參。
仰止應須懷往哲，高標淸德就中諳。

樑之北，近水峯巒雨後色。
盡日相看自不厭，何須運動見功德？

樑之上，河漢昭回玉宇曠。
莫是地名非偶然，文章臨照自天閬。

樑之下，禾黍油油滿巨野。
不種誰能望有秋？吾人爲學敢荒惰？

伏願上樑之後，休運重回，文教再振。家家出髦士，前輩後輩之相承；人人成茂才，大道小道之兼盡。不獨雄文巨筆，迭竪幟於詞壇，而又實工眞心，共立脚於正路。誦六經而讀四子，溯儒家之源流；明三物而遠八刑，裨聖世之風化。庶見吾道永興之驗，不負前脩遠期之心。

雲谷書堂上樑文

文必會友，業貴樂羣。私室非羣居之可容，學舍須靜界之特設。爰協衆力，載構書堂，蓋將督羣蒙而振儒風，豈徒侈新觀而表士里？

竊惟此地溪山之勝，實助吾家文獻之傳。錦翁遺墟，維彼尋丈之內；適庵舊宅，卽此磉礎之間。授受繼開之功，天意固非偶爾；文明重累之美，地氣亦或使然。

蓋其列峀重岡，作前後藩垣之勢；平川複澗，有表裏襟帶之形。逈挹郊原，正受淸淑之氣；稍隔閭里，自成幽敻之區。況玆雲谷之稱，乃古晦庵所宅。南原、北澗，髣髴幽期之追陪；西嶺、東峯，依俙雜詩之諷詠。所以兩賢之於焉棲息，豈若恒人之適然來居？

山樑重摧，一壑之雲物無主；滄桑累變，數間之草屋成墟。帳外弦歌之場，耕犁雜沓；窓前書帶之地，葵麥離披。有志後生，恨未買其遺址，解事羣彥，幸相應於良圖。

蓋此川前之村，本無閭側之塾。往在先故，家書樓而戶文房；厥或遊從，近儒宮而遠禪室。旣有懋敏之業，何必別作齋居？肆以全盛之時，不曾浪興工役。

自從父兄之零落，馴致子弟之惰荒。聚首博奕之場，解頤錢穀之說，前輩固知自節，少流最爲可憂。雖挾簡編，殆同屠兒之禮佛，欲責文術，何異楚子之學齊？隨俗科擧之工，亦多滅裂；向上遠大之業，誰復擬論？

若求激勵之方，合有更張之道。虛市有地，氓庶攸歸；梵宮在山，僧釋所集。苟有盍簪肄業之所，庶爲統率勉學之資。

臨川舊基，豈不善於重設？孤山新構，自有嫌於相妨。矧惟兩翁遺躅之所留，寧非一方後人之可敬？永懷功德，幾多行過之嗟？未及門牆，擧切生晚之恨。如欲感發後進，宜此墟之置齋；不須建立新師，宛當時之受命。

詢謀旣合，經營斯勤，出力鳩財，差分遠近。籍名同事，不出族親，至於同里異姓之人，亦是吾家先祖之裔。家貧非所恤，寶莫重於詩書；年晩是何求，望惟在於似續。

主管者咸有幹局，何事不成？老少人同致誠心，雖勞無避。斤築之功方孱，革飛之觀已成。工匠足誇其技能，墟里頓生夫光彩。但念經紀之顚末，實多兢惕於心中。棟樑楹榱，皆取疇昔愛惜之木；升斗銖兩，或出朝夕顣頷之家。重大何如，辛勤無比。

嗟！吾黨之同約，忍此意之可忘？循舊習而蔑新工，固爲童幼之罪；崇虛名而無實效，亦係長上之愆。苟勸勉之無誠，有堂何益？倘表率之匪正，雖令不從。時吟《伐木》之詩，掃去閒談雜戲；共觀擊蒙之象，鑄出佳子賢孫。

若夫後生之流，自是其身之責。屋子果爲誰而設？工夫實由己而成。隨分竭才，何待他人相勉？讀書居業，不患無地可歸，如或怠忽而不勤，斯乃孝謹之未足。不學無識，將爲忝先之人，立身揚名，豈非顯親之道？念考翼積苦之意，莫作遊嬉之場；顧書堂從事之名，無徇鄙俗之習。

進退聚散，一惟尊長是聽，追逐招呼，常以文雅爲主。比如百工居肆，庶見學業之漸成。恭惟二師在天，或有精靈之陰相。聊將誠禱，用助歡謠。

抛樑東，雨谷後岡纔一弓。
歲旱甘霖初降處，坐看洗出好山容。

抛樑西，翠微臨水小亭棲。
分留壟上千秋色，輸與吾家舊品題。

抛樑南，晴峯高起勢成三。
朝陽夜月來相照，霞氣烟光雜翠嵐。

抛樑北，有峯當谷最高特。
從來世上不傳名，功德雖多誰復識？

抛樑上，衣狗片時難具狀。
但願莫遮白日光，從龍興雨慰農望。

抛樑下，潺湲溪水走前野。
試看膚寸出山時，石竇濺流氣共瀉。

伏願上樑之後，文教雲興，衿佩風動，家家回陽來之運，人人有日邁之工，下者馳藝苑而主詞壇，高則泝學海而登道岸，倘或見需於斯世，尙其有類乎此樑。

九思堂集

卷九

告辭
祭文
哀辭

告辭

典書先祖墓誌石奉審時，告辭

恭惟府君，沒世國初。
衣冠之藏，於焉宰如。
惟是墓道，始闕顯刻。
雲仍轉徙，年代杳邈。
九原隱隱，馴致疑信。
自先父兄，諏訪備盡。
有人來告，言若可徵。
遂依其說，識以麗牲。
夫豈不愼？蓋出不已。
報本誠篤，闡幽心摯。
無他考據，人言可採。
當日之意，亶在於是。
于後數紀，頗有論說。
試究其端，亦難輕斥。
負坎面离，家乘所載。
今所封植，與此稍背。
一壟之葬，尊者宜上。

今所封植，地勢最降。
堪輿之談，亦多致惑。
雖近誕僻，助瀾之一。
惟上一封，墳塋崇廣。
觀者竊言："眞大人葬。"
深目莫遷，於何考證？
然疑在心，終若未定。
府君有靈，肯曰"有後？"
一念兢惶，大何是負。
玆因合謀，要以取訂。
取訂之道，本無他逕。
壙南幽誌，千載不磨。
如得奉審，積疑可破。
塋兆毁動，固極懍惕。
事有所重，不敢僇執。
自古窆誌，蓋亦備此。
尊靈洋洋，尙降監止。
今以吉辰，將擧事役。
審驗旣已，新厥封植。
凡諸周旋，其敢或慢？
伏惟體魄，不驚不震。

萬戶先祖墓立石時，告辭

墓道之表，在昔未遑。
今始合謀，載竪短碣。
代遠聞寡，記蹟未詳。
尙庶自今，不煩詗卜。
擇吉擧役，歲事仍修。
伏惟尊靈，不驚不震。

先祖妣廣州 李氏墓，告辭

墓道之表，累世未遑。
今始合謀，亦窘事力。
只安床石，鐫刻是兼。
姑從簡便，實深兢惕。
卜吉擧役，祼獻仍行。
伏惟尊靈，不驚不震。

宗家祠宇重修時，神主移安，告辭

祠宇之建，歲月悠荒。
楹楝朽傷，龕室傾側。

是用兢惕，載謀葺修。

今卜吉辰，始擧事役。

敬奉神主，權安大廳。

謹以醴果，用伸虔告謹告。

祭文

祭葛庵 李先生文【戊辰, 遷葬時】

嗚呼痛哉! 小子生晩, 不及見於先生, 今日之來, 先生何以知其爲某家子也? 丁巳, 上疏得罪, 安置海外絶島, 凡三遷而首尾十年, 在光陽之蟾江, 卒以喪歸于鄕者, 卽吾父也。

嗚呼! 先生之柩, 其自此安歟? 先生之柩安也, 則先生之寃, 將自此暴, 而道將自此明歟? 暴先生之寃, 明先生之道, 則吾父之心與事, 其亦或可以白於世歟? 百世可竢, 而一時難曉, 外人無奈, 而吾黨未可必也。嗚呼痛哉! 嗚呼痛哉! 言不可以長也, 大聲長號而退。

祭密庵 李先生文

天在山中, 其象《大畜》。
葛翁有之, 夫子善述。
其道維何? 維程、朱氏。
曰維居敬, 曰維窮理。
旣健旣篤, 乃有輝光。

其德亹亹，義問孔彰。

夫子之文，厚積而發。

渾渾其質，肅肅其法。

凡今之人，有葬其親。

夫子不銘，如不葬然。

錦水之陽，葛翁來宅。

夫子守之，惠我南國。

南國之人，儀刑夫子。

如嶽、如樑，如北斗只。

朝之大夫，交口慰薦。

王命典樂，有隆其眷。

夫子之出，鳳凰其儀。

葛翁有寃，夫子辭之。

我卜夫子，何爵不宜？

周之大師，大傅、大保。

玆惟三公，其職論道。

夫子居之，庶展其抱。

維其不陟，宰相之過。

有屋蕭蕭，風雨其簸。

顏回之樂，原憲之歌。

有書萬軸，日訂其譌。

四方之人，攝齊而進。

有晦于心，待夫子信。

藐余顓蒙，挾冊有日。

夫子之門，亦孔之雍。
於！維葛翁，吾父之師。
夫子之門，余又及之。
天生哲人，以幸我家。
小子自棄，爲夫子嗟。
旣我面命，亦以書責。
余罪實大，夫子不絶。
夫子有疾，歲月悠悠。
蔘朮無力，烈烈我憂。
我祝上帝，夫子百年。
以發我蒙，扶我狂顚。
上帝疾威，夫子乃傾。
易簀之夕，大雨雷霆。
維古有徵，晦庵，元城。
余時遑遑，穉女求死。
曠不趨侍，奄承實矣。
迨我來號，月旣再朏。
思古事師，忸怩余心。
嗚呼！夫子，永閟其音。
夫子之道，吾何以尋？
維葬有制，柳車將發。
我來薦觴，告我衷臆。

祭李顧齋【樓】文

嗚呼哀哉！世之學問之士，常患夫畏嗤點而避標榜，僶俛仍因於流俗之所爲，而先生乃獨毅然以此學，自任，古道自守，不恤其不諧於俗也。

蓋其規摹之大，則俗之所謂疏闊，而君子所謂致廣也；繩墨之嚴，則俗之所謂矯拂，而君子所謂密察也。惓惓於接引後生，而不樂者或有外廷之笑；津津於講明義理，而不知者或有草木之誚。然君子之論，益復翕然以爲道之所存，而知其庶幾於成已而成物也。是其持敬、窮理之工，如輪如翼，未嘗有所偏主而偏廢，而博學詳說，蓋將以反說約也。

不謂學之已至而益篤進修之功，不謂知之已盡而益恢虛受之量，不謂筋力之已衰而益勵其苦淡之操，其德崇業廣之實，又豈衆人之所可窺測也？

向者宰臣慰薦，聖明虛佇，果使先生出者，雖其從事於百執事之列，吾固知其風采功效必有可觀，而至若經幄顧問之地，典禮援據之間，左右横竪而沛然不窮，使人稱之曰"眞講官讀書人者"，求之當今朝廷，或未之得也。

嗟！徵書之一下，奄蒼天之不假，名空留於殿柱，痛所均於朝野。

顧小子之愚蒙，地幸近於賢者。自密翁之云沒，仰先生之爐冶，惟委靡而莫振，竟未摳衣於江舍。唉，今日之已矣！雖愴悔，而何及？昨歲挈挈於北縣，聞先生之易簀，既不能以時而趨哭，又未從負土之役。逮玆居諸之一周，跡始及於靈席，豈道路之云遠？匪事故之常嬰，自惟誠意之薄劣，深有愧於中情。惟仰德其窮天，而斯言之不自欺，想先生之包荒。亦庶幾其鑑之。嗚呼哀哉！尙饗。

祭權拙修齋【相一】文

嗚呼哀哉！

惟先生學祖陶山，緖承松巢。

名與身全，德隨年高。

耆社儒賢，近古未聞。

存沒恩榮，有光斯文。

昊天旣復，先生何憾？

顧我無祿，萬事缺陷。

三瞻玉色，五奉珍札。

廑免虛生，奄然而失。

我念先生，功有大者。

識透道器，自古蓋寡。

絀此太極，謂無動靜。

大化萬彙，孰操厥柄？

先生是訂，牖我昏劣。

若論乘機，抑別有說。

眇忽之差，宜審厥析。

有發其端，未竟叩竭。

洪鐘輟響，於何更質？

逖矣星湖，瞻望不及。

倀倀冥途，竚立以泣。

凡諸道德，非我敢悉。

我擧其綱，衆目攸屬。

自從樑摧，章甫走奔。

我跡獨阻，迄于玆辰。

伏念昔者，存我凶矜。

丘山之重，有賁巾箱。

永負仁恩，俯仰慙恧。

有命我受，有書我讀。

庶無荒惰，以報冥漠。

嗚呼哀哉！

祭李訥翁【光庭】文

伏惟先生，當世文宗。

自貶以訥，言滿國中。

豈惟文高？有積于躬。

辭衍字奇，莫如楊雄。

覆瓿、僭王，羣儒所攻。

取舍有在，非係祿容。

惟我先生，醇德高風。

本末有據，望實俱隆。

所以其文，重若鼎鐘。

賁隧弁卷，輻輳西東。

蓋其爲德，由由沖沖。

樸而不野，確而能通。

賢愚共懽，雅俗交融。

蓋嘗儀圖，得之《中庸》。

其風維何？雲鵠、冥鴻。

餌不能致，網不能籠。

知微、知彰，知吉、知凶。

庶幾近之，蓋《易》之功。

先生之文，披錦轡龍。

衆體具備，倣古特工。

信陵《擬奏》，揮廓橫縱。

雜之《國策》，殆無異同。

七抽《山木》，詭麗閎崇。

較諸枚、馬，操戈入宮。

晚主理趣，斂華韜鋒。

或疑筆衰，彌覺渢渢。

斯其大者，餘不可窮。

昔我先君，道義相從。

榮焉共懽，難豈無戎？

海綷初泊，長牋亟封。

勉以觀玩，以毖其終。

陶山墨刻，面付愚蒙。
《嶽色泉聲》，遠寄江楓。
我窺微意，皆出謀忠。
逮我大故，愈荷惻恫。
苟謁狀銘，庶副哀衷。
遷延不敢，但有瞻顒。
今焉已矣！痛徹壤穹。
我幼不量，從事雕蟲。
雖嘗云云，中實倥侗。
猥承奬與，宥其狂惷。
自我患難，遂成頹慵。
永負教育，曷勝悔懜？
水齧我田，風害我穜。
我窮無歸，言就山農。
仙庄稍邇，逝將從頌。
承杖操几，仄跡侍僮。
耳聽讀《易》，口學餐松。
親炙旣久，庶卒陶鎔。
今焉已矣！恨結心胸。
昨歲春陽，再投賤蹤。
矯首衡門，莽蒼數弓。
未克造拜，實坐悤悤。
自惟始終，負罪重重。
我有老母，菽水歸供。

今當撤還，百感中春。

秋風憭慄，葉落山空。

俛仰以涕，思我諸公。

薄物來哭，辭不暇礱。

惟靈鑑之，惟誠之豐。

祭曾叔祖大司成公文【乙酉，遷葬時】

嗚呼先生！間世之英。

鶴跱、松挺，霜潔、氷淸。

瓢祖家庭，鶴翁門戶。

似續高風，肖像遺矩。

玉堂、諫林，淸芬飄灑。

身可以厄，名不可敗。

河水沄沄，萬古同流。

世識其顯，或失于幽。

著雍維夏，病臥薇垣。

志期碎首，跡阻追班。

忠膽莫攄，義言自悲。

束裝待朝，拂袂南歸。

自古遇變，臣道有二。

言以弼違，退而守義。

念我所尊，竝蹈斯軌。

溷濁不分，稱惡蔽美。

世榮貤恩，以爲顯親。

始或讓爵，終鮮辭尊。

時當彙征，獨無宦情。

避若驁退，決若鳧驚。

計資考評，朝暮台躔。

使之少忍，不憚牽連。

豈待營求？優游以得。

賢或可勉，公乃不屑。

人情所難，可見其高。

樹立本末，於斯昭昭。

景玉有《狀》，鹿門爲《誌》。

誦讀論世，足徵行事。

嗚呼哀哉！

公沒湖南，輤車歸北。

五十三年，我罹斯酷。

載柩蟾水，回首八嶺。

一家何故，再禍玆境？

事非偶然，天運所關。

維我之父，寔公兄孫。

晚絶榮念，一味謙挹。

金馬玉堂，匪望之及。

方當引分，忽與禍遝。

脫命桁楊，聖主是遇。

已幸流宥, 敢覬還鄉?

重乘海險, 十蒙湖霜。

公沒之月, 乃不起疾。

壽未及公, 禍加百十。

嗚呼哀哉!

南遷一友, 公號弇文。

我父覓去, 時一披繙。

今在我所, 手澤俱存。

摩挲愴咽, 寶踰靑氈。

撰述公事, 我父與聞。

進退之際, 特加津津。

惟此微意, 可質諸神。

藏之巾衍, 以待後辰。

藐玆晚生, 謦欬莫親。

年代杳邈, 有懷焉陳?

屬遷玄堂, 載設靈筵。

攀慕大慟, 乃告斯言。

物薄誠腆, 辭拙意綿。

淸明在天, 庶降鑑旃。

嗚呼哀哉!

祭全陽君【李益馝】文

簪纓華閥，河嶽間氣。

早事翰墨，冠木所畏。

飛而食肉，天畀骨格。

投筆奮起，有懷宗慤。

策名伊始，籌郎淸選。

才優剸煩，同僚以殿。

秉軸諸公，交口慰薦。

出典州郡，錐末采見。

山川出雲，以備時雨。

王命徂征，顯允文武。

如雷、如電，公實先驅。

迅掃湖氛，爰及嶺隅。

凱歌西還，獻俘天門。

鐵劵、金櫃，通侯重藩。

圖像麒麟，貤榮祖禰。

薏苡有誣，亦旣昭洗。

聖德隆盛，遠邁藝祖。

保全之恩，特厚勳府。

公乃勇退，高臥江湖。

優游任眞，與化爲徒。

庭有哺鷄，園有耕奴。

斷書權門，謝跡天衢。

始終輝赫，眞大丈夫。
惟其一念，耿耿拱北。
膂力無愆，懸車可鞏。
胡天不憖，耄期是嗇？
鉅人云亡，朝野共盡。
然公平生，實具五福。
福皆禍車，視公何若？
崇終之典，已長西銓。
哀榮備至，又何憾焉？
顧我寒素，竊附婚姻。
死生憂樂，曲荷矜憐。
三道跡危，千里喪歸。
匪公相濟，誰或殣之？
麥舟高義，未敢援比。
欲報其德，敢辭萬死？
常謂小禮，俠家所鄙。
藏之在心，以有所竢。
今焉已矣！永負冥漠。
言之出口，匪財、匪力。
用是爲報，尙或可徹？
辭之拙矣，何以罄骨？
念公大節，童隷所識。
功存社稷，名垂竹帛。
夫人可言，無用我說。

張魏公孝、曹南院智。
韓穉圭量、范希文志。
知者或寡，孰闡其幽？
孰採我言，以銘公丘。

祭柳護軍【元鉉】文

嗚呼哀哉！
岐山之松，鬱鬱中棟。
厥或剪伐，以需于用。
厥或遺之，老于崖洞。
崖洞之老，公實當之。
英偉俊特，乃公之姿。
晚更醇朗，豈非所養？
有德可範，有儀可像。
相世衡人，輒輕鄉曲。
隱隱委巷，幾多名碩？
能辦一鄉，廊廟可裕。
公孝、孟博，豈讓蕃、固？
所寶在我，不知何怏？
縱老國子，匪損地望。
赫赫同堂，風儀相仗。
內崇宗門，外重鄉黨。

優老之榮，終受天餉。
庶幾百歲，以幸後生。
何疾之毒，而遽凋零？
嗚呼哀哉！
昔公之少，光我宗楣。
折行我父，情好匪夷。
名聯上庠，慶合一堂。
凡有欣慽，不別門牆。
欣姑勿說，慽何可忘？
豈無永歎！莫如公切。
聲音之外，自見衷赤。
豈無相卹！莫如公勤。
藥物之濟，匪直金銀。
及我喪歸，愈蒙惻傷。
袖致哀章，俾展靈牀。
始終懇懇，感動幽明。
顧玆不肖，百爲鈍劣。
敢忘仰德，禮則多闕。
牀下展拜，亦不源源。
聞公疾劇，晩乃趨門。
慮煩應接，不敢便謁。
公知我來，亟命以入。
數語之詔，藹然其意。
余時俯受，幾欲隕淚。

尙冀神勞，勿藥有喜。
淸辰日梳，句格足恃。
北客賦歸，歡迎可竢。
辭退以來，一念懸懸。
旅寓北峽，凶音忽傳。
維時公壻，權君季心。
兩世不淑，公所未諳。
待公疾瘳，竟共冥漠。
維時令女，痛毒重沓。
余適親見，曷任悲怛？
自玆以還，余困患厄。
公窆而期，失一告訣。
孤負罪積，何以報德？
嗚呼哀哉！
旣康旣壽，亦旣考終。
適嗣終孝，諸孫繩繩。
公何所憾，世鮮如公。
身後荐慘，域中所同。
何足提說，以戚冥冥？
澗亭已矣，岐堂寂寞。
秋風憭憭，鴈叫木落。
入無所樂，出無所慰。
哀我孤露，云何從庇？
我心之悲，聊此告訴。

尊靈聽之，尚其歆顧。

祭忠孝公【趙顯命】墓文

年月日，幼學義城金樂行，謹以淸酌雞臛，敬奠于故大匡輔國崇祿大夫議政府領議政豐原府院君忠孝公海村趙先生之墓，呑聲再拜，而告之以詞曰：

嗚呼痛哉！頃年賤跡入漢城，有《述懷》八十言曰：

死草生意歸，斡轉竟是誰？
造化本大公，微物如獲私。
受德久未報，深慙豚犬兒。
牀下不腆禮，寸誠或可披。
千里旅食意，所願亶在玆。
但念以我故，貽累已不貲。
若復汚門屛，私分寀不宜。
咨且未敢進，瞻望空漣洏。

悠悠此心，如火、如風，高或可徹、深或可入，或者爲府史所俯燭否乎？

嗚呼，今也已矣！無復可望矣，將何以效微誠乎？於禮未之有也，不敢爲之制服，父死而且不死，頑忍人也，不能自引決，以魂魄從於九原，將何以效微誠乎？有足可走、有喉可哭，雖不肖，斯可勉矣，而今乃爲越人之弔，又何也？

嗚呼，其負之哉！負之哉！

哲人君子，亦不得遐筭，顧此幺麽鄙人，何異蟪蛄浮滅？雖頑甚，終亦一死耳。地下可無蹤跡之嫌，死之日，敢不托身皁隷間，以供灑掃之役？一訴衷臆，亦惟是之竢耳。嗚呼痛哉！

祭柳慵窩【升鉉】文

嗚呼哀哉！望公以公輔之位，而僅至於七命而已，期公以期頤之壽，而不及告老之年且數歲矣。係乎人者，無異其不腆，得於天者，又何其癯也？

嗚呼！福不盈眥，而禍溢於世者，亦有之矣，以公視此，顧不多乎？曩公之喪，歸自基城，聞其靑障泥馬、皁盖繩床，在丹旐、輀車之前，爲之潸焉出涕，今而思之，公可謂榮矣。

嗚呼痛哉！舊嘗問公於家大人，"可謂宰相才乎？"大人曰："可。其人公平。"

小子以是而竊推之，公則無私、平則無偏，公平優於天下，況一國之相乎？誠使立乎具瞻之地，則必好惡不辟，有技者無所媢疾，而彥聖者不使之不通矣。不然而置之代言之任，必出納惟允，而讒說不行矣，不然而授之廷尉之職，亦必當之以其情，而所謂"天下之平"者不傾矣，豈不贊聖主蕩蕩之治，而使國中無寃民哉？顧公於斯三者，不一試焉。獨令咸州一邑，頌公平之政，至今不衰，專而不能咸，古人之所惜也。

嗚呼痛哉！黃江迷復之行，微我公，何以得此？方其始也，載禍而相餉，愛之者之所不免，而公乃爲之深憂；及其終也，觀過而知仁，疏遠者之所共云，而公獨不以爲然。信乎其愛我者也！情至而力可望者，惟公一人，而公則沒矣，小子何恃而覬我父之不畢命於漳海？

顧不孝無狀，不克扶護，使徑絶其天年，不復少延異鄕之歲月，此爲終天之恨。尙忍言哉？尙忍言哉？

昔公在京，公之子語及公家書曰"宦情薄矣，行且歸矣。某若蒙恩放還者，杖履相從，以盡餘年，是吾之樂也"，不肖嘗誦之於家大人之側，大人爲一悵然而太息。二父乃皆以喪歸矣，化者如有知也，地下倘遂此樂否乎？

去年春末，大人之疾旣病矣，而曰："夢與枕澗翁及朴見卿、懷英，促膝談笑如平日。覺而枕澗翁語聲，猶鑑然在耳也。"嗚呼！此其兆也歟？

聞公晚歲，《易》學尤邃，而不獲與聞觀象玩[7]辭之緖論，此先人之所恨也，未知地下相對，及此否乎？八則陽生之義，先人後來有一說焉，自謂稍穩。此公與鹿門、酉嶺諸家，未決之案也，地下之論，亦復及此否乎？

竊嘗驗之於吾道，向也猶在七八之間，於今自八而極於

7 玩：저본에는 "元". 1801년(순조 1)에 간행 된 초간본《九思堂集》에 근거하여 수정.

六矣。運乎晝夜，而無一息之停者數也，塞乎天地，而無一處之欠者氣也，竊怪夫大嶺以南，數往而不復、氣消而不息，至於如此，抑獨何哉？

嗚呼痛哉！公之几筵，明日將撤矣，不忍膠守夫雖隣不往之文，來擧數聲，以贖前日拘忌不迎哭之罪，蓋不敢以異姓尊長視我公也。懷鬱結而欲言之者，非惟不能盡，亦不敢盡其言之者。公其聞之乎？其無聞乎？嗚呼痛哉！

祭權江左【萬】文

嗚呼哀哉！

公昔語人，我死哭目。

公目煌煌，高眺遐矚。

衆瞽借視，冥道以燭。

瞑于重泉，宜是之哭。

今我哭公，匪目伊心。

公少倜儻，天馬脫拑。

乃其所好，檢柙之林。

昔公任謗，彌尊密門。

有改其兆，梁使操文。

衆背而走，公志不分。

冥冥鹿門，永矢無斁。

豈無富貴？而愛寂寞。

夫子之名，先後之力。

我家凶矜，亦荷戀戀。

榮辱死生，交情可見。

有簡在篋，其臭如蘭。

其臭如蘭，同心之言。

蓋公之心，非有偏私。

苟其彥聖，斯誠好之。

我聞是心，利人家國。

使公眉壽，竝受其福。

吾道之窮，公命之促。

嗟！公一身，孰非可惜？

其耳如曠，五音是析。

其口有腴，六經之嚼。

錦繡其腸，雲夢其胸。

其唾珠玉，其手畫工。

鼎呂在背，康莊在足。

合此衆美，萃其軀殼。

戢于一木，藏之窀穸。

嗚呼悲夫！又何不哭？

時登泰階，聖壽無疆。

本支百世，慶溢宗祊。

以古視今，頌聲宜作。

穆穆清風，被之絲竹。

薦于清廟，用示無極。

是公之職，胡不少延？

我哭以公，私不暇宣。

惟有一事，恨結幽明。

哀詩之刪，酹文之停。

我不敢歉，以待他日。

今焉已矣！啜泣何及？

方公寢疾，語及泫然。

有來自公，爲我而言。

我識公心，我涕漣漣。

聞公之喪，我哭廟門。

不酒不肉，以迄四辰。

日月逝矣，終不可諠。

北望太息，一日十番。

我行之晚，公或可原。

祭權琅軒【暮】文

東海非瘴鄉，榮養非窮途。孝子父宜高壽，福厚家宜終受祿，公何以有此行？一身而爲百夫之防，布衣而負朝野之望，非吾父老吉祥，公安得久享康寧？

官庀喪具，州府護送，賢大夫子隨其後，沒亦可謂榮。哭子、哭壻無多日，而悠然以逝，所謂"悲不幾時，而不悲者無窮期"又何足追慰夫冥冥？魂返故山，不可遲遲，無用長言，以淹其程，惟願尊靈，知此酹之者之爲樂行也。

祭柳參議【觀鉉】文

嗚呼哀哉！

維嶺以南，運氣久否。

匪直逢遇，生才是已。

無澤子高，未知有無。

其見於世，望實豈誣？

一家一人，已難必得。

鄰里數賢，亦爲林立。

若天有私，鍾美高門。

名賢鉅人，往矣無論。

以我先契，有偉澗翁。

執德之弘，宅心之公。

惟公竝起，津梁[8]祁宋。

聰明絶倫，器諝利用。

是兄是弟，族子又儁。

嵂崒筍虡，錯落瑜瑾。

先後以進，名動三揖。

8 梁：저본에는 "楊". 1801년(순조 1)에 간행 된 초간본 《九思堂集》에 근거하여 수정.

福隨家集，無係世級。
惟彼游氣，往來不常。
澗翁捐舘，虎逝龍亡。
尙慰公在，提挈三山。
始頗留落，晩乃騰騫。
息精陰慶，鮑魂冥擧。
律吹花生，風雪莫禦。
更趨甲觀，迭入薇垣。
何但柏悅？有覬灰然。
無奈嶺運，終不久悠？
乍近台躔，遽同壑舟。
大專槃物，敢有怨憾。
其所可惜，未攄其擔。
蓋公詞翰，乃其餘事。
仁足汎愛，明足遠視。
剛足自守，勇足敢爲。
言議精切，綜理密微。
不激不徇，宜於處世。
好賢愛才，得人可諦。
凡此數者，優於天下。
矧玆偏邦，區區民社！
暫試朔方，厥功已叙。
人見其小，未知其巨。
又竊論之，難者二事。

先貧後富，人鮮好義。

甚或惜金，以弟喪歸。

聞公少時，蔬糲充飢。

勤其四體，旣有旣完。

豆區錙銖，宜若難攀。

惟其義重，是以財輕。

恤窮周急，曲盡其情。

窮士得意，鮮守平素。

有尹京兆，不念龍具。

方公仕宦，依舊田家。

騶騎在門，園有農歌。

還山之期，指以播麥。

談桑說痲，野老爭席。

風致超然，可警浮薄。

是公之高，人或不察。

惟公於我，有義有德。

存不能報，沒以言塞。

旣述以公，私情可舍。

然其私情，係公德者。

曷敢不陳，以補其遺？

嗟！我鄕黨，孰非親知？

孰如公家，愛我先君？

可比天倫，但姓之分。

澗翁先登，先君乃喜。

君子之達，如己利市。
涒灘之春，澗翁倡義。
要與同死，先君不諉。
先君憂患，始自薦剡。
澗翁共懼，已見途險。
甘心科目，蓋不得已。
單閼西入，與公竝轡。
同人五賢，齊被恩榮。
都下頗喧，似近彙征。
先君所處，軏硊特甚。
匪喜伊憂，弩機方闖。
先君慄慄，公豈不念？
秖以飢飽，食者可驗。
勢不相須，行止差池。
公暨淳公，歸馭先馳。
先君命我，使之隨行。
遲日嶺路，草樹交青。
所到亭店，輝光焜燿。
短褐在後，叨陪歡笑。
或換其乘，賜以善謔。
追思若夢，欲言淚落。
伊後先君，三命循墻。
不密之危，彊圉封章。
公及澗翁，更來止之。

禍福有命，人不可爲。
千里簑輿，五朔圜土。
聖主好生，死草恩雨。
海島江潭，在分所安。
公及澗翁，飢不遑餐。
隔岑源源，隨事調護。
公私出力，有倡之故。
札牘盈笥，贈遺以隨。
南郵北遞，蓋無虛時。
漫漫嶺海，匹馬孤征。
犯笑觸諱，不忘平生。
一旬淹滯，同飮茅瘴。
會我聞喪，變禮是相。
歲暮遲遲，不忍便決。
畫傷勤瘁，爲減顔色。
澗翁之喪，在丙寅歲。
先君之疾，病於悲悷。
明年丁卯，我罹荼毒。
輤車之返，公來哀哭。
自葬及祥，操文以酹。
情見于辭，淚濕襟帶。
丙子大無，殿屎八域。
我扶老母，避癘投僻。
菽水無策，亟走告公。

公爲惻然，若瘝在躬。

曰："吾有意，爾適來矣。"

旣與之錢，又益以米。

數旬擧火，實惟是賴。

在公細事，我感則大。

凡玆歷叙，徒費煩辭。

何以報公？負之負之。

公有三子，秀出儕流。

伯敦質行，仲季學優。

錫善遺經，何用萬籯？

矧伊二哥，嗣守澗亭！

二公後事，俱不寂寞。

歲寒相期，庶斯可託。

祥事前夕，來薦菲薄。

誠不在物，言實由臆。

嗚呼哀哉！

祭宗兄處士公【敏行】文

年月日，再從弟樂行，方治晞陽趨侍之行，謹以數行語，銜哀拜辭于宗兄處士公靈几之下。

嗚呼痛哉！事之不可知者，一何多也？自公之沒，吾家父子，所以盡情致力於斂葬虞祥之間者，宜不在諸族父諸兄弟之後，而弟則承公之訃於金吾門外，大人又後於弟而聞之於湖南逆旅中。小功月數，過盡於海島二千里之外，而弟之歸哭，在期年之後。今復南下矣，力不可以趁七月而歸。天道幽遠，大人之歸，益杳然矣。是將終三年，無吾父子之跡於靈筵行事之列，而大人又將終三年，不得一哭於靈几之前矣。嗚呼！事之不可知，至於是耶！

公之平日，與我大人，二人而一體也。大人一動靜、一出入，公未嘗不知。凡有毁譽欣慽，甚於己當之，其赤心愛惜，左右而先後之者，蓋擧世而公一人而已。世人其遠者也，蓋合朋友知舊，而無有如公者矣。朋友知舊猶疏者也，蓋摠宗族，而惟公乎，惟公乎！

雖然，弟之昨年始歸之日，不見公之驚起拓戶，扶杖曳履，而迎之於門外，引入中堂，促膝握手，而問大人之寢食起居，軒眉張目，搖首聳肩，憤惋感慨於人謀之不臧、世道之險巇，太息流涕，雜以懽笑，頌聖主之恩深、贊賢宰之心公，而凡於道途經歷，風土物情，可怖可愕，可慰喜者，靡不歷叩而徧問。今弟之行也，又不見公之諄諄告戒，反復丁寧，不以少安而忘危，不以事無大害而有所忽焉。凡愼水土、謹樞機，審應接、防訾摘之道，深憂遠慮，備言而申誠之。

嗚呼！公其已矣。不肖輩，無所賴而盡子職矣。嗚呼痛哉！嗚呼痛哉！言不可以一二道，情不可以造次盡。

伏惟尊靈庶幾俯鑑而諒之矣。亦有所惻然於不肖者矣。嗚呼痛哉！

祭再從叔進士公【聖欽】文

高祖瓢翁，庭有八龍。
維第二房，厥祚實隆。
維先大父，趾德承風。
後于六房，曰折衝公。
崇深峻嚴，門戶攸宗。
源同派合，累慶並庥。
發于孫子，公膺厥休。
豐姿碩宇，嶷嶷出儔。
氣何其駿？才何其遒？
有鬪詞壇，競的爭籌。
同儕苦吟，背汗腰觫。
公坐中堂，擊壺高唱。
一筆篇圓，揮廓犇放。
傍觀魄慴，宿將咸讓。
厥析是非，談辯洪暢。
布濩羅絡，其究悉諳。
厥剸煩劇，指麾動盪。
闔闢弛張，不眩不逛。
偉哉，其器！何用不恢？
長程結靷，以待時來。
初升司馬，兩試俱捷。
華聞以蔚，願交交屧。

盈盈泮宮，步趨有儼。

生徒胥僕，動相指點。

有或竊言，他日兵卿。

遭家否閉，畹晩無成。

志倦需時，計熟藏名。

樂彼大藥，菟裘是營。

有溪可釣，有田可耕。

落淵、仙亭，密邇先躅。

我所爰得，永矢勿告。

惟是鄕黨，仇仇相執。

驥服鹽車，鯤游尺澤。

顧視少壯，吁！其可惜。

尙冀百歲，以幸家門。

何天不遺，奄歸九原？

有事焉質，有疑焉決？

其傾孰扶，其裂孰綴？

過焉孰正，善焉孰掖？

業業故家，枵然其空。

我懷之悲，曷有其窮？

我懷曷窮，我有私恫。

繄！我先君，天倫心朋。

葱竹鉛槧，摩戛始終。

聯芳太學，竝笈龍門。

出無獨往，游必雙騫。

中因跡睽，稍似趣分。

公歌《騎牛》，以諷趨塵。

惠好同歸，豈非素心？

我欲掛冠，亦嘗有吟。

恩渥非常，三揖莫逃。

方擬循墻，遽變疣毛。

五朔圜土，十年瘴鄉。

公若已癏，惻惻衷腸。

命駕千里，留滯浹旬。

吟哦諧笑，如我田園。

或謂此樂，可永他辰。

我無天幸，竟以喪還。

水浮既窮，陸舁多艱。

維時鄕序，公在首席。

一揮事集，遂免委壑。

私心感激，未瞑難忘。

哀詩酹文，備加矜傷。

幽宅移卜，爲賜消詳。

孤露何歸？仰公深切。

竊期父事，以報萬一。

所居稍阻，趨侍稀闊。

公有責諭，我敢自文？

自公視疾，以及寢遷。

以及斂棺，以及送阡。

以及小祥，咸負罪愆。

大祥之哭，禫日之文。

晚矣晚矣，我罪萬千。

異時地下，何面何言？

縱公寬我，何告先君？

嗚呼痛哉！

祭十兄幼章【光漢】文

粤！惟我家，自一韻格。

風猷學殖，固多卓卓。

淸踈高簡，乃其本色。

山明水麗，地靈所毓。

容儀氣性，大率相若。

降至吾儕，陵夷墜落。

瑣瑣庸庸，前糠後礫。

惟公之生，克肖其古。

淸光淑氣，載其眉宇。

白而長身，鷺頸鶴步。

秀出同隊，衆嫫之嫮。

豈惟其外！中實似之。

雅潔沖澹，易直坦夷。

夙承艱大，卒用是濟。

空乏何病！無忝厥世。
我叔曾祖，赫赫我極。
公爲宗嗣，重我門族。
何不百年，以支傾敗？
匪公之命，我族之壞。
嗚呼痛哉！
父母俱存，人之至樂。
惟公本生，備膺茀祿。
公何不竢，永辭北堂？
重牢慶席，公不在傍。
人皆爲悲，我獨不然。
樂在親存，無關我身。
我身雖生，親沒何歡？
親苟壽康，我死何論？
我生不孝，羡公實多。
公與仲章，可舞而歌。
嗚呼痛哉！
一門之內，情亦有等。
惟我與公，世誼相仗。
追惟丁巳，臆塞腸斷。
公輕千里，與同憂患。
我行迢迢，指彼南蠻。
城隅分手，消盡殘魂。
公落街路，無馬與僕。

獨立無歸，幾欲大哭。
後聞此事，我心增慽。
念公厚義，吾豈忍忘!
生平劣劣，未報毫芒。
及公不幸，又多闕缺。
斂不致襚，葬不臨穴。
負之負之，嗚呼，我罪!
晩薦薄物，情也焉在。

祭再從叔【世鍑】文

嗚呼哀哉! 哀樂之不可常，有如是哉! 自二十年來，公之身，可謂樂矣。昔之以疾病憂公者，以壽考期公，以喪難悲公者，以福祿歸公，以孤危危公者，以子姓蕃衍賀公，擧一門而論之，其可樂，莫尙於公也。

今公不勝喪，使適子受承重服，而與季郎，同日葬焉，擧一門而論之，其在今可哀者，又莫甚於公家也。雖以疏如秦、越，狂如琴、曾者，聞公事之首末，入公之門，而見三世之殯，必將涕涔淫而不敢歌矣。嗚呼，尙忍言哉! 尙忍言哉!

門戶衰矣。一年少之死如季郎者，已可痛惜，況公之老成德望，文學風流，一身而兼累人者哉! 諸父存者，皆已耆耋，吾儕後生，少可仗者，此非公長逝之日也。樂行於是乎，竊不勝憂歎焉，豈天之欲終廢吾門耶？

樂行自爲童子時，見先人與公相與甚至，及先人斥逐流離，荷公相扶持又特厚。蓋嘗離違老親，而遠從於瘴癘炎蒸之地，樂行之於公，宜事之無所不用其極，而顧蔑蔑也。今日所當勉者，惟筋力之禮與述行造哀之辭耳，又以病瘁未能焉。嗚呼，其負之哉！負之哉！季郎之誄，公之所嘗命者，而亦未及成，他日可追爲之也。區區之心，靈或鑑之否耶？嗚呼哀哉！

祭三從弟季遇【驥行】文

歲甲戌，十二月，十二日丙辰，卽三從弟季遇之亡日也。前夕，樂行來哭之，而窶貧甚，無以爲禮，借酒一盞以酹之曰："嗚呼哀哉！季遇之亡，忽已三歲矣。每一到此，哭大几筵者二，出而見季遇靈卓所設處，輒爲之暗傷然，不復入門擧聲。蓋不欲入於慈闈若孀閨之聽，以重傷其心也。今則衆皆哭矣，神主明日且祔于廟矣，吾何忍不哭？

嗚呼！方季遇之喪，自玉山歸也，先叔父府君命門內年少愛季遇者，爲輓誄以哀之。愛季遇，宜莫如樂行，顧鈍滯不克及其葬。《祭先叔父文》中告以竢後日，而又復因徇，訖未能也。今已後時矣，不可以爲矣，嗚呼！重可悲也。夫如使爲之者，當曰：

胡生之美兮，而命之嗇？

明珠之碎兮，而蘭芽之剝！

維先叔父兮！孝謹雅飭。

暨叔母氏兮！惠溫愼淑。

天之錫嘏兮！嘏莫如似續。

厥錫似續兮！如迫如促。

旣擧長胤兮，而又並育！

周士季騧兮！庶爾其則。

維爾之生兮！如雪如玉。

亦旣精固兮！目爗爗有赤。

旣冠旣娶兮！楚楚靚服。

見之欲抱兮！愛不能釋。

謂我何知兮？袖書來讀。

文義夙詣兮！其成可卜。

庶我相將兮！征邁共勖。

壬申之沴兮！殺人孔酷。

彼庸尙可兮！胡季遇之椓？

殺季遇之鬼兮！仁鬼必戮。

言而不竟兮！以象季遇之短折。

嗚呼！此吾欲爲季遇誄之者。今並告之，尙其不食言於先叔父乎哉。嗚呼哀哉！

祭三從兄忍齋公【字漢】文

嗚呼痛哉!

今大祥矣, 酹止於此。

前所未言, 今日是誒。

雖未能盡, 敢不略叙!

公資穎脫, 絶出倫侶。

幼時所爲, 追思可驚。

自以兄弟, 擬於兩程。

兄曰行道, 弟曰汾川。

有所論說, 寫成小編。

雖出游戲, 可見其奇。

諸父覽焉, 笑而賞之。

丁酉之歲, 叔父下世。

維尊大父, 撫公流涕。

命我先人, 爾教以成。

公乃來學, 時讀壁經。

周誥聱牙, 連編以授。

一讀卽了, 無所瀆叩。

與我初遇, 出嬉至暝。

朝起背誦, 如匏走氷。

抽籤疾披, 狀若素熟。

久而提及, 懸記鑿鑿。

命題試藝, 藻思俊逸。

長篇七言，瞻敏警拔。

間作雜戲，錄爲私史。

編年紀事，筆法宛爾。

明年戊戌，公年十四。

先人有命，盍言爾志?

時方薄暮，一揮百言。

其所自期，立揚是存。

勒功鐘鼎，垂名竹帛。

譏彼隱遯，巢、許之屬。

雖嫌不讓，氣像可觀。

詞彩燁然，首尾俱圓。

先人覽焉，爲一破顔。

姑奬其才，昂然不羣。

且將進之，入于道義。

循此以往，莫量其至。

念於其時，去古未遠。

汎以才稱，不覺其罕。

由今以評，可名神童。

于後數年，所業益弘。

使之無故，不虧功力。

窮通在天，縱未可必。

文學之科，宜莫與匹。

至于庚子，持承重服。

旣冠而娶，又荐喪慽。

暫親書冊，旋復汩沒。
公常自言：“萬事皆命，
乍覺有進，百罹來併。”
信如公言，吾所慨惜。
公所已能，固亦高揭。
視以童羈，實非所望。
胸中之志，百不一償。
天之降才，始終何意？
旣賦之良，而成之忌！
我家患難，公窮之會。
不恤其窮，扶我傾敗。
貧以益甚，憂以益多。
志以益挫，氣以益劘。
出其穅秕，亦足決科。
公乃不屑，絶意紛華。
雖以我故，亦公之數。
人生斯世，吹萬其趣。
或出而爲，或處而施。
其處之施，門戶是持。
公所自任，統率宗黨。
吉凶相助，憂樂相仗。
發揮先德，成就後進。
是公之意，亦未遂願。
惟其未遂，蓋亦有自。

剛直齟齬，出處無異。
而公之性，旣明且直。
其於接物，不以表襮。
明則善察，直則不隱。
中心所有，衝口而盡。
規過核失，人豈皆悅！
屬漸疏遠，情義或隔。
公創其然，務圓其方。
時露本色，便自歎傷。
大躓小蹩，公時不當。
英才利器，埋沒黃壤。
世遠跡荒，孰徵餘響？
公之行事，親族所知。
其酹之者，皆已言之。
至我之私，厚恩深恨。
如欲道之，其言千萬。
今又擾擾，臨紙還蹩。
惟上所云，人或不悉。
亦未必言，是故略述。
自玆以往，更告無日。
賢弟扶仲，必將論纂。
敢不策駑，以效微款！
嗚呼痛哉！

祭從弟文甫【賁行】文

嗚呼哀哉！吾與文甫，同年而生。其始生也，文甫秀美俊特，而吾則庸下薄劣，受氣賦質，吾固不如也。及至長大，吾私竊相方，而益知吾之不及文甫非一二也。觀感資益之道，可謂不出家而有畏友彊輔，其期望倚仗，直至老死，而謂當賴其力者，又不但吾之一身計已也，今皆已矣！已矣！

吾亦子也，欲視文甫之孝，終養吾偏親。吾亦兄也，欲倣文甫之友，相好于一弟。識淺而慮短也，欲取之文甫，以庇家而衛身。志弱而氣餒也，欲托之文甫，以斷事而應物。言議之秩秩，可以助吾之澁滯；胸懷之坦平，可以矯吾之猥隘。

至於區區文字之技，人固謂吾有一日之長，而其實則有不必盡然者。若該通前史上下歷代治亂興亡政事得失人物臧否，記覽東人論事文字，取其遇事施設之大端，而會之於心，詢訪山川夷險、人戶盛衰、古今沿革之委折，而可措於事。若此類，不可盡舉，而皆吾所不及者。今皆已矣！今皆已矣！

嗚呼哀哉！覆盆固無以望天，而文甫端策之說，其期闊乎遠矣。其不能久視以待，吾與文甫無異也。然豈意不少須，同我而歸見先人於地下耶？文甫旁習風水術，向也人不甚奇之，死未一年，而已往往追服其眼目。吾不孝，葬先君於砂礫之地，圖所以改葬者，今八九年，而文甫不在，吾其能遂此計乎？吾之愛文甫，特以心，而所以形諸事者，與他兄弟無別，吾性疏嬾，凡處至親者，往往而薄，其於文甫，亦何能强勉哉！而文甫之愛我，則心與事相從，吾有憂患疾病，惟文甫是賴。以是或委之而遠出，歸而聞之，其犇走救治，甚於吾之在家。吾方流離北峽，母子兄弟，殆不相保，其將告訴於何人，豈無親戚，誰有如文甫者乎！吾之挈妻兒，寄寓北峽，蓋有不得自已者，而人之不諒者，必有議其後者，吾何從而卜居之利害乎？文甫，文甫！吾於此時思文甫，當如何哉！當如何哉！

今當送訣，雖疏遠者，必首以文甫之私爲言，而吾獨言吾之私，天下至痛，莫如子棄父母，夫棄妻父棄子而死，而吾不言之，而言吾之私，吾可謂通天下亘古今之窮民也。嗚呼，文甫！其諒吾之心哉！凶歲貧窶益甚，奠不備儀，所致者，情耳誠耳。

祭宗姪景仁【始元】文

嗚呼哀哉！
我心匪木，何以無知？
我心匪石，何以勿思？
我獨何爲，愛君之深！
君亦何爲，好我之篤！
一死一生，寧莫如疏。
我心之悲，如或結之。

欲言難盡，欲默不忍。
自我遭難，惟君是仗。
矜我憂我，卹我庇我。
豈無他人？莫如君甚。
我有敝廬，我有薄田。
不爲人有，是誰之德？
竭君之心，殫君之力。
竭而復勃，殫而復奮。
使君在今，無有窮時。
有音自南，君來惕惕。
曰安則喜，曰憂則憂。
自我不見，于今一年。
我南曰去，君贏我糧。
引我入室，酌酒以送。
此事之已，于今一年。
君割賦金，君分牲肉。
奴耕于野，君亟走之。
諸妹在機，曰縫征衣。
君書滿紙，字字肝膈。
織于南路，于今無之。
昔謂無此，須好時節。
今焉思之，莫好乎昔。
蟾江之滸，君往買田。
頃我賣之，以直衰布。

謂我到家，哭以語君。

洛江舟中，人報君亡。

我心之悲，其誰知之？

我歸累月，不來哭君。

旣來哭之，又闊還往。

人或責之，疑我心轉。

彼塗之人，涕猶隕之。

矧我如何，忘君乃爾？

我姨垂白，號天乞死。

婉孌孀婦，蒙髮寃叫。

越君本生，慈闈夫人。

曁君同氣，諸妹阿娘。

搥胸疾呼，“兒乎！兄乎！”

隱隱田田，其聲壞墻。

伊我私創，亦孔之巨。

而又何心，目擊此狀！

入君之宅，堂宇如舊。

昔我來斯，君笑而迎。

君坐於彼，我於此坐。

有酒飮我，飯我宿我。

森森宛宛，如昨日事。

而又何心，出入其間！

我方有疾，其祟在心。

激之則發，思以靜治。

嗟！我之心，君其或知？

藏君雨谷，先兄舊壙。

景出之日，我勖君謀。

冀安化者，錫胤于君。

移厝詎幾，君卽不幸。

禍或歸此，我云刻子。

術家無常，後乃云吉。

乃以君窆，是亦天哉？

天道無知，君竟無兒。

苟地之吉，將利所後。

所後者兒，頗有頭角。

我姨之命，諸黨所協。

仰瞻祠廟，我心則慰。

慰則有之，悲曷有已！

我心之悲，我思悠悠。

我始見君，寒溪之堂。

君年十歲，在先公側。

肉好豐盈，讀書琅然。

見我若歡，數目而笑。

我心愛之，歸不能忘。

聞之父兄，劒得其主。

劒曰文章，蒼乎古哉！

歷累百歲，作我公物。

無宗無支，歸于其人。

我祖青溪，傳雲川公。

雲川之子，爰及其孫。

連世主之，遂以爲有。

敬窩之歿，劒失其歸。

至于曾孫，乃有此郎。

戊申之歲，宗兄喪子。

乃擇賢者，取君以子。

吾再從兄，君以爲父。

而我母氏，君謂從母。

君乃受學，於我先君。

君才穎脫，先君所愛。

宗兄命我，以相提挈。

我奉周旋，情好特密。

癸丑之歲，君爲我婭。

兩家閨閤，連代弟兄。

豈曰無私？義同一室。

方君議娶，我與導言。

我挈以行，覯爾新昏。

君顔白晳，七竅無欠。

容止有儀，儼若老成。

婦黨相謂，"舊郎輸籌。"

我見新婦，旣美且淑。

我心喜之，期以萬福。

嗟哉！丁巳，我家陽九。

我號王獄，門外之街。
有奴自鄉，告先兄歿。
先兄之恩，我終莫報。
我隨我父，海浮陸走。
先兄之葬，及祥及禫。
我未一哭，爲千古恨。
君爲先誣，伸暴是圖。
我與思度，要以此報。
君乃中折，飮恨泉壤。
世道悠悠，誰秉公者？
先兄心事，可質蒼穹。
百年論定，庶以慰君。
君年向盛，志行愈飭。
孝友無間，敦睦見稱。
追遠之誠，統宗之義。
卹窮之仁，容物之量。
論事是非，公正之見。
樂善好禮，慕古之風。
有志者人，可與有爲。
我倚爲重，百歲以期。
嗟哉！今日，萬事皆空。
我心之悲，日月疾邁。
我衣旣練，君逝且期。
誰之不哀！莫如我毒。

有容在目，有聲在耳。
日月旣遠，云何覿矣！
我夢見君，一而不再。
願君數來，使我心慰。
告我先君，亦以夢見。
言不可盡，精誠是感。
惟此薄餽，平日所欲。
泗上之日，我有餘憾。
今以饗之，我婦所供。
誰之不情，莫如我深。
君其餟之，餟之盡之。
嗚呼哀哉！

祭張壻【壽鶴】文

君之逝，至于二十四月，而吾始來哭焉，非人情也。然無寧終不來之爲人情乎？來而有不可堪者。飣餖非不美於目也，食之而不能甘，枕席非不適於體也，處之而不能安，少長諸賢，早夜相對，慇懃綢繆，非不悅於心也，接之而不能樂。

吾女哭止，則能與我食，作屬厭狀，語間不一及凶禍首末及薄命哀苦狀，要以慰我而安我，非不欲勉强與之坐語從容，以副其意也，常若與平生所憎惡者，卒然相遇者然，惟速出在外，然後胸膈稍覺開利。

吾用力於習忘久矣，此來益力焉。終有不能忘者，心竊自悶，亂抽案上古今書籍，與諸賢對討，往往拖出駁雜浮浪說話，以多其心路，使不專向一方。終亦不能以自制，忽忽如撲窓之風，從隙而入，包甲之芽，鬩石而出，嗚呼，是孰使之然哉！

己巳之來，乙亥之來，皆了然在心。君之當日迎送際接、起居出入、衣冠聲容，無不宛然在目。廳事、夾室、廊舍若蘿月堂若南嶂後岡，無非君對我、從我之跡也，吾安得以忘之乎？獨未嘗見君之與吾女，坐語內舍耳，是則以吾之不見也，故增吾之悲。哀哉！吾無前知之術，自君之聘於我，不能源源邀致，與吾女相熟，吾又不能源源而來，見君之與吾女處也。吾女若知其爲夫婦於世不久也，亦豈忍一日離違，而歸寧其父母哉？君二十六而逝，與吾女爲夫婦纔十年耳。哀哉！哀哉！所擧二女，又何其不育也？吾女之命，故如是耶！抑君之賦於天者，止於斯耶！

嗚呼！吾生險釁，百無一可言者，產育亦不如人，只生四女耳，眞所謂“緩急無益”者。然窮之甚也，視長女如人之長子。及其笄而從夫也，愜吾之所願者三，世德也、家風也、佳壻也。其送而入門也，西向撫栗之位空矣。然而內而有賢姑夫人愛之如女，外而有兩世門尊視之如孫若子，是足以有慰焉。論財固夷虜之道，有逸樂而無飢寒之憂，亦豈非父母之喜歟？供滫瀡而盡尊章之天年，吾所望也；抱男子而見先舅之廟庭，吾所望也。效婦道於替事之地，以報其覆庇之恩，盡歡心於娣姒之間，無失其友睦之舊，吾所望也。無灾無疾，偕老百年，子姓滿前，永錫爾類，吾所望也。敬之戒之，唱之隨之，蘋藻之奉無替，堂搆之業有助，使人稱之曰“有是夫，有是婦”，吾所望也。

推以及於我，汚私澣衣，以時歸見，來往必偕，留止與同，或將其乳，言置我膝，或留之學養，以授句讀。歲時送祝賀，疾病問死生，久不相見，我心戀戀，鞭我款段，訪君之居，君迎江上，女笑候門，左提右攜，信宿留連，朝夕上食，以飽以嬉，凡若此類，皆吾所望也。嗚呼，今皆已矣！使吾女生者，獨生何樂！謂死之可也，則有小姑焉未笄也，有小叔焉童子也，嗚呼，其奈何乎！

君雖死，而若使仲氏在者，不亦可慰乎？使天憖遺我蘿月翁者，不亦可慰乎？嗚呼，天之禍君之家，一至此哉！君之伯仲，儘佳士也。君端潔雅飭，而其中隱然有勃勃氣，長一家而持門戶，可綽綽矣。仲氏天資粹美，文藝夙成，賁飾家聲，承紹先烈，可持左契以竢之，而蘿月翁德厚標高，爲士林所慕仰，子弟所依歸，可以庇其後人矣，而卒如此者何哉？嗚呼痛哉！嗚呼痛哉！

雖然，天亦有定時，豈終於禍而已！蘿月翁必將食報于其後，而施及于君之伯仲，他何所望者？惟立子而已。君之叔父公，仁愛至而思慮周，必有以處之者，君其以是慰焉。仲氏之靈，隔一紙帷，尚亦聽之哉。嗚呼哀哉！

哀辭

權翼甫【蓊】哀辭【竝序】

上之二十四年，某月日，處士永嘉 權君蓊 翼甫得暴疾終，年四十三。嗚呼！君質美而志于學者也。惜哉！始君皇考正字公，與二兄檢討公、持憲公，聯芳並輝，爲嶺南士大夫宗主，檢討公卽世所稱蒼雪齋先生也。正字公宦未達，而卒于京師。然有六子，長子江左公倜儻奇偉，有文章聲名重於世，其叔季諸公，皆凜凜有故家風，翼甫於行第居五。

樂行年十八，娶于權氏之門。方其行也，先君子命之曰："荷翁、雪翁已沒，汝無及矣。二公皆有賢子，雪翁之從子上舍某，奇士也。與我特相友善，汝往從游問業，則幸矣。"荷翁卽雪翁之再從兄荷塘先生，而江左公時上舍也。

樂行自兒時，已誦江左公名，於是喜甚。及拜公，其言談聲容，坐立步趨，戱笑叱咤，無不悅於心者。公方昂然當座，軒眉轉眄，談辯風生，神采動盪，而有肩高而背穹，引手置膝，長拱而在傍者，爲翼甫。翼甫年長我二歲，其容止，已儼乎若老成長者，余又喜其得益友也。

時蒼雪先生之孫，今淸河令士安甫，以穎敏博雅，翼甫以確實謹勑，俱爲江左公所愛重。江左公嘗謂樂行曰："吾弟質少魯，然其志有異於人者，不喜逐儕友習時文，獨向壁矻矻讀《心經》、《近思錄》。吾亦知其未必進取於時，故且就其所長而勖之，使得壽命以究其志，庶幾不爲流俗輩流也。”

樂行嘗從士安公，讀退陶先生書于石泉精舍，翼甫亦時來同之。吾二人往往怠倦，閣書而爲閒話諧笑，或占五七言句以相嬉，而翼甫輒不在，久而怪之，逐得於堂廉欄曲間，卽背坐俯首，暗讀其所袖《近思》等書，二人共强起之，要其相酬和，然後方笑而入。

翼甫，師事訥翁李公，公深期愛之。又嘗娶鄭氏，游於塤、篪二公之門。故其氣味，與塤、篪門下諸人，相類。翼甫居家孝謹，無子弟之過。與人處，恂恂無所忤，不論人長短。衣冠樸素，訥於言辭，絶不爲皎厲便儇態。然此翼甫二十三十時，吾所見者也。吾與翼甫別十餘歲，而翼甫亡，其學之進而德之成，又何如也？

江左公，承家世道義之餘敎，性又酷好儒術，雖自以科第屢取榮名，然勉人未嘗不以學問爲先。後生少年有能志於是者，輒引而奬與之懇懇，惟恐其不達，而屛居累年，專用力於古聖人之書，識益高德益畜，殆成己而成物者。翼甫不出家，而固有賢師焉。向使江左公眉壽，而翼甫久於世，以卒其教養，翼甫所成就，又當不止於死之時矣。嗚呼惜哉！

抑吾又有爲翼甫諸公悲之者。江左公以不世出之奇才，巾蹟世路，廢而不陟者二十年，然後一出，而論說明主之前，驚動朝著，姓名播於兒童走卒之口，而居南郡數年，上書方伯，罷山林之禁，功德施於民，信乎藏器於身者，有時出而用之也。使公眉壽，或退而理其舊業，或進而展其所抱，而爲子弟者出入奉承，以薰炙而依仰之，其樂當如何哉？而翼甫，與其仲氏處士公，旣相繼不淑，江左公又未幾而捐館舍，嗚呼悲夫！

方江左公之擢重試超郎署，與叔氏上舍公，奉《近思錄》、襴衫、幞頭，入對涓濩之中，旣又以五馬南下，奉專城之養於大夫人，而子姓諸公，更迭趨侍，何其榮也？於今又何其悲也？

翼甫之葬，樂行方斬焉，在衰絰之中，不得與平日朋友臨其壙，今喪畢矣！間者趨哭江左公几筵，季氏愼甫，爲余大慟泣咽咽語，涕淚滿面。已又言曰：“吾兄喪已畢矣。然伯兄嘗欲子之以一言哀之，以遺其孤也，子其念之。”嗚呼！此江左公之意也。非翼甫，吾且不敢辭，況於翼甫乎！雖時已後，何忍已！詞曰：

外柔而中武兮！其生之得。
棄俗而從好兮！維家之則。
家嗣以簪組兮！實先儒學。
維兄之賢兮！維弟之樂。
亦出而游兮！親道薰德。
旣確旣專兮！何所不克？
俾爾彌性兮！進未可測。
胡夭是椓兮！而命之促？
常棣之韡韡兮！紛其擇矣。
爾家之孔懷兮！吾道之厄矣。

柳士開【啓休】**哀辭**【丙子冬，士開夫妻同時死。】

殚錯于巷，鞫交于逵，吾力不能相救，心亦不暇盡爲之，悲夫！然則其勿悲乎！吾將以親疏賢愚，爲等差焉。

嗚呼哀哉！士開！

頑嚚偕老，愚魯偃息，斯人兮！何獨不淑？

珠玉碎兮！蘭蕙折，吾欲勿悲兮！不可得。

嗚呼哀哉！士開！

崔以安【尙鎭】**哀辭**【竝序】

大丘有崔處士兄弟者，其律身御家，凜凜有古躬行君子之風，其諸子，亦皆佳士也。曰：尙鎭某父嘗辱訪，余時始相識，見其動容出辭，馴雅有則，不問可知其爲賢父子也。然蓋亦其資性自美也，自言從李景文游，從景文游者，其非俗士，又可知也。問喪難、叙寒暄外，皆娓娓向學、求道之語，間擧《論語》疑義數條，蓋欲觀余愚陋之見，不背其師旨也。顧其行忽忽，不獲悉叩其所存，爲別以來，忽已五六歲，常宛然在心目中。

間者吾族弟爲某妹壻者駿行，爲余言某死，余爲之愕然。已而駿行出其婦翁書與樂行者示之。其書曰："仲子尙鎭，生己酉，以今年八月某日死，十月某日，將葬之公山南麓先兆之下。

尙鎭，生而骨相淸俊，才性穎敏。八歲，受《十九代史略》，至舜讓位，問曰：'堯之薦舜于天也，舜豈不知登此位？而今始讓何也？' 聞者異之。十五月，而畢《史略》七冊，以至《少微通鑑》八冊， 十一二歲， 已通《論》、《孟》、《庸》、《學》、《詩》、《書》。

二十三，請游學於當世有道者，於是執贄于蘇湖，旣歸而有羸悴疾，不能復往來。然其尊信悅服甚至。嘗曰：'吾於師門，得一言之要，曰「讀書，須體認聖賢言語。」' 平居不事講說，獨心玩索之曰：'心不專於學而口言之，是自欺而欺人也。'

傍治公車業，手不釋卷，爲文詞益進。嘗告于父曰：'諸父所以教導之者，固不在科擧之學。然生乎今之世，亦有所不可遽廢者，請期以三十，得之不得，捨之而專心於此學。' 然其中蓋已知內外輕重之分，能闇然以自修。嘗手書《小學》，置之懷袖中，出入起居，必隨焉。得疾有年，懼爲父母憂，日櫛頮具冠服，晨昏不廢定省。

自爲兒時，輕貨利，方其就外傅也，父所賜紙筆墨，必分諸同學之貧者。及長，口不言生産。以其爲節度孫公之女壻也，自婦所得貲財，一無所專用，用必告於父母。爲人沉重寡言，臨事有勇往之志。疾革，神精了然，自童幼所藏弆書籍藥物，無不記者。臨絶，無一言及妻孥，泣而告父母曰：'平生所自期，不謂如是而止，不孝不謹疾以至於此，死且不瞑目。' 又告其兄曰：'不能專意學問，卒無所成就而死，孤負師門甚矣。' 乃歎息良久，使人正手足衣衾而逝，年二十七，無子。”

書大槩如此。又曰：“是子平日，蓋不欲碌碌爲常人，於其臨死之言，可見焉。使天假之年，以遂其志，三十後事，當有可觀者，而今乃至於斯，吾所以慟惜之者，不但爲父子之情而已。且吾性素嚴苛，每加呵責而無所許可，長逝者魂魄，必將謂父終不知我也，吾用是益痛傷焉。乃錄其志行之一二，以丐哀誄於素相知者，要以慰其魂而瞑其目，吾不敢以私情作虛辭，以張之也。”

樂行於是讀之數三，爲之漕焉以涕。既又不覺竦然改容，而嘖嘖也，曰：

有是哉，夫人之賢也！昔者吾固心愛之，亦不謂其至於是也。處士之賢，於人且不苟譽，而況於其子乎！吾將無間於其言矣。嗚呼，賢父之知其子如是哉！顧吾無以塞其幽明之悲焉。

夫安於所遇，而不慽慽於死生之際者，莫如處之以命。命也者，天之所與之謂也。有理與氣焉，理一而氣不齊，苟能不喪其一者，其不齊者，聽於天而已，吾其奈何乎哉！伯魚、顏淵之死是已。今以某之孝，其非不能謹疾以致夭，可知也，是將有任其咎者。豈死者之罪哉！

噫！世之不能究其志者，可悉數乎！而以其所謂命者處之，旣釋然焉爾矣。且爲人子，孰不欲長侍其父母！而未有父子皆不死，而長存於世者，與其自生而一日者見親之棄我而逝也，毋寧先死而使天悔禍於其親以永其年乎？孝亦多端，爲子者，安知無舍彼而取此者，如以傷父母之心爲悲也？今以處士之賢，而其不知所謂命者乎！使某知此者，可以瞑其目矣。

余既深惜某之夭，又於處士之書，不勝其怛然，求所以慰其生死者，而不得其說，說獨有此耳，未知某之靈果以爲信然否乎？姑以是爲之詞，詞曰：

井不及泉，山虧一簣兮！其掘而爲者之媿兮！

栽以不培，秀而不實兮！誰將受其失兮？

薄厚短長，不齊其賦兮！厥或不利于所遇兮！

林林者生，靡不有終兮！子息偃在床而父在土中兮！

孝子之心，無乃易之爲是兮！嗚呼，某之目其無視兮！

李魯瞻【東觀】哀辭【竝序】

廣陵李君東觀魯瞻甫，年二十四，疾病死。嗚呼惜哉！自魯瞻爲兒時，余往來南方，與之相熟。貌玉雪頎娩絶可愛，孝順遜弟，父兄不見其過。寬裕有容，無疾言遽色，人或擬之劉寬，蓋嘗有事類羹汚朝衣者云。文藝夙成，所爲四六言、五經義，贍麗有體裁，筆畫精妙，其細字，眞棘猴手也。

魯瞻才性，既甚美，又大家子，自幼習聞世德家訓，里中有賢師友，朝夕從游，培而滋之，使得壽命，其殆彬彬君子者哉！魯瞻之兄之妻，吾妹也。每歸寧，爲兄弟言夫家事，亹亹稱說魯瞻，吾所聞多。今特擧其大槩，如此。

魯瞻族父聖觀甫及其兄子東陽，俱以文雅才駿名，先數年，後先不幸，已而魯瞻又繼而夭。嗚呼！天之於李氏何如也？魯瞻大人處士公，以其德善，不食報於魯瞻又何也？賢而短命，親老而弱妻一穉子，吾無以慰其父兄之悲焉。然其子姸好婉孌，有父之質。甫能言，穎敏絶異，客來設酒爲禮如長者，從南方來者，譚以爲奇話，意者天其有待於斯乎！

詞曰：

眉如畫兮！目如水。

肌雪白兮！唇抹紫。

坐如幀佛兮！端以美。

宛然在眼兮！愛不能已。

子受數方兮！我覯伊始。

子丱子弁兮！咸我所視。

順悌無間兮！父兄以喜。

靖恭謹恪兮！作止有軌。

人有血氣兮！鮮不爲累。

子之寬裕兮！文饒可比。

我病未矯兮！悔不蓋恥。

嘉子幼少兮！玆德之以。

具此吉祥兮！何必其技！

惟天與子兮！而不可委。

馳驟藝苑兮！飛黃、綠駬。

良、造先後兮！何有千里？

赫赫廣陵兮！濟濟髦士。

其後張大兮！先祖是似。

我年未老兮！人事遷徙。
二秀先折兮！子又不起。
吾黨無幸兮！賢俊宜死。
惟父之德兮！胡失才子！
禍福乖舛兮！莫詰其理。
自古已然兮！聖父哭鯉。
有兒孔類兮！當受其祉。
我徵天道兮！庶其在此！
我告尊公兮！爰暨伯氏。
眉壽永年兮！是兒之竢。

九思堂續集

卷一

詩

書

詩

古意

荊山之上有璞玉，玉人採之而琢磨。
八面瑩然絶纖瑕，携來暗室生光華。
至寶何能久韞櫝？江南市上爭奔波。
照眼還輕明月珠，稱價不道千金多。
如何偏被別人猜？直欲搥碎投泥沙。
招朋引類競摘疵，珷玞魚目徒相誇。
傍人見之爲慷慨，要將一語辨眞譌。
我於玉人何所私？却看詬罵轉橫加。
吁嗟！世無知玉者，古來三刖有卞和。
寄語玉人莫分疏，且復收藏歸子家。

元日後二夜作【丁未】

流光飄忽又新年，聯榻淸齋逸興先。
已覺陰風收北陸，漸看佳氣轉東天。
披襟朗詠三更後，把酒高談萬古前。

二十讀書猶不晚，諸公何事謾悽然？

留宿仙寺，與諸兄分韻，得山字

棲此泉石間，最愛隔市闤。
親朋共盍簪，滿座皆紅顔。
麗澤多資益，可以警懦頑。
禪窓日午後，鉛槧有餘閒。
春風拂我衣，飄然到碧山。
古木傍幽逕，層壁作重關。
仙庵問何處，巉巖不可攀。
前溪濯我纓，淸流聽潺湲。
寒鷗沙際飛，幽鳥林中喧。
物物皆自得，佳興人一般。
俗累都脫落，胸懷覺愉憪。
優游送日夕，亦足長忘還。

泗上寓中，次朱夫子韻

三旬僦屋近江濱，四月風光又一新。
笑折巖花頭上揷，就中還得九分春。

用《仙庵寓榻》韻

黃鳥翩翩白日遲，客中詩酒會連枝。
一江春色千愁減，天餉吾曹若有私。

《白雪》、《陽春》敢擬高，有時揮筆亦詩豪。
邇來客裏添新意，滿眼江山應接勞。

江雨前宵細浥塵，梅花遙憶草堂春。
客窓幽鳥催詩處，佩酒相尋有故人。

伏讀密庵先生詩集中有《南庵會話》詩一首，蓋於是時先生有移寓龜尾之計，一縣人士惜其去，設會于南庵，先生作是詩以謝，而時小子適遠遊未還，故題末及之。三復咏歎，不覺有隔世窮途之感。遂揮涕追次，以示同志諸賢

世道如今已可知，消長何必更觀龜？
西林文物依殘日，南國風謠異昔時。
後死敢忘資養力！餘懷空賞寂寥辭。
仁人自古多窮厄，不用吾徒獨恨悲。

元日遣懷

廿五還如十五時，奈何新歲不歎爲？
久聞詩禮留心少，近讀《春秋》畢業遲。
三字佩符懷往哲，一書投藥感先師。
要非刻苦難成就，說與靈臺此意知。

與忍齋兄【字漢】，伏次諸父老泗上聯句韻

礫礫遊禽語，春天弄晚晴。【宇】
山容經雨變，月色透雲呈。
獨愛坐江閣，莫愁無酒罌。【晉】
芳洲臨淨闊，雲峀對崢嶸。
逸興爭撓筆，談豪或攬纓。【宇】
庭聞松露滴，岸見柳煙橫。【晉】
領得仙區趣，說來特地情。【龍】
遙思沂上咏，還愛泗濱名。
吾輩元非漫，先民亦是程。【宇】
能令外物去，頓覺道心生。【晉】
欲學古人事，耻爲俗士營。【宇】
風流推洞主，林壑有公卿。
此地一光彩，前宵三老成。
香留慳席掃，章就想鐘鳴。

承杖期還失，效顰意敢萌。【晉】
聊成同志話，因與此心盟。
景物猶形役，典墳願舌耕。
書齋堪寄託，師席好將迎。
莫負今宵意，且垂後日聲。
燈前仍不寐，明發惜分征。【宇】

次扶仲韻，寄雲若【翼溟】

閭巷新年漸不安，僑居經朔苦難還。
男兒學道憂中樂，春日多詩水上山。
曳屐長堤晴柳密，倚笻深洞暮雲閒。
向時合族今空羨，圓滿從來造物慳。

立春日，會雲谷，次忍兄韻，贈秋月兄【翼漢】

佳辰簪盍得吾閒，坐覺重陰太半刪。
詩就十章猶白日，酒消千慮各朱顏。
芝香蘭臭資薰襲，月渚雲皐好往還。
爲謝吾人要贈意，工夫只在簡編間。

咏雪

招提一路客衣輕，夜雪輝輝萬壑明。
千古剡溪孤棹興，何如仙界此時情？

瓢溪分韻，得時字

瓢溪清淺流，我寓溪之湄。
溪湄多綠樹，日日啼黃鸝。
出門訪佳景，彷徨欲何之？
飛鳥忽投林，山外度夕曦。
依俙望南臺，叢壁臨溪危。
欣然拂衣去，瓊筵正參差。
羣仙列座上，飄飄華髮垂。
幽賞適我願，佳節淸和時。
猗猗百種樹，葉剪靑瑠璃。
平沙皎如霜，新月掛東枝。
呼童開小樽，淸流洗玉巵。
一飮又一飮，俗慮都不知。
林間有淸風，吹倒白接䍦。
繽紛披錦肝，筆勢何淋漓？
玆遊最奇絶，使我心自怡。
隨處且爲樂，勝事易差池。

無酒我當沽，有酒我當釃。
況復陪耆德，提撕有嚴師！
優游送日月，足以忘渴飢。
臨風聊自歌，醉語不成詩。

次忍齋兄韻

客裏趨庭處，欣君共侍傍。
風流元不淺，文彩可能忘？
山水知音久，雲霞引興長。
愁居還勝事，更有濁醪觴。

元夜，陪諸父兄，會雲谷，歸賦近體，呈主人兄

盡日無聊歎痘魔，晚陪杖屨到君家。
酒從仁里三杯得，詩向新春一格加。
閉戶幽憂仍脫略，滿堂懽笑最繁華。
歸來殘夜添奇絶，溪柳依微北斗斜。

二日夜，又會雲谷，疊前韻

良夜團圓樂事多，招邀東里復西家。
歌聲轉入殘更好，酒味偏從新歲加。
嶺樹雲容渾改候，壟梅春信欲生華。
上元佳節看仍逼，好是溪頭月色斜。

仙刹歸路，次柳俊三【宅鉉】韻

秋風落淵上，分手異前路。
更指明春約，仙山花正好。

次權士安【正宅】韻

明月朱欄倚，清朝黃卷開。
令人長眷戀，駐馬且徘徊。
別後惟憑夢，風前爲把杯。
君詩良懇懇，其奈客愁催？

昨拜李夫子，頓令蒙蔀開。
良朋仍會合，歸路更徘徊。
送我《驪駒曲》，傾君綠蟻杯。

山鳩鳴恰恰，零雨若相催。

輓宗兄【敏行】

宏材俊氣老荒陲，志士人間已自悲。
要識晚來高俗處，十年謝客閉門時。

誣枉當年聖諭垂，我家元自荷恩私。
九原報國終何地，留與人間少弟知。

一疏誰知大禍嬰？赤心相愛獨吾兄。
終然促化緣何事？遙望荒阡涕淚傾。

忍思京館把蘭書，異域居然服已除！
今歲初秋應未返，卅年依仰竟何如？

謾興

輕風暖日已驚新，啼鳥遊蜂故近人。
兩歲仍爲南海客，梅花獨發草堂春。

謹次蒼雪《遊山》韻

何心選勝快吾眸? 聊學密翁 棲鳳遊。
三日仙緣還自有, 百年塵跡忽如浮。
地窮絶峽逾藏境, 山在中天更倚樓。
想得桄榔無晤語, 每逢佳處倍生愁。
【戊寅, 密翁會雪翁于昆陽之棲鳳寺。】

奉贈柳正字【觀鉉】還鄉

歲暮陰風吹不休, 他鄉況是別離愁!
窮途樂事那能久? 夫子歸程未可留。

南還, 留別權幼宅【正仁】

結束行裝待雨晴, 連宵相對兩含情。
只煩來往傷君意, 豈有絲毫效我誠?
寂歷早宜完大計, 《斯干》仍合了前營。
一身保惜非閒事, 負荷如今自不輕。

君家寥落我來依, 萬事人間不可知。
自笑奇窮無善狀, 更慚瑕累召羣譏。

流光再宿新阡草，觸目渾非舊日儀。
此地淹留何所樂？欲鞭歸馭却遲遲。

留贈權幼平【正均】

可惜今宵將欲晨，明朝便是別離人。
偶因漂泊前緣續，每接慇懃舊義新。
百計無如歸故里，一心猶恨隔芳隣。
煩君莫較疏慵我，從此音書寄與頻。

同寓諸親，分散殆盡，只有三人落後，日以碁酒，消遣愁鬱，醉中以將進酒三字，分韻述懷。少者占首字，蓋用屠蘇酒法也

醉漢苦難扶，扶左卽倒右。
務欲爲平常，解弛無繩糾。
務欲無憾憾，多笑類聾叟。
務欲無絶物，駸駸誤辭受。
務欲親宗族，謔浪却爲咎。
立脚旣不牢，從玆遂狂走。
碁局消永日，飮食不去口。
虛持一簏書，深束紙欲朽。
咄咄德成日，如何失素守？

酒醒忽自驚，願君莫勸酒。

庚辰除夕前一日爲立春，與光天兄、扶仲弟會宗家，同次七灘、質齋諸公《癸丑歲立春》詩

昔人已去吾生晚，惟見年年令節回。
從古斜川同日月，至今黃鶴有樓臺。
詩篇敢擬前賢迹，門戶相傳古事來。
自念新春何所祝？但令無過卽無災。

輓辛丈【孝良】

乍過窮廬十載踰，音徽遂阻恨長途。
風儀尙記林中楚，手澤空摩櫝裏珠。
趨向此時人可識，存亡吾黨事堪吁。
南州耆德看看盡，後死心期覺日孤。

輓金仲協【載應】

松隱諸孫子，韶州多士林，
推君早屈指，使我最傾心。

質已從初好，工應到老深。
相期今已矣，何處更參尋？

次李欽夫【猷遠】《文巖》韻【竝序】

栢巖東五里有文巖，木齋洪先生嘗有意置亭。今爲野人所耕食，李丈間嘗爲余言其事，感慨不已，且誦先生《輓存齋先生》詩"卜鄰云云"之句。蓋文巖與栢巖，東西相望，二先生分山之意，可追想也。今栢巖亭子已成，不可獨令文巖終廢。嗟乎，誰復能辨此者？李丈有短律以志感，索和於鄉隣之知慕先生者，樂行亦不敢辭。

分華當年意，水田認古臺。
柱波高白石，繡壁老蒼苔。
勝迹嗟埋沒，行人自去來。
廢興應有數，試望水西隈。

從弟中立【道行】榮歸，奉請鄉先生，設宴於宗堂。臨罷，口占拙句以志喜，且寓勉戒之意【乙酉】

煩惱胸中稍覺淸，賴渠猶得繼家聲。
非緣素志崇名利，只爲新恩出聖明。
嘉客留連添勝事，偏親衰暮慰慈情。

須知別有男兒業，莫向科場了此生。

扶仲以次韻非古，欲效唐以上相和之法，作詩示余，余嬾不復別占韻，用其韻以謝，非扶仲之意可愧

忍公昔未歿，會文同志俱。
自從雲谷空，孤蟄如幽拘。
令弟時獨來，雙桂餘一株。
近者示新篇，古意相招呼。
我本無所知，耳得類鄭奴。
與君談文字，每發劣兄輸。
詩論頗脫俗，寡見却有殊。
因循且尋轍，費力竟是虛。
上溯風雅古，五七皆籧篨。
所尙亦已久，沿襲千歲餘。
同失賦、興旨，所爭僅一銖。
韓、柳最好古，往往用此模。
獨恨名亦謬，次、用不相如。
次是下承上，用乃彼字須。
復有依韻者，魚、蕖與虞、蘇。
流傳爽其實，漫混歸一塗。
喚甲便作乙，買櫝却遺珠。
君如欲矯俗，名義且反初。

我性特疏嬾，作事患苴麤。
有導卽相從，未能別自圖。
所以日汙下，文藝任荒蕪。
時廁唱酬末，戲劇聊自娛。
流光忽晼晩，韶顔已衰枯。
望道力苦短，念書精不儲。
恐墜考訓戒，焉追師步趨？
所憂良在玆，中夜發歎孤。
當今重科擧，詩律亦笑迂。
韻法得與失，足以駭俗徒。
何況我所云，曾不爲有無！
有志終未已，征邁願同驅。

聞李上舍公燮【台煥】丈爲我仲父壽席，有意寄詩，因人奉索還書，諉以失去。仍付長律一篇，步韻呈

勝事吾家亦一時，私情願切載歌詩。
光榮正待文章伯，得失還從造化兒。
稍喜新篇先入手，倘兼前槀更伸眉。
六丁下取應留副，莫惜因風次第貽。

次朴西溪【泰茂】韻

匣裏塵生古釰寒，窮途誰與話艱難！
春深栗里携陶令，月滿山陰訪戴安。
憐我悲歌高《白雪》，許君心事件蒼官。
枯桐曲罷鳴烏瑟，萬斛閒愁酒後寬。

金谷贈姜淸之【世白】

側耳聽談座屢移，吾行定欲爲君遲。
妙齡特達應無敵，此地相逢若有期。
指點盡知名祖後，立揚須及艶陽時。
通家誼舊論交晚，從此江西我所思。

仲父母重牢壽席志喜

從弟孝誠應感天，兩親偕老見今年。
辰回雝鴈曾鳴日，詩續《桃夭》舊咏篇。
喜氣迎春生一室，和風送雨灑初筵。
家門三設重牢宴，積德餘休念祖先。

南北諸宮先後傾，仲房猶幸獨康寧。

悲懽往復逢今日，孤露瞻依慰此生。
東海籌添仙子屋，南天光動老人星。
百年風樹含餘慟，努力無忿替事誠。

書

與權拙修齋【相一】

積年嚮慕之餘，得一日陪誨，已覺胸中充然。第遊子赴家，不得不急，未克久留門下，以償平生之願，是爲愧恨。

比日潦收氣淸，伏惟道體頤養，神相增福？樂行迤邐作行，無撓還巢，而老母近經痎瘧，憹慠益甚，私情煎迫不可言。

一柬今作省拜之行，如未速歸。伏望警誨，使知爲人子弟之道，轉令不肖如樂行輩者，亦得以因緣掇拾，爲省身補過之資，千萬千萬。

蓋人家子弟，孝謹遜悌爲百行之首，文藝直是第二三事耳，而此中先輩遺敎，殆盡亡失，率多自行自住之風。此大人先生所宜捄正之者，恨不能與一二同志從頌門屛，薰德安敎耳。

答鄭梅山【重器○庚午】

樂行再拜。往在草土之日，伏蒙累賜存問，重之以哀詩酹文矜念備至，私心銘感，久不敢忘。曾上謝儀，轉付聞韶，後乃知中間浮沈，逋慢之極，何敢復以言語自文也？

卽因橫溪戚人見訪，伏審近日體候以宿患欠寧，不任驚仰。先哲往矣，斯道之責，惟在執事。伏乞加意將攝，以幸後學。

樂行等罪逆不死，喪制已畢，猶言猶笑，自齒平人，信乎其頑矣。區區私情，惟望幸先執碩德，惠以一言之重，而不敢循俗乞輓。乃執事不遺舊誼，特賜哀悼之語，至於遠致鷄絮，替人奠酹，其惻怛勤懇之意，反有踰於躬親臨哭者。前後文字，尤可見平日相與之厚，足以令不朽先人矣。不孝得此，何啻拱璧？數字修改處，謹已依敎釐之耳。末由趨拜，訴此多少，不勝忉怛。

答權江左【萬○癸亥】

三月所賜書累數十行，勤勤懇懇，若非人人所可得者。不知無似何以獲此厚賜？感幸感幸。

彼時鄙書所云，非他意也。父闋制殊方，爲窮天之恨，親舊間或謂“爲子者，不宜安安而居”，練熟時勢之論，尤以爲言。然顧出門無其路也，衷情抑鬱，無所告訴。適會拜書，不覺信筆及此，蒙諭以“無益於事而貽累於親”，有是哉，君子之愛人以德也！

向時一番妄作，被李景文投書切責，尙有十一二信不及者，得尊教，乃廓如矣。仲默父子，以義理對怡，誠千古美談。然尋常竊意"仲默特强作於外，以慰其父，其心未必爾也"，得尊教，又恍然矣，向者以小人之腹，度大賢之心也。伏詳此兩段，議論正大，義理微密，度越尋常千百。苟非係關私事者，甚欲爲儕流傳誦之，以廣其說，顧不敢也。

景文復有往復否？頃對渠，知與執事作旬日之會，卒卒未暇究其說。然所爭當有歸宿矣。聞訥翁貽書景文，欲令兩家相和，果如之否？此意甚好，令人滋發意思。

蓋六經之，與《朱子書》其義理固一源而無間者，無容判而二之。雖以文章言之，古今相濟，各適其用，豈不大善於偏主而偏廢者乎？若然不惟不相非，顧有以相資者，未知如何？區區蒙陋，前此不敢爲左右之論，今輒以李先生爲依歸，悚息悚息。

夫時有古今，而文章之高下隨之，假令字字句句，模倣六經，其蒼然之色、渾然之氣，卒不可爲也。漢以下效古文者，莫甚於揚雄。然《太玄》之於《易》、《法言》之於《論語》，果何如哉？退之文章家之最醇者，故曰"師其意，不師其辭"，夫師六經之意者，孰大於朱子？後之爲文者，朱子已不敢幾及，況六經乎？然朱子於辭，亦未始不學六經也，特時世使之爾。今欲學朱子，又不可不先學六經，若先學朱子而舍六經，無以探其源立其本，而其爲辭也，不過後世支離冗長之語而已。故妄以爲謂"朱子不足爲"者，失之過高，謂"六經不可學"者，失之太泥，而訥翁之論，獨完全而無虧欠也。以執事辱知愛甚，故心所存者，不敢隱諱，唐突乃爾，亦欲卒承砭誨耳。

答權江左【乙丑】

伏蒙遠辱手書，勞問患厄，拜讀感戢，有不勝謝。向後日多，伏不審侍餘氣候更如何？區區下誠，仰慕旋切。

樂行不孝無狀，禍機層加，尙何仰喩？其不入毛羅，不加椸棘，實惟天恩，祇當感泣，而但無窮者私情也，老病父母絶域分張，後期杳然未卜，島嶼雖使泉甘土沃，畢竟是海中煙瘴風濕之毒，較蟾江，當邈絶，一念憂懼惟此耳。奈何奈何？

自島回者言"自蟾江至康津治，三百里而遙。自治入島有二路，由南塘而往，爲六十里，由馬島、古今島而往，爲百里而近。南塘路是大洋，馬島路陸行六七十里，而有兩津渡，合爲百里"，今番嚴程取馬島路。

智島東西二十里，南北十里，而大村落往往而有，見今住泊處亦大村【村名，東古之。】，屋子頗寬敞可遣。然魚鮮絶貴，今年凶歉，與陸地無甚異同。謠俗不甚駭異，而大抵皆逐利附勢之類，生計窘束，固勿說，無勢謫客，恐無藉賴之道。然此亦何足介意？惟可怕者，春夏海氣與井泉性味耳。

樂行旣不能隨入於初頭，今以等待奴子故，淹滯石田，度歲除前，僅可抵島。霽行病狀，無久留海島之勢，爲大人所迫還，在側者獨光陽、河東數三學子耳。

老母去晦到石田，心緖未定前，不欲向故土，姑此權歇泊，以待春生。一室三分四裂，景色尤無可言，苦痛苦痛。

答李欽夫

頃於奴回，伏承下札，謹審祁寒，尊體萬福，慰仰無任哀誠。樂行頑不死滅，尙存視息，而病母毁鑠日劇，仲父以丹毒餘證，彌留旬望，種種煎泣難勝。

兩冊伏蒙不鄙投示，且責以校訂之役，感愧交集。嘗竊惟念此是同室事道理，不容不一玩其面目，所以前日奉煩於上舍丈，至於發疑難貢所見，初非意慮所敢及。況僉丈自編摩以來，往復商量，不啻爛熳，殆可謂用盡精力！蒙陋寡謏，何敢唐突其間？顧以勤教之下，不宜無端奉還，玆不免强加剔抉，爲塞責地，寧有一分意見，可備採納者？

如字畫之偶失照管及爛紙傳錄之誤，自是有依据處，故謹就紙頭直改之，至以淺見所及剡紙付標者，亦間有之，誠僭妄不自量矣，誒罪誒罪。

答李公燮

惠書拜讀感暢。慶席詩，竊觀意寄深厚懇到，眷眷於私家欣戚憂樂之間者，足令人感泣。至其詞致格力，俊健不俗，非後生輕浮口氣之比，不勝敬歎。當移錄軸首，爲私家珍藏，而不若倂得心畫，增一光色。竊欲送上一幅善紙，以備揮灑還賜，幸可得卒遂私願耶？

筆畫之工與不工，初非所論。少陵未聞以筆名，而《枏木》詩，塗改暗草，爲千古絶寶。詩文亦隨人而爲輕重，況筆乎！假令眞如自道，固無傷，況盛筆實吾儕所共愛賞！每怪其以拙手自居耳。

鄙稿無足道者，而過蒙推借。在己則謙抑太過，於人則稱許不倫，未知義理果爾否耶？

與李景文【象靖○甲子】

冬初南行，荷夙駕臨問，商量行事，私心感激，久不敢忘。不審而今尊府大丈體候康寧，僉道履迎新增福，趣味日佳否？

樂行千里扶老，間關抵達，人事之感、疾病之憂，了無相聚之樂。又以祖母喪餘之日，不忍不歸哭，故離違數旬，獨與妻兒守歲鄉廬，雖頑甚，亦不能自遣，奈何奈何？

向者奉對，承“與權丈作句日會，當時卒卒未暇究其說”，但知權丈終不肯相信而已。及到親側，竊見尊書，乃知訥翁欲令兩家和解，愚陋之見，以此意爲甚善。不識高明又有說者，其指何居？竊願因便寄示其復書，訥翁書亦不妨，竝示否？奉玩訖，當卽還完耳。

家大人謝狀，謹呈上，書中云云或出過慮，然莫非相愛之意。賢者可不明否？若小子蒙騃之見，則又恐世俗遜懦成風，纔近此邊事，率以呑而不吐爲得計。惟執事可以捄此弊，非執事爲之倡，後進何由相勸？家大人居常所言，固亦如此，特於執事愛之深，故有此云云，非以往復辨論爲可廢也。願執事益勉之。

與李景文

士競行，所附謝儀旣甚草率，學甫歸，又不遑具禮修候，所呈稟目亦未裹封，簡慢極矣。兩紙果皆關聽否？

近日伏惟侍餘道味超勝。此間送學甫日，家累分娩而又生女。自念今後定作無後一窮民，且無辭可報於兩老，此又大段落莫處，謂之何哉？

前者兩書宜復者多，欲於早晩拜面時究言之，却恐此計未易遂，玆敢更瀆，望明者之察之也。不敏誠千萬無似，旣無一知半解出於心得者，所聞於父兄師友間者，又隨卽忘失，自顧其中枵然無物，何敢周旋於高明叔季之間，以難疑問答爲事哉？

向見門下諸賢，講說如流，義理卓然，令人瞠然自失，有十駕難追之歎，況其教育而成就之者，又可論耶？如愚者只合羞愧蟄伏，不敢開半喙於其間。然自覺此意亦不無病痛，與其自甘沮退，日趨下流，曷若輸瀉心腹，以求正於有道哉？假令有一斑之見不背於先覺者，則吾可得以自信，其謬妄乖舛者，亦將因朋友之駁正，而有覺悟之幾。所以前後拜奉，傾倒罄竭，若無所隱，而高明乃反以德器深厚，不肯容易發露譏之，何其不相悉至於此也？

竊嘗念之孟子所謂"動心忍性，增益其所不能"，張子所謂"貧賤憂戚，庸玉汝于成"者，亦就氣質分數在中人以上者，言之爾，非下愚如樂行者，所可希及也。

自頃患難來，無咫進而有尋退，彼時雖汨沒於科擧之業，其志氣尙若可以有爲者，今則摧頹散漫，無復餘地。每遇排遣不得處，輒顚倒錯亂，不知所以自處，稍休歇無事時，則又弛然自廢，頓無奮發向前底意思。一月之內，固不無數日間隙；一日之內，亦不至終夕走奔，而終是不耐堅坐實做，毋論架上籤軸相忘已久，卽輕躁庸碌之態，達於面目，時對儕友，爲之騂然發泚。乃高明張皇推借，自謂"有見於眉睫之間"，而又許以"思索功力視龜潭時，長得一格"，竊恐賢者於知言、觀人之術，容有可議者也。龜潭數日所聞不爲不多，所觀感不爲不深，苟能保守不失，亦無恠其長進，奈睽違以來，依舊憒憒，芝蘭之芬，飄散已盡何哉？

見今致身親側，旣不可以旬日期，又傍無强輔，不得策礪之益，於是而有望於高明者，不淺淺矣。幸以一言之重，特賜對證之藥，使之藉手扶持，終不爲吾黨之罪人，千萬千萬。

讀《心經》之說，可謂孟浪。秋中被族弟濯以來，相煎迫，略綽一閱，彼此俱無相發處，濯以歸，便閣之耳。餘懷，紙盡不宣。

答李景文

自僉尊儼然在憂服之中，不復有承拜之便，惟書疏往來，可以少抒慕用之私，而荒迷頹嬾，不能自遂也。伏蒙特垂手畢，滿紙縷縷，若以無似爲可與告語者然，且感且媿，不容言謝。

前日竊聞孝候不寧，爲之貢慮，今承所愼就安，僉履支相，區區不任慰仰。

樂行頑不滅死，倏忽之頃，已過饑日，即今又是昨年載柩泝江時節。追思罔極，當復如何？而人理頓滅，顔色哭泣，飮食興處，竝無哀苦模樣。自念以古今天下所罕有之情地，而其所以自處者，乃反不如常例居憂者之爲，可謂失其本心之甚矣。此蓋其初非必畫爲此無狀，特以老母慈愛之過，常以疾病爲憂，自顧孤露凶矜，亦不無自危之心。遂不免過自愛惜，以保全軀命爲大事，習慣成性，以至於此，乃知毁滅之戒，特爲賢者設也。

有時循省，已自知其爲禮法之罪人，而秉素性粗暴，凡有不平，不能動忍，流離湖海之間凡十年，而此病愈甚。先人嘗擧《旅》九三“喪其童僕”之辭，以切戒之，而猶未能自悛即此一事，其無子弟之行可知。

禍變以來，百感在中，而此事尤爲無窮之恨。思所以痛革舊習，追贖前罪，而氣質偏滯，卒難變化，乍悔旋失，旣復復迷，竊恐心地益以茅塞，罪累益以山積。私竊悼歎，以爲“區區維持之道，惟在料理舊書，收拾前聞”，而顧精力素短乏，重以年來魄遁神喪，苦未收召，日用應酬，忘前失後，而於書尤甚，無論義理精微，卽文勢字訓，亦多窒礙，獨坐空室，於何質問。乃執事見問以看何書、作何工夫、見義理如何，媿無以爲對，漫敍近狀如此。非見愛之深，何敢爾耶？

孤露殘喘，無一念於世。惟得從有道者遊，薰陶漸涵，以變其駁雜狹陋粗疏浮淺之舊，庶幾不忝先人遺緖，而非高明，宜無可適從者。

又値四方觀禮之日，凡所以追孝自盡之道，必有合於天理人事之則，而顧以凶衰之蹤，不敢輒造門牆，則時奉咫尺之紙，導達微誠，固所願也。今何幸先自貶損以引之也？

竊嘗聞之，南軒之返魏公喪也，朱子與之講討於舟中，朱、呂二先生之居憂也，應接學者，亦無所廢，夫豈不可而諸先生爲之？高明於此已自有所据，便當處之不疑矣，何待下問於無似耶？蓋欲誘而進之，使不以喪難自廢也。然以樂行而與聞此義，不亦僭越之甚乎？

《刊補箚疑》，恐不必深閟，遍經諸眼，以爲去取收入之地，正是辛勤箚錄之本意，況所錄精確，極有補於先師纂輯之大業者耶？其中若干條，有淺見所不及處，不揆僭妄，別紙錄稟，幸乞批回，以發蒙蔀，千萬千萬。

答李景文、休文【光靖】

伏蒙僉尊以“樂行等有改葬之擧”，特賜書問，苟非眷眷不遺，何能追記於事往之後如是耶？感歎不知所以爲謝。寒序已窮，伏惟僉動止增重。

樂行曾祖母宅兆，本是權窆，自祖父若宗兄時，日夜謀遷，而卒未遑也。今年適値吉運，子孫偶皆無事，遂得決意行之。幸賴冬日晴溫，僅免窘敗，而舊壙災患非常，新兆未必其爲吉地，驚凜憂懼，已不自勝。孤露殘孫，百哀在中，尙何言哉？

《刊補》校勘之役，所示誠然。然區區鄙意，恐不必招呼多人，以公論私情，左右俱不當以辭讓爲事。試趁此家食之日，逐疑釐補，別作一本，以經一二長老眼目，無傷爾如何？

廬院火災，不幸甚矣。書籍盡是先輩手澤所存，往往又有先人遺蹟，而竝爲烈焰所焚。其幸存者，亦皆殘缺不完。聞變之日，亟往見之，傷心慘目，益令人有滄桑之感耳。

與或人

前春溪院之晤，今依然入夢想。卽日新正，伏惟靜履眷集均慶。樂行老母自昨年秋，疾患彌留，見今氣息奄奄，私情煎泣可喩？

訥翁先生賜樂行書三幅，今始呈上。想兄當終始主張，幸照數領納，待載錄訖，卽討的便還投切仰。

年來作何工夫？末由奉討，不勝悵然。偶見金荷潭《破寂錄》，以中國所謂“黍”爲我國所謂“穄”，以稷爲我國所謂“黍”，援證頗多，亦曾聞之否？ 此殆近不急之察，然若使世果有興禮樂、正律呂者，黃鐘管中所積之物，將何所適從？度量衡長短多寡輕重之法，皆無所準。至於鬱鬯之酒，本草之書，亦將莫的其名，亦博古明物者，所宜考核而辨別。兄淹貫傳記，試訂之如何？固陋無資益處，恨不能得多聞如吾執事者，與之同處耳。

答李學甫【宗洙○戊寅】

七月晦所惠書，久稽謝儀，雖坐無便，悚歉深矣。潦餘風氣不佳，不審色憂近何如？伏惟誠孝所格，已復翔櫛，幽居味道，凡百勝相？區區嚮往無已時也。

樂行夏間疾厄，誠有不可堪者，近稍蘇完，尙不如前日之健。不敢言老，亦是氣血向衰之致，浩歎奈何？惟幸將母奠居，不比年前離析棲屑之苦耳。

諭及"過中之病，不早辨之失"，不知所指爲何？然相從之久，必有見其然者，仰認忠告之意，不勝感歎。抑竊自省念，過與不及，失中則同。然區區常覺有多少不及處，往往狂妄謬戾，駭人聽聞，則不及又不足言矣。至若委靡頹懦，因仍苟且，當急而緩、當勇而怯者，誠不可勝數。

然亦恐義理無窮，所處各異，岸上傍觀之見，或不能盡人之事實與心曲，而切己思量，亦或有無病者所未及察者。隱忍遷就，至於萬萬迫不得已而後處之，無乃不害爲一道耶？然存心處事，一偏於此，則輒有詰屈迂回，不能坦易之病。

蓋亦所嘗自悶而不能革者，要之氣質之偏，類非鹵莽工力所可猝變奈何？

縷縷所陳，似近分疏，然非敢有毫分他意於相愛之間也。但恐所諭"過中"者，已是僭越之題，所謂"不早之失"，亦出於慰藉之意，可謂"情重罰輕"者。愧懼之深，漫此煩絮，何當面討，以罄此懷？

"心說"及"愛之之理便是仁"小說，竝竢早晚辱示。年來荒廢甚矣，雖蒙示及，亦無望於受用，而猶未能不望幸耳。

答黃爾直【後榦】

人有接屋而居，朝夕而見，限區域而生，至老死不識面者。然其心之所相與，未必在此而不在彼也，而況不佞於足下，幸而有一日之雅乎！

歸轄未投，遂成闊別，近日不無書郵，不能以咫尺之紙，先以自通，迺蒙損惠長牋，賜意勤縟，奉讀再三，驚感無窮。

第其所以命之者，有愚陋所不敢聞者。言不重發，古人所戒，何足下之賢而犯之乎？負笈尋師，爲世忌諱，先師無恙時，在鄉井之間者，亦多自阻於門牆。足下乃於數百里之外，以弟子之禮來拜焉。當其時也，不佞固已聞而畏之矣，旣又接顏範、聽緖論，以窺其中之所存，信乎非流俗所能奪，而以今詢及於家大人者觀之，其博學深思，有俛焉孳孳之工，亦可知也。自此而進，何患不副先師勉誨之意耶？

談者謂“下邑儒敎，有讓於江東北”者，固過矣。然大抵習俗之壞，擧世同然，彼亦安保其如古也？而足下質美而志篤，業專而行飭，傑然自拔於其間。卽不佞於足下，有願學，未能之歎，抱往從，末由之恨，而足下乃反以朋友相輔之道，有望於萬萬無似之人何哉？

樂行氣質懦弱，識趣卑下，內而爲父兄之憂，外而爲師友之所斥，其不敢與足下相往復上下也決矣。盛諭之及，但有慙赧。然倘蒙足下不遺鄙陋，頻惠德音，以激其昏愚，使得其自免於小人之歸，其爲賜之厚，當如何也？

家大人適出弔親舊家，所惠三種，謹奉留案上，不開封識，以待大人之歸耳。

答權載運

惠書承領晩，稽謝至此，良負厚意。春序向殷，靜履想增勝。樂行年來喪威流離，無一善狀，兼偏親篤老多疾，憂懼度日，餘不足云爾。

書辭縷縷，深感不鄙。但因人問死生固可矣，曰學曰道，過矣過矣。聖人曰“修辭立其誠”，書札亦修辭之一，所云無乃近於不誠乎？蓋此二字，本非稀闊奇異之事。效之之謂“學”，行之之謂“道”，自誦讀講問日用云爲之間，苟爲之力而處之當，皆可以得是名。樂行非故欲避之也。

顧於書冊日疏，尤悔日積何哉？樂行之憂溢於世，容有轉凂於仁聽者，樂則無之，誰復傳之者，左右亦何所聞焉？然其見念之切，殆有憂樂與共之意，無似何以得此於賢者哉？幸莫甚焉。

賢者篤信而固執，業專而行高，凡平日遊顧翁之門者，皆有媿焉。樂行誠中心愛之，特以蹤跡踧踖，不敢輒近城府，又困厄棲遑，無閒暇時日，所以不能相過從，如人之爲也。

昔年松石之約，甚媿孤負，何望復辱相會耶？惟繼此時惠德音，以警昏惰則幸矣。

與張壻【壽鶴】

貴星歸後，更未嗣音，瞻鬱增深。霜飆戒寒，侍餘調況，近復何狀？

此去趙生卽光陽人，而受業於先人者也。返柩時從行而來，今又意外見訪，其情義可感，而冒寒單行，千里徒步，令人有不瑕之慮。歷路或迤訪左右，幸爲我善遇之，奴馬若無故，未可限霞山代步耶？以我之故，貽弊於君，前後非一，殊不安心。然非君，何敢爾耶？幸諒之。

答李甥【萬運】

伻至，見書甚慰，遺簡精錄寄來可幸。見今草本尚未畢，來年可成定本，而吾目漸昏，操筆硬澁，無他寫手，獨與中立共之，而中立亦非常常閒暇者，以此了完未易。至如編摩考校，又必待有識者，與之商量，恨相去遠，不得致君在傍耳。

答忍齋族兄

二十年磨戛肌骨，出入動靜，靡不相須，其於雅衷所存，不可謂知之不審。然有懷，輒對面說破，又緣高明每事欲略去浮華，循蹈常轍，故未嘗以楮牘往復陳列，如古人之爲，況此數年來，患難流離，竝與前日追逐之樂而失之！中間雖書疏陸續，只是吐情素敍寒暄而已，其志業言論之能長進與否，莫從而窺見，今者不待弟之稟質，而先以書見惠，意寄勤切，不比尋常酬酢。

夫以吾兄之居簡，而不免爲弟破戒，乃得二十年所未有之事。此則孝剛實爲之階主，而區區妄言，亦不爲無助也，幸甚幸甚。但來書規模議論，依然舊日樣子，雖使重得罪於高明，不得不復獻其愚也。

幼而學之，固欲其壯而行之也。然其所謂學者，高明以爲是何事也？孟子之意，蓋以爲聖賢之學，而竊詳來敎，未出身前，但當致力於擧業，然則其學不過詞章之學而已。幼而所學，旣不出詞章之外，則壯而所行，亦當行此而止耶？孟子所謂“行之”者，決不但如今世士大夫所謂“舘閣手段”者也。高明於此亦必不以爲不然，而猶且云爾者，豈以爲方其幼而學也，則姑爲科擧工夫，而及其壯而行也，方做聖賢事業耶？誠如是也，世之操觚弄翰，馳騾詞壇，傑句雄篇，見稱以場屋巨擘者，及其發身立朝，皆可以贊堯、舜之治而辦伊、傅之事耶？

夫三代王佐，固無論已，至如歷代表表見列於名臣賢相之傳者，何嘗專心一力於科擧之文哉？詞賦見幸，適足爲枚、馬之羞，而漢朝第一人，終歸於廣川之醇儒。楊大年、蘇長公之文辭，豈不震耀一世？而宋代人物之盛，畢竟以洛、建諸賢爲最。其餘雖或資質德量亦有卓然自立者，然其進退無尤、言議當理，則皆莫如素嘗從事學問者。

大抵學者苟能爲己，則雖農工商賈之事，亦可爲也，況科擧乃是後世致身之路，而程、朱、退陶之所不能免者乎！若使趨向已定、脚跟已固，而以餘事治時文，亦何不可之有？今乃不然，乍見一言之及於學問，便驚駭而摧折之，使不敢復出口氣，良可異也。

吾兄早以成就後生自任，文彩品格，已爲少輩所尊敬，言論凌厲，又足以屈伏衆人，而約束號令乃如此，勢將靡然而向之矣。今觀孝剛書，顯有却步之意，竊恐自此家門之內，不復聞此邊消息矣。尙何扶持之可望？亦何壯行之可論耶？

區區辨說，非敢好己勝，實欲剖判於理欲義利之間，而爛熳同歸於正誼明道之地，惟吾兄更敎之。拙辭往往傷直，悚仄悚仄。

與族兄

昨書語近戲劇，意沒關鎖，無以動萬牛難回之見。然餘懷耿耿，不敢不盡，復冒昧言之。

竊詳來書，以爲本末輕重，古人已言，今人皆知，非但爾之所識也，則盛意蓋未嘗不以學問爲本爲重，科學爲末爲輕，而亦未嘗不以鄙說爲是也。然猶且云"學問不可爲，科工不可不專力"，蓋其病根都從扶持門戶上出來，而又以順親志、從親命一事爲迫不得已之大端。然物有本末，事有終始。有是學，方可以有爲於世，不學而欲行於世者，雖自期以掀天動地之勳業，亦何足觀哉？

生今之世，若使上之人廢科目，而用上世取人之法，則固善矣。如其不然，則雖使聖賢當之，亦不免隨衆應擧，求所以致君澤民之道，又未必禁切後生，使之塊伏於圭蓽之中矣。而惟其立心之初，便將科擧作第一義，把此學爲等閒物事，於科擧則抵死必得，於此學則觀其餘力而爲之，重處常在科擧，輕處每在此學，則其終也，不爲利欲所使而自脫於鄙陋汙辱之歸者鮮矣，其何能遑暇於此事耶？是以程、朱、退陶雖不免使人赴擧，亦未嘗不以內外輕重之別，丁寧告戒，蓋所謂"非科擧累人，人自累科擧"者，其意可知也。

然得失窮達，有命在天，而纔做時文，輒壞心性。以吾東言之，在昔六七賢，當今一二家外，由科目出身而不被其所累者，蓋絶無而僅有，自非天資卓然者，不可輕議也。此所以當初鄙說，以不做科業爲最善，而其曰"義理之文，自可以决科"者，實未嘗欲人之專不應擧也。蓋不佞之意，以爲志苟立，則時文亦可做也。不宣。

答族兄

朋友講習，往復相難，固古人之事。然嘗觀聖賢之爲此者，皆將道理精深處，作題目，剖析於幾微毫釐之際，或前人之所未及發而今始言之，或衆人之所不能識而我獨見之，有足以光前聖而開後學。故累牘連編，極言竭論而不厭其煩也。

且如無極·太極之辨、儒釋·王霸之論，是豈可已而不已哉？侵毁之言，將使周、程傳授之訣，受誣千古，而異端盛，則孔子之道不行，義理混淆，則唐虞、三代之治不復，朱先生所以力排而痛辨之者，誠不得已也，而四七、理氣之說，若是閒爭競閒是非，則溪門又何必如彼其多辨哉？

今日吾輩之所云云，有異於是，古人已語之詳矣，稍知義理者，亦已見之明矣。得失曲直，不待兩言而可決，顧乃蔓延張皇，未見出場，此已可笑之甚。況此無似本無毫分實得，而敢爲大言，有若眞知內外輕重之分者然，傍觀之竊笑，明者之譏斥，已不少矣。自今當緘口結舌，不敢復理前說，而"而月斯征，我日斯邁"，觀異日歸宿之如何耳。

答族兄

來書縷縷之諭，雖或抑揚太過，然大致比前書稍醇，往往自道處，又多實際語，伏讀再三，令人意思安閒，眼目開明，不覺忿懟之自消而敬服之自生也。若其規責之嚴、開誨之切，直指病源，投以藥石，儼然有古人遺意，不知無似何以得此？感幸感幸。

患難之餘，客氣漸退，本心闖發，日夕凜惕，懼其終身黯黯而爲父兄師友之羞。是以竊不自量，妄欲用銖寸之力於古人之學，政所謂"人窮反本"者，而目今家庭隔遠，無以隨得稟質，鄕黨固多法門益友，然猝然以此等說話見浼，則彼將怪笑而不肯受矣。以此常倀倀無所之，有時獨坐慨然，而自從僑寓來，距顧爺舊居，間一重山耳，未嘗不瞻望太息，發九原難作之痛也。嗟乎！近世以師道自任，惓惓於成就後學如顧翁者，有幾人哉？今不可以復見矣。

迺者適會吾兄來會，朝暮相對，凡所疑晦，固皆以口商量。然一番說過，久輒忘失，不敏所以不避煩瀆，累呈書幅者。蓋欲以此爲階，遍及經傳微義、禮家變節，收聚作一帙文書，竢他日家君之歸，而各以所執仰質於燕侍之際，不則不肖趨覲之日，爲一捲去，以取正而決其得失計也，非直爲此間破寂之資而已。

今高明遽欲全廢往復等事，此本好事也，此漢自於好事無緣，宜乎高明之有是言也。雖然凡事閱歷多，則自然習熟，有懲創者，有容忍者，矯激變爲和平，麤悍轉成穩藉，安知此後新話頭，不爲君子之爭也耶？幸乞高明勿以羹熱而廢虀，千萬千萬。

寒溪祧主事，盛論固出於緣情從厚之義，然禮意甚嚴，有不可以情掩之者。退溪定論，可爲今日旁證，而高明之所已聞知者也，望以此更入思議如何？

答族弟濯以【江漢○戊辰】

日者獲接惠問，滿紙縷縷，無異面討，感慰交至。卽日水潦非常，不審侍履更何似？

初七忌祀奄過，想情地益罔極矣。行事之節，果如何爲之？此在濯以，上稟尊庭、下自商度而處之耳。孤露寡見，豈復有出於左右所聞見之外者乎？

蓋葬前，可以象生時設素，而自虞以後，以神事之則亦當用肉。此乃沙溪所論喪中死者祭奠之說，而"死後有父母喪"者，恐可以通用此禮也。夫自虞以後，已以神事之而用魚肉，則三年後忌日，以其父母之喪而用素饌，未知其當於禮也。有問"父喪中祭母，用肉與否"者，沙溪答曰"神道有異，不妨用肉"，此可爲今日之旁證。蓋象生時而設素與神事之而用肉，乃在所當祭者之未葬與旣葬，不係於彼喪之久近。若彼喪成服前，則固合廢祭，今已成服有日，喪餘之祭，略設以行，所不得已，旣行之則恐不當用素饌也。

節日茶薦及上旬上壟，亦恐難都廢，略具奠酹無妨耶。

然亦不敢質言，恐有不是，回示爲望。

罪從命頑不死，崩霣而已。收拾遺文，敍述遺事，雖甚不孝，何敢不勉？但自頃以來，心魄遁喪，久未收召，所以擬議多時，迄未自果者也。庶幾賴天之靈，心地稍靜，料理舊書，知識粗進，義理粗明，有可以發明先志之萬一者，然後乃敢從諸賢後，圖此一事，此區區之意也。但恐志業日退，無此時節而歲月如流，寖遠寖忘，以重不孝之罪耳。

上大人

去月卄二，乘暮往宿伊湖。卄三，抵一直，見從妹，偕李思安【齊松改名】，到蘇湖。卄四，與李察訪及其弟光靖、李顯靖·師靖合六人，上龜潭書堂，講《心經》。卄六夕時，方講《正心、修身章》，家中奴馬忽到，宗姪書云"丙男去夕，溘死。介先處通訃，不可稽緩。須急速回來相議，發使云云"，且報孕婦所苦添加，故卽與諸友相別。

子之一行，是經營許多時，用大段心力者，而纔及數日，顚倒旋歸，分外好事，固天所禁也歟？然數日間，亦多觀感之益，不可謂全無所得矣。

景文議論，殆所謂"橫竪當理"者，汪洋灑落，令人瞠然自失，李思安、李師靖輩，又極可畏，如子之矇無知識，貽累家庭者，良可愧汗。景文約於秋冬間爲一來報，未知不復落莫否？且恐子未易得閒歇時節耳。

景文出示訥翁所爲《密庵墓誌》，其《序》中敍事處曰"公之自序 曰'云云'"，而銘曰"喫辛劬業，纂述有光"而已，未有及於德學之盛者，此景文不滿意處也。子欲錄來，而景文以爲"此乃草本，謄播未穩"云，故止之耳。

湖伯 洪象漢以其子違牌之故，見罷云，果否？世路人心，日益危險，早晚方伯巡到時，不妨强起入縣，以聽其進退否，涼生後，又一見本倅亦如何？

《朱書》論蔡季通謫居一段，子等前此不曾講此義。雖嘗承庭敎，屢說及此，而猶以古今有異，不能仰體至意，每以損屈爲耻辱，可謂不思之甚。但尊年愆和中，不必自力勞動，只令不肖等代行，亦或爲官司所容恕矣。

上大人

介奴以十日來到，伏承下書，伏審體候有感冒之患，腰痛又添劇，伏不勝驚悶。甚衰積傷之中，有數日鞍馬之勞，其勢應然，豈但由於靜久而動也？近來伏不審患候加減更若何？從前此時體中善致愆違，而霽行適又遠離，尤切憂慮耳。况回甲初度，畢竟送過於他鄕寂寞中，而二子皆不侍側，子等百事無一無恨者，痛心痛心。

然此却非在天者，都由於子之誠孝淺薄，眷戀兒女而忘父母耳，尙誰尤哉？縱未趨侍，亦當走伻，而可借者惟宗家奴，不欲竭人之忠，不敢開口，幸宗姪不待我言而擬自送之，深以爲幸矣。此又苦多拘掣，今始發去，尤爲伏歎。

此中子之眼疾，室人之呻吟，近頗添苦，今已減歇，不足復慮。兒少輩亦無他，諸父母宅竝無故。仲父向時感候卽就安，旬後行次杞庄，轉修求道谷、丹溪人事，姑未返駕耳。餘外凡耗，各家書當自陳矣。

水災與辛卯無少異云，而所聞則“寧海、盈德、青松、英陽等邑尤甚。自寧海府西門外，至丹界兩邊山麓外，殆無青草。李子實叔姪諸家田土，蕩然幾盡，其奴屬六人漂死，不知屍處，而貴玉之繼母在其中。盈德治下民家漂沒者，六十餘戶，青松邑漂沒者，四十餘家，黃池爲沙汰所塡，封山大木漂下無數云云。”

所見則此村常漢家覆敗者十三家，而馬奴家在其中。始亨家及宗姪生家新屋墻壁房突，盡被盪汨，始亨夜中，蒼黃扶携，入于宗家。蓋自長皐，至大村腰中，皆入洪濤中，獨近山而居者及雲·雨谷、晴峯等處免之耳。浦田無論人我，皆爲水所浸，而駕過處不甚受害，凹陷處偏被其災。故吾家田在近在遠者，皆免嚙覆，但浦田終不無腐傷之患云。

然見開湖松林中，三屍漂掛，聞東江上下藪，人畜死者無數，便覺土地爲薄物細故耳。其日風雨，生來所未見，豈非時變哉？

惟幸蟾江一帶，不至如此之甚云，是爲大慰耳。龍池水田，能免虫災，甚幸甚幸。霽行之病可憫，然食道必勝於在彼時，完復亦豈難哉？栗里妹頃作石田行云，其無病可知。蓋其往也，以其姑夫人再朞，在今廿二耳。

子兩月來，自多酬應出入，一冊讀不得，時一披閱，亦無心得，伏歎伏歎。《中庸疑義》被爾直過眼，有此過推，無實得譽，可愧可愧。

李察訪近送書數番，告以今月內約會南淵，而子以產故相値爲慮，姑未得相諾，可恨可恨。其書辭議論，似當求之前輩中，令人歎服。李思安文雖讓於彼，見識則不甚下。日前金溪 權炳者來訪，又儼然一學者，言動見識，咄咄逼李察訪。自謂"遊枝谷、青城之門，且與蘇湖、一直兩李相從"云。近來鄕黨，此等人往往有之，豈或爲傾否之漸乎？可喜可喜。權之年，二十二云耳。

上大人別紙

《中庸疑義》，子之所箚錄外誤處，若逐一下敎，則誠爲伏幸，但以精力疲損爲伏慮耳。權丈此錄，本爲送質庭下而設，子居中先自違覆，道理顚倒。雖不得已於此丈之强託，而心甚未安，已以此意自首於其丈耳。且未及上稟於庭下，而徑示外人，亦乖道理，雖其勢適爾，而此皆臨事錯謬之病，追悔莫及。然旣已出之，不得不更呈權丈，如其所戒，以取勘批，如何如何？

權丈自謂"晚來，有惜分陰之意，旣用力於《中庸》、《周易》、《新書》等書，又考訂音律，著數卷說"，曾於虎院被其出示，令人茫然，不省其爲何等說話，而大抵其老，而不自放廢，極可敬服。

柳淳伯易學有高明之名，恨此蒙闇無可講聞之地耳。《德厚樓記》，朴戚老所云，果何如？子之意，本文似無少欠，恐見之者不曾牢籠上下文勢語意而有此疑耳。聞有懸板之意云，年月下"纍人"二字去之如何？人心漸不佳，不知更有何議論耳。此二字去之，則年月亦當商量如何？《雲亭記》亦苦請，其徐徐入梓耳。

蘇湖老少諸人，昨入仙刹，雨溪叔侍、榮川兄始亨、始元、相說，皆預往以會，未知紙庄 權老，果如約來會否？一家諸人，姑未罷歸耳。

昨朝，權進士孟堅、李命和·敬和、李察訪兄弟，聯名致書於子，以不得相見爲恨，而旣以不出門作近日戒律，故以書謝之而已。且雖無此拘忌，其會集甚盛甚豪華，子何敢與平人等而往從之乎？初不以不得參爲恨耳。

頃者李景文以子有眼病爲送眼鏡，其意可感，而用法甚生，未覺其功，反有不便時耳。

上大人

違側，忽已四旬有五日矣。消息漠然，無承聞之路，日夜鬱慮，何可勝達？春候尙未和適，昨日風霾非常，瘴鄕此時煙嵐，又當漫天，伏未審氣體若何？

子向西之行，蓋以迫不得已於觀行堂兩世之論及金騎省居間慫恿而發。然於心終覺未穩，纔踰嶺，遇枕澗令丈赴任之行，被挽止而回程，自此可免貽累於庭下矣，伏幸伏幸。

上仲父

可丘兄得達後，或意有便來之事，而尙今寂然，勢亦無異，而鬱悶則深矣。伏未審寒緊，高堂氣候若侍下氣體若何，而家中大小竝何狀？慕慮不任下誠。

此中停啓之報，伏想因科儒之歸傳，得其梗槪矣。今初七日夜，特下備忘，有依前酌處之命，天恩可謂罔極，而但不免島棘，又定於濟州 旌義，此則判金吾之操縱也。奈何？

今夜三更，始得出門，而臨時窘急，百具齟齬，且錢資所餘者只三十餘緡，而除羅將輩責應外，似不滿二十緡，千里外越海之行，狼狽丁寧悶迫奈何？家中所儲之數果幾何？必須急急運致於中路，然後可免絶糧之患，而中路等待，必有緯繣之弊，直到康津，以爲相會之地，則可無相失之患矣。纔到康津，而若卽遇順風，鄕便未至，而遽然登船，則極是狼狽，欲於康津以前，變通延拖，度鄕便可至之日數，而留待於康津耳。

積月犴狴之餘，神觀之損敗不須言，而左脚魚腹腫漸大段，行步全不收拾，數人扶將，猶且極難，如是而何能堪千里驅馳之役也？痛迫痛迫。家奴無可除送者，方以爲悶，伯實叔姪，許借此人，甚幸甚幸。臨紙茫然不備。

九思堂續集

卷二

雜著

雜著

《朱書講錄刊補》考疑

《答張欽夫書》"只好隔壁聽", 溪訓曰"言不親切, 與隔靴搔痒同", 鄭愚伏曰"言其言淺露, 宜於深奧處聽之, 若言不親切, 當云如隔壁, 不當云只好隔壁聽", 《刊補》兩存之。

嘗聞之先君子曰: "溪訓固合商量, 愚伏說尤未安。" 蓋侯師聖議論, 少精微縝密之意, 泛聽若可好, 而細聞之, 則多病故云爾。

《答張欽夫書》"所乘之氣, 有偏正、純駁之異", 溪註云乘恐稟字。

謹按言天命之流行, 則是主乎理而言之, 故至此以所乘之氣承接爲說, 恐乘字爲是。況下有"稟而生者"之云, 則尤不當先發得稟字而復疊言之也。妄意此註, 恐偶失照管。

《與呂伯恭書》"大承氣證, 却下四君子湯, 如何能相當得?”註曰:“醫書‘大承氣證，宜急下，四君子湯，補眞氣虛弱短少’，喩新參所爲，失之寬緩。”

按大承氣證，喩時事；四君子湯，喩新參，則註中宜急下之下，恐當以取喩時事之意添入，而今引醫書兩段，而摠結之曰“喩新參所爲，失之寬緩”，恐未分曉。蓋醫書所謂“急下”乃下其氣之謂，非下藥之下。大承氣證宜急下，而四君子湯補眞氣虛弱，非對證之劑也。

《答程允夫書》“可者欲之”，註曰:“蓋‘謂之可欲’，則是因善端之發，而要人識得擴充。若曰‘可者欲之’，則便是擴充之事。”

按是“因善端之發，而要人識得擴充云云”者，恐未分曉。竊詳本書文義，蓋曰“可欲”者是天理自然發見之端，此乃善所以得名之意也。學者於此善端，識得而擴充之，則有諸己而充實之以上地位，可以漸至耳。今曰“謂之可欲，則是因善端之發，而要人識得擴充”，則“可欲”二字，包得因其發而擴充之意，正本書所謂“非善所以得名之意”者也。此書本朱子舊說所謂“以理而言”者也。

後《答南軒書》自謂“過高而非本義”，遂以六等人品地位爲定論，《集註》卽其定論也。姑就此舊說而論之，所謂“可欲”，猶《書》所謂“可願”，蓋人之本心莫不欲善，故曰“可欲之謂善”，此是就理上懸空說，不涉工夫。若如允夫說，以爲

"可者欲之", 則已涉工夫一邊, 故曰"已是擴充之事, 非善所以得名之意也"如何?

> 《答胡廣仲書》"以前後而對者, 截去其一段"註曰: "太極圈與第二圈, 前後相對, 今以第二圈爲兼陰之陽, 是截去其一段也。"

按所謂"以左右而對"者指《太極圖》第二圈陰靜陽動而言; 所謂"以前後而對"者指人心動靜善惡而言。心之未發是靜, 已發是動, 未發卽所謂前也, 已發卽所謂後也。今以陰陽言前後, 則恐未安。

若以太極圈居第一, 陰陽圈居第二而云爾, 則當曰"上下而對", 不當言"前後而對"也。若曰"太極、陰陽, 以道器爲對", 則廣仲立說之病, 乃在於以第一圈爲陰靜而截去太極一段, 今曰"以第二圈爲兼陰之陽, 是截去其一段也", 亦未見其所當矣。

此註諸條有未備者, 今以淺見言之, "扶起左右之一邊"者, 以第一圈爲陰靜, 第二圈爲陽動是也。"截去前後之一段"者, 有不與動對之靜, 有不與惡對之善是也。"强加其所主者, 以無對之貴名"者, 謂先有無陽之陰, 謂人生而靜, 所以形容天性之妙不可以動靜言, 謂性善之善乃贊歎之辭, 不可與惡爲對者是也。"別立一位以配之"者, 謂後有兼陰之陽, 謂無對動靜之外, 有動靜, 謂無對善字之外, 有與惡對之善者是也。

“左右偏枯”者，扶起一邊之謂也。“首尾斷絶”者，截去一段之謂也。“位置重疊，條理交併”者，旣有無陽之陰，而又有對陽之陰；旣有無對之靜，而又有對動之靜；旣有無對之善，而又有對惡之善之謂也。“畸零”者，偏枯斷絶之謂也。“贅剩”者，重疊交併之謂也。“側峻尖斜”者，或起其一邊、或存其一段，欹側孤單，不能完全之謂也。

仁義之說，亦以此推之，則豈廣仲以爲四德之外別有包四者之仁，而四德之仁義，特因父子君臣，而得名也歟。

《答呂子約書》“氣配道義”一段，連排三句，無向背彼此。

按退溪本註，連排三句，所解有二說，下說恐是。所謂“無向背彼此”者，言以直養而無害，配義與道，是集義所生，此三句只是一義而無向背彼此之勢也。本註所謂“道義血氣合爲一物”云者，恐合商量。

《答周純仁書》“內外之患”註：“內無寧靜閒退之意，外有飛揚躁擾之氣是也。”

按內外之患，似是從治心養氣，處世接物上說，蓋詳此書意，則純仁於治心養氣之功，似有未足者。且曾在謫中，則其有外患可知。若以寧靜閒退之意、飛揚躁擾之氣，分內外則恐未安。

《答曾無疑書》"存此、識此"註: "此卽心也。"

按《集註》曰: "人得形氣之正, 而能有以全其性, 人物之所以分, 實在於此。" 又尹氏說曰: "君子所存, 存天理也。" 合此數說而觀之, 方於此字之義爲完備, 今直以一心字當此字, 恐未盡。

《答李敬子書》"不須做伎倆"註: "不是循序積漸底工夫, 故云然。"

按循序積漸之意, 於此句未見其所當, 蓋以視聽言動, 靠定着力。又以義理融液云者, 若有把作一技之意, 故曰"不須如此做伎倆", 未知是否。

《答蔡季通書》"人人有分, 不應今日獨如此難啓發"註: "賢愚有定分, 自古已然也。"

按此註可疑, 恐本書之意以爲間亦自思之。此理在人各有所得之分, 若敎之有術, 則何獨於今日難啓發, 而特以自家無爲人手段云爾? 蓋亦不責人而自反之意。

《與林熙之書》"當處見得"註: "仁之當處也。"

當處, 恐是敬之當處。蓋於持敬處, 自然見得仁體云爾。

《答呂伯恭書》“一體胖合”註：“昏禮夫婦同牢，一體各得其半。”

按《儀禮·喪服傳》曰：“父子一體也，夫妻一體也，昆弟一體也，故父子首足也，夫妻胖合也，昆弟四體也。”今此所謂“一體胖合”，似是用此文，恐不當引昏禮。

禮論箚疑【《安陵世典》中諸說】

結絞不紐，《喪大記》曰“小斂，左衽結絞不紐”，疏曰：“死則無復解義，故絞束畢，結不爲紐。”蓋古禮如此，而《家禮》未結絞、未掩面之說，本諸《書儀》也。顧齋曰：“至小斂，而猶望其復魄，故陳而不絞，至大斂，始絞。所謂‘盡哀之道也’，今之小斂結束，大違禮意。”明道先生嘗論此曰：“未三日而斂者，有殺之之道云云。”

竊謂古禮何嘗不盡於愛之之道，而且於小斂結而不紐者，蓋以復而不生，則亦不生矣，浴而襲而至於斂，則不復可望矣，孝子之痛，於是乎甚矣。然斂形裏膚，亦貴夫誠愼勿悔，望已絶於復生，而或當暄熱之時，結束未完，萬一有不誠不愼之悔，則其失當如何哉？古人制禮，必有以也。盡愛之道，記者固言之於復，推而至於大斂，則說得亦太過。所云“大違禮意”，亦恐全然沒却古禮。有喪者從《家禮》，小斂未結絞固至矣。或當暄熱則結而不紐，亦未見其違於古禮矣，恨無由仰質。

朋友服，有問服緦之制，顧齋答曰："所謂'緦服'只是弔服加麻云云。"

按十五升，抽其半爲緦。古者五服，各有升數麤細之差，緦雖極細熟布，而亦必當其升數，今直以弔服當之，恐合商量。

父喪葬後居母喪，葛庵答黃用五問，前後說不同。

黃用五問："斬衰葬後，遭齊衰喪者，竹杖外，衰服及腰首絰，盡用齊衰之制如何?"答曰："《儀禮喪服圖式》，引經文，有曰'三年之喪既練矣，有朞之喪既葬矣，則帶其故葛帶，絰朞之絰，服其功衰'，疏曰'朞帶與三年葛帶，麤細正同，以父葛爲重，故帶其故葛帶，三年練，首絰旣除，故絰朞之絰。服其功衰者，謂父之功衰也'，以此觀之，三年之喪旣練，而有朞喪者，猶帶父之葛帶、猶服父之功衰，則斬衰葬後，遭齊衰喪者，竹杖外，盡用齊衰之制，恐未安。"

黃又問，先生又答曰："全用齊衰之制，恐不無未安之意，故有所云云矣。今承推說得儘好，證據精博，指擬明白，始知學不可不博，而自歎從前讀書全不仔細也。"

黃丈再問之說，未及考見。然以淺見論之，所謂"朞喪既葬"，與新遭齊衰喪者不同，恐不當以《圖式》所引《禮記》之文律之也。蓋古禮既葬，腰絰變麻受葛，至小祥仍之。朞喪既葬，則腰絰與三年練後腰絰同一葛帶，旣同矣則當以重者爲主，故帶父之葛帶。斬衰練後，衰裳用七升布；朞喪葬後，衰裳用八升布，當以麤者爲主，故服父之功衰，《禮記》之說然也。若新遭齊衰喪者，絰帶是緦帶，衰裳是五升布，視斬衰葬後之帶與衰，爲麤矣。【斬衰之喪卒哭，受六升布衰。】似當以麤者爲主，而帶齊衰之帶，服齊衰之衰。此黃丈所以有"竹杖外，盡用齊衰之制"之說，而致疑於先生初答也歟。姑識之，以竢後日。

但後世無卒哭受服之禮，斬衰葬後，同一緦帶，則當以重者爲主，而帶父之緦帶，三升之與五升麤細懸截，則當以麤者爲主，而服父之衰裳。此又古今之不同也，未知當日問答之意，竝及於此否乎？恨無由仰質於錦陽丈席之下而往復於黃丈也，竝竢後考。

出繼子本生父練後，遭生母喪，前殯出入，密庵答先君問曰："前喪服制已盡，則似不當以後喪衰服入前殯几筵云云。"頃嘗有人問："出後子，方在所後喪中，本生父大祥及禫行事時，當服何服？"

妄答："以申喪本無喪服，特以哀未盡故，不忍純吉以至三年耳。今所後重喪在身，爲本生親祥禫，豈有脫重服？服申喪服之理，是與居喪者入伯叔父母几筵爲一般耳。但衰服不必着，只從俗，以孝巾、深衣，入哭似得之。或謂'行事輕服，卒事反重服，禮有明文，何不可之有？'是又未能深究者也。假如輕服未盡，則固宜有變除之節。今申喪初非可變除者，與所謂'服其服而祭之，卒事反重服'者義自不同。"

當時所答如此，其人卒從愚言，竝有本生父母喪者，與此可以旁照，而今先師之論如此，深爲瞿然，後當博考以訂鄙見。

斬衰練後，絞帶用布，葛庵答黃用五問曰："禮經旣有明文，先儒皆以爲可行，則雖《家禮》所不著，好禮之家遵而行之，亦有何疑？" 密庵答先君問，亦曰："禮有明文，行之何妨？"

謹按用布之說是賈疏，本非經文。今曰"禮經云"者，恐未安。且《記》但有"葛要絰、葛帶"之文，自周公以下羣聖人所不言，而賈公彥創言之。勉齋雖因之於《喪服圖》中，未必其經朱子勘定，今率然行之，未知其果如何也？妄竊以爲非聖人復起，有難輕易行之也。曾於《儀禮經傳注疏考疑》及與李景文往復中，已詳論之，此不畢其說。

小祥後止上食哭，葛、密說，皆謂當止上食哭，其說甚嚴，而先君嘗從《備要》，故不肖已遵行之。今讀兩先生所論，殊極瞿然。但葛庵說有曰："古禮，'旣葬，有不復饋食於下室'之文，朝夕上食，是後來俗禮，則上食哭，不必重於晨昏哭。"

謹按葬後上食，固非古禮。然後賢以其無僭逼之嫌，許終三年行之。哀殺哭殺之義只在於朝夕奠哭，恐不必幷論於上食哭也。廟門旣開，神主旣出于座，食物旣設于卓，哀情自激發聲號哭，是人心之所不能已。初非以其重於朝夕哭而不止哭也，當熟講之。

父在母喪，練後服色，權晦養堂問："父在母喪，練後當用何樣冠巾？今俗或用黲冠、驄巾，或用白笠、布巾，何者爲得？"葛庵答曰："黲冠、驄巾出於溪門問答，白笠、布巾出於《五禮儀》。上道禮家多從時王制，禫後申心制則多用緇笠、緇帶云云。"

謹按父在母喪，十一月而練，十三月而祥，十五月而禫，具三年之體。十三月祥後，方用白笠布巾似是。若十一月練後，便用白笠布巾則是大祥之前，已脫衰也，《五禮儀》及先賢說如此者何也？《五禮儀》尙未一玩，後當考見。

密庵答金潤問曰："父在母喪，小祥後緇笠、緇帶、驄網巾乃是心喪之制，爲上道禮家通行之例，而或以黲色布爲網巾。禫時依寒岡所稟定，用黲笠、白帶爲是。然時王制用白笠，則從周之義，不得不爾云云。"小祥後緇笠云者可疑，豈以十五月以後心喪之制，通謂之小祥後歟？然則"小祥"二字，文字似失照勘。

出後子本生母喪中，本生父大祥變服，密庵答潭上金叔問曰："當以黑笠、素服行事，卒事反喪服云云。"出後子爲本生父母，服朞年。朞後服已盡，而不忍從吉，爲心喪之制。然心喪本非可變除之服也。

今母喪既在身，則父大祥時，只如服伯叔父母喪者，哭伯叔父母大祥之例，以所着朞服，從主人參哭而已。似不可與主人同有變服之節，蓋以心喪冠服爲可變除之服，則不得不用此禮。然淺見未見其必然，姑記之，以備博考。

禮說漫錄

寒岡答禮曹問目曰："禮童子有不杖之文，而無不絰之語云云。"《葛庵集》中答童子首絰之問，引此以證之。

謹按首絰卽象平時緇布冠之頍項，蓋有冠而後，有首絰，童子無首絰，恐無可疑。

族兄某之喪，其子出繼者之妻之服，据禮爲大功，而近聞金愼齋、朴南溪文集中，有當爲朞年之說，蘇湖諸人及李學甫之論亦然。方書服次也，雲谷兄欲從朞年之說，余謂諸論皆如此，從之無乃可乎？遂定以朞年。

蓋古禮，婦爲舅姑朞年，故出繼子之婦，爲本生舅姑，降而爲大功。至宋，魏仁浦等陞舅姑之服，爲三年，則出繼子婦，似當以次陞爲朞年。特以當時不竝論出繼子婦之服，故後世舅姑服，從宋制爲三年，而出繼子婦，依舊服大功。

吾家舊亦如之，近者所聞諸家說如彼，且退溪先生於西川 鄭公夫人之爲本生舅姑，服朞年也，有答問書，而不以爲不可云。故不能復深思，而且從雲谷兄之論，但念有違於從先之義，以是爲懼。

後雲若來言"其昔年遭艱之日，以其出繼兄嫂服制，書稟於晞陽謫所，答書謂'葛庵先生說，以爲當依古禮'，且吾家自前服大功，今不可有他說"云，聞此言，不覺惶惕。後若復遇此事，當復古而反之正也。

姑之子、舅之子、從母之子，皆緦也。其兄弟姊妹，宜無異同【外親，雖適人，不降。】，而或有云"姑之女、舅之女無服，獨從母之女有服"，余問之則答曰："《外黨服圖》，姑之子、舅之子，但云'外兄弟、內兄弟'，而從母之子，云'兩姨兄弟姊妹'，此明文也。"余曰："《圖》偶有詳略耳，豈必其有意於差等耶？"

後又有人言："姜懷仁 久之 再恒謂此開元禮也。"後余考《儀禮》經傳中古今沿革，而不少概見，且緦麻章姑之子、舅之子二條下疏曰"外兄弟、內兄弟"，從母昆弟之下，疏不復言姊妹，蓋云兄弟則統姊妹矣，同是異姓姊妹，而豈有異服之義耶？《家禮》緦麻條云"爲從母兄弟姊妹、爲外兄弟、爲內兄弟"，亦可爲或說之證。然從母之子、姑之子、舅之子，其文又相同奈何？吾亦不敢質言，然姑記之，以竢博古知禮者，更問焉。

柩衣卽所謂"侇衾"也。自小斂，已用之以覆尸，及葬，隨柩入壙。今俗必於葬時新製，蓋其初因力薄，未具於小斂，至葬追設之，而漸染成俗，以致此誤耳。

眉叟庚子上《喪服圖》中，引不杖朞章賈疏所謂"天子、諸侯，爲正統之親后夫人與長子、長子之妻不降，餘親則絶"，而自謂之說曰："當服三年之長子，不當在朞服條明矣。長子當服朞年者，愚以爲'承重，不得三年者是也'，故長子一也，立嫡以長則三年，立庶子爲後則朞年。"

先君子嘗曰："此眉翁失照管處也。賈疏所云，特因鄭注'降有四品'之說，而推言'天子、諸侯，不降正統之親后夫人、長子、長子妻之服云'爾，非謂正統之親后夫人、長子、長子妻之服爲朞也。旣云不降，則后夫人之服，自是齊衰杖朞；長子之服，自是斬衰三年；長子妻之服，自是大功。此於不杖朞初不相干，而以其見於不杖朞章下，故眉翁誤引，以爲此長子乃庶長，失之矣。"

宋相禮說，攻眉叟此說甚力，而乃不言賈疏所謂"不降"非謂朞之不降，而獨擧"君大夫以尊降"，以下句絶之誤。自君大夫以尊降，至女子子以出降一段，乃眉叟《圖》中所不著，而今以此爲言，已可異也。況"君大夫以尊降"六字爲句，"公子大夫之子以厭降"九字爲句，及大夫之無公子，粗解文理，粗有見識者，莫不知之，而眉翁不知耶？眉翁之失，在於失長子不降之義，而攻之不挈其要領，未可知也。

孤山禮論中，有曰"庶子承重，不爲三年"之"不"字，是"亦"字之誤，未知此何据而云也？賈疏曰："雖承重，不得三年有四種，一則正體不得傳重，二則傳重非正體，三則體而不正，四則正而不體。"以"雖承重云云"者觀之，"不"字之非誤明矣。此外注疏中，無所謂"庶子承重，不爲三年"者，體而不正卽此意，而其文未嘗如此，況體而不正乃"雖承重，不得三年"之一種，則其可以得三年者當之，而不顧疏說旨義之所歸乎！豈不曾撿看經傳注疏，而只於許、宋兩說中，取其文句而據以爲說歟？此殆近於郢書燕說，使宋相覺之，則豈不又爲譏詆之一端耶？

蓋當時數家議論大體得失，自有識者之公議，非末學所敢容喙，而或考据不審，或語不相値如此，禮論之不可容易，文字之不可不審，有如是者矣。

宋相禮說曰："不曰'長子死'，而曰'第一子死'者明其死於殤年而不成爲長子也。其下只當曰'立第二'足矣，又必著'長'字何也？明第二子亦死殤年，則亦不得爲長子，必此第二子長爲成人，然後始可爲長子也。《儀禮》殤服條，只言嫡庶，而不曰長子者，明其死於殤者不得爲長子也。"今按旣在三年條，則其爲成人而死，不待言而後知也。若其立之也，則豈必皆成人而後方立之哉？

大功章殤服條曰"公爲嫡子之長殤、中殤，大夫爲嫡子之長殤、中殤"，又曰："嫡孫之長殤、中殤。"所謂"嫡子、嫡孫"乃立以爲後者也，而曰殤則方其立之也，非必皆爲成人，可見矣。若必待其成人而後，乃立以爲後，則豈有所謂"嫡子之殤、嫡孫之殤”者哉？信如長字只是長成之義，則衆子之成人者，皆當爲長子矣。所謂“父爲長子”之長子，何以別其爲正嫡之子乎？若未成人者不得爲長而只可言適，則朞服章所謂“大夫之適子”及所謂“適孫”，是皆未成人之謂乎。所謂“第二長”者，特衆子中居長者云爾，第一子死後，第二爲長故也。若第一子，則不待言長子而“第一”二字，已見長子之意，何可以不著長字，謂其死於殤年乎？

蓋或曰長或曰適，皆傳重承統之名。謂之適者亦可謂之長，未聞其未成人則只爲適子而不爲長子，成人則可爲長子而不可爲適子也。故爲適子三年與不爲三年，固在於成人與未成人而適與長之互稱，不在於成人與未成人也。此一款，當日諸家文字中，未見有考破者，而彼乃言之狼藉，作一明證，是蓋驅率經傳注疏，以從已說者也，不可以不論。

宋相獻議中曰：“必得次長不爲庶子之明文，然後許某之說，乃可從也。”

今按“次長亦名長子，亦爲三年”者卽賈疏之說也。“庶子雖承重，不得三年”者亦賈疏之說也。然則次長不爲庶子之明文，不待他求，而卽賈疏一說之中而得之矣。三年與不得三年之別，如此其明，而猶未能曉然於次長之不爲庶子，則其亦異矣。

彼以疏說所謂“適妻所生第二者，同名庶子”一段爲證，然今以疏說上下文考之，此本非自相矛盾者也。其曰“庶子妾子之號”者，蓋謂庶子之稱，本妾子之號，而非適妻所生之號也。其曰"適妻所生衆子，同名庶子，遠別於長子，故與妾子同號也"者，蓋謂此衆子雖是適妻所生，而以其遠別於長子，故以妾子之號加之，以嚴長衆之分也。然則適妻所生衆子，謂之庶子者，乃借用之稱，非本然之名，而所謂"不得三年之庶子"是眞庶子也。適妻所生第一子不死也，則第二以下爲庶子，第一子死而第二子立，則第二子爲長子，而第三以下爲庶子。其曰"庶子"卽所以別於長子，非眞庶子也。

今以"體而不正"本然之名與遠別長子借用之稱，必欲合而一之，不亦繆乎？第二長者旣立爲長子，則以其"正體於上"而將所傳重也，故其死也，父爲之三年，況以纘緖卽位，君臨一國，而乃以不得三年之科率之，未知於禮意義理，何如也？

宋相斥宗統服制爲一件之說甚力，此蓋避服不三年，則統不在此之說。然其獻議中乃有"無二統、不貳斬"之說，又何也？是則却以統與服爲一件事矣。然立次適爲長子，則宗統在此，而其服三年，統與服，固爲一件事，而雖體而不正者，以承重故爲之朞。此亦統與服，未嘗不爲一矣，蓋天子諸侯，絶旁朞矣。

宋相斥一邊人不知經與疏之異，而以第二長者亦名長子爲引經據經，此固言者之小失。然求之禮義而不悖，則於經旨得矣。謂之引經據經，亦何大謬之有？況是非得失只在所爭之本論而已！此等語句之偶失契勘者，何足屑屑指摘哉？殆所謂"不能三年而緦小功之察"者也。

論人、論事，無論其言之是非得失，一出於公心，而無夾雜之私難矣。古人亦或不免焉，可爲後人之戒也。

安邦俊《己丑錄》曰："李潑八十二歲之母、八九歲幼稚之兒，壓膝而死，慘酷之狀、寃痛之情，古今天下之所未嘗聞也。柳某以委官恬然坐視，無一言救之。然則鄭澈是沈守慶之罪人也，柳某是鄭澈之罪人也。"

宋相爲寅城神道碑文，而述邦俊之言曰"李潑母子之死，出於他相，而反移公身，罔極之誣，可以類推矣"，甚矣，言之誣也！

湖人鄭東里編集李芝峯日記、許相頊所記及崔守愚、鄭困齋門人所記，而爲《己丑錄》。夫合諸家文字而作一通，則其言必公，其事必得其實，而其中《芝峯日記》尤可徵信。今以東巖母子刑死月日及西厓拜相月日先後考之，則彼安錄之虛實，可立見矣。

《日記》曰："庚寅二月日，沈守慶拜右相，仍爲委官，沈三辭見遞【沈以曹大中獄中所作詩是罪人臨死荒亂之辭，置而不啓，上因判義禁崔滉所達震怒，沈遂辭免。】，鄭澈還爲委官。五月□日，委官鄭澈啓曰：'云云。'【以鄭介淸事啓】同月十三日，李潑老母稚子幷死杖下，其壻洪可臣子棁、金應男子命龍俱爲押沙，門生奴僕盡爲嚴刑。同月十九日，委官鄭澈啓曰'云云。'【鄭彦信、彦智事。】同月二十九日，吏曹判書柳成龍拜右相，同日委官鄭澈啓曰：'云云。'【李潑事】七月初八日，問事郞以委官意啓曰'云云'【以鄭彦信推鞫事啓】，命議大臣。沈守慶議'云云'，金貴榮議'云云'，領相李山海議'云云'，右相柳成龍議'云云'。"

詳此則東巖母子之死，在五月十三日，而西厓之始拜相，在其月二十九日，未拜相者亦有爲委官之規例乎？自二月寅城還爲委官，直至七八月，而無遞改之事，則東巖母子之死，果是何委官時事乎？日曆昭然難誣如此，而猶推而歸之於西厓，況無月日可憑者乎？正所謂"罔極之誣，可以類推"者也，先君子嘗論此，爲之惋歎不已。

鄭東里《己丑錄》曰："辛卯七月，鄭澈竄江界。梁千頃、姜海等拿問，則渠之上疏，皆澈之所指嗾事承服，斃於決杖之下。"

安邦俊錄曰："大司諫洪汝淳，以爲崔永慶 吉三峯之說，不過鄭澈陰囑梁千頃兄弟及姜海等，做出而殺之也。千頃等遂被拿囚，汝淳不問言根，惟以輸情爲限，嚴加酷刑。千頃妻從兄奇孝曾誘說千頃曰'崔永慶 吉三峯之說，必歸於鄭澈，然後可以得生'，千頃不勝栲椋，遂誣伏而於是澈竄江界。

宋相所撰《寅城碑文》曰："千頃姻族奇孝曾，以金某【鶴峯】言，誘千頃曰'若引鄭澈則生'，千頃、海乃誣公以求免，而皆竟死云云。"

夫千頃輩之當初上疏時，果受寅城陰嗾與否，洪汝淳之果挾私酷刑與否，奇孝曾之誘千頃與否及千頃、海之誣伏與首實，皆後世之所不知者也。獨鶴峯之使孝曾誘千頃，則可以百口保其必無是也。鶴峯一生持心行事，正大光明，如青天白日，乃後人之所知也，如彼陰巧邪闇之事，豈有一毫近似者哉？誠有是事，何以爲鶴峯乎？一邊人仇嫉鶴峯特甚，故構虛捏無，至於如此。吾未知彼誠不知鶴峯之爲正人君子，而侵毀如此耶？抑心知其賢，而以偏黨之私，傳相造謗耶？

噫！黨論不去，則公論亡矣。吾是以每於吾儕之攻彼者，以爲不可盡信也，蓋吾儕亦豈盡目見彼事哉？爲流言之所誤者多矣，若徒責人而不反己，則亦非公心也。

勉齋《五行說》質疑

勉齋云："自一至十，特言奇偶之多寡，初非以次序而言。【止】如果以次序言，則一生水而未成水，必至五行俱足，猶待第六而後成水云云。"

謹按次序之說，本出朱子。朱子曰"天地生物，先其輕淸以及重濁。天一生水，地二生火，二物在五行中，最輕淸，木金復重於水火，土又重於木金"，此卽次序之說也。但生數一二三四五，則以水火木金土輕淸重濁之漸次觀之，其序固然矣，至於成數在五行俱生之後，則誠有可疑者。勉齋之論，可謂深得造化之理矣，然朱子豈未及思量到此而爲此說哉？

竊嘗思之，天地之數，五位相合，故展其首尾而列之，則雖有自一至十之序，而折其中半而併之，則不過五而已。故初五之後，六又爲一，七又爲二，八又爲三，九又爲四，十又爲五，六七八九十卽一二三四五之再數者也。是以《河圖》兩五上下相對以成十，初非相聯如貫珠者也。

蓋數不過一二三四五，而一二三四五各具奇耦。六者一之耦也，七者二之奇也，八者三之耦也，九者四之奇也，十者五之耦也。古昔聖神之造書也，觀於陰陽奇耦之數，而命其一曰一，又卽其耦而命之曰六；命其二曰二，又卽其奇而命之曰七；命其三曰三，又卽其耦而命之曰八；命其四曰四，又卽其奇而命之曰九；命其五曰五，又卽其耦而命之曰十。

一與六，非間二三四五而後得也；二與七，非間三四五六而後得也；三與八，非間四五六七而後得也；四與九，非間五六七八而後得也；五與十，非間六七八九而後得也。是乃一而二，二而一，而同處其方者也，觀於《河圖》之位，可見矣。

惟其然也，故一二三四五之有所爲，而六七八九十，輒各隨其次而偕焉。一纔生水，六便成之；二纔生火，七便成之；三纔生木，八便成之；四纔生金，九便成之；五纔生土，十便成之。水之成雖曰六，其實乃一之耦成之也；火之成雖曰七，其實乃二之奇成之也；木之成雖曰八，其實乃三之耦成之也；金之成雖曰九，其實乃四之奇成之也；土之成雖曰十，其實乃五之耦成之也，而其生其成，混然妙合，初無隔截、先後之分矣。夫焉有一生水而未成水，必至五行俱生而後，待第六而方成水之理乎？此實不當疑而疑之者也。

蓋今所云云，雖先賢之所不言，然以五位相合陽變陰合之妙推之，或不可謂無理也。不審是否。

若有難之者曰"子旣曰'初五之後，六又爲一，七又爲二，八又爲三，九又爲四，十又爲五'，則是六爲後五之奇，七爲後五之耦，八爲後五之奇，九爲後五之耦，十爲後五之奇。其與聖人所言'七九爲天數，六八十爲地數'者背馳甚矣，而其下又曰'六者一之耦，七者二之奇，八者三之耦，九者四之奇，十者五之耦'，則又不免與前一段自相矛盾。毋論其主意之乖謬，卽此數節，已極齟齬而不成說矣"，則將應之曰："十者兩五也。故後五之六卽前五之一，後五之七卽前五之二，後五之八卽前五之三，後五之九卽前五之四，後五之十卽前五之五，而以其別於前五之目，故名之曰六七八九十。

蓋以前後五分兩截而觀之，六不害爲奇，七不害爲耦，八不害爲奇，九不害爲耦，十不害爲奇矣。然一之下，不得不繼之以二；二之下，不得不繼之以三；三之下，不得不繼之以四；四之下，不得不繼之以五，則六七八九十者，不得不別占後面之位，而與前五者列而爲次。五之下，加一則積五與一而其數爲耦，故不得不屬之地數；加二則積五與二而其數爲奇，故不得不屬之天數；加三則積五與三而其數爲耦，故不得不屬之地數；加四則積五與四而其數爲奇，故不得不屬之天數；加五則積五與五而其數爲耦，故不得不屬之地數。蓋以自一至十之序，相貫而計之，則七九之爲奇，六八十之爲耦，乃不易之理也。

夫陰陽二者，變化不測，或陽在陰中，或陰在陽中，或爲陽於此而爲陰於彼，或爲陰於此而爲陽於彼，或陰爲體而陽爲用，或陽爲體而陰爲用，或相主客，或相經緯，或分或合，或常或變，蓋不可以一概而率之也。

試以《河圖》觀之，陰陽老少，或互藏其宅，或交易其位，七九之陽而爲生之陰，二四之陰而爲成之陽。以卦圖之說觀之，兩儀有時而爲太極，四象有時而爲兩儀，兌三索得女之卦也，而謂之陽長；艮三索得男之卦也，而謂之陰長。

邵子以乾兌離震爲天四象，巽坎艮坤爲地四象，而朱子以乾兌艮坤爲天四象，離震巽坎爲地四象，其他如五行之說，或以水木爲陽而火金爲陰，或以木火爲陽而金水爲陰，凡若此之類，不勝枚擧。今者區區之說，雖不敢妄擬於彼，然其言之所以互出，乃其所就而言者不同故爾，亦何足深以爲病哉?”如是言之，不審是否?

若又難之曰:“子旣主次序之說，則是以一二三四爲先後之序，而又以爲生與成無先後，則是特以奇耦、多寡之相配爲言耳。要其歸乃勉齋之說也，何其言之不相應也?”則將應之曰:“夫所謂‘天一生水、地二生火云云’者，是豈眞以一二三四五爲時分先後之序哉? 蓋亦奇耦多寡之分，然奇耦多寡，亦未嘗不爲先後之序何者? 凡事物之勢，必從小而至於大，由寡而及於多。小者爲先而大者爲後，寡者爲始而多者爲終，乃理之常也。

蓋自有天地，而奇耦之數，卽已具足，初非首有一而次有二三四五也，亦非先有一二三四五而後有六七八九十也。是其陰陽之妙盈溢於天地之間者，或分而相對，或列而相次，森然如衆星之麗于天，而所謂‘五數’者，又出於陰陽自然之象者也。故必斷之以五，自五以上爲一五，自六以下又爲一五，而其前後多寡，又極齊整精巧，自有相配之象矣。惟其然也，故六可以合於一，七可以合於二，八九十可以合於三四五。若是其初漸漸相次而生，自一至十，一直相聯而已，則亦安得逆而上之、推而下之，侵越他位而以求其合哉？

由是而推之，所謂'天一生水而地以六成之'者，蓋天以前五最寡之數生水，而地以後五最寡之數成之也。所謂'天五生土而地以十成之'者，蓋天以前五最多之數生土，而地以後五最多之數成之也。火與木金，居乎其間，而所生之數與所成之數，其多寡又皆相適。夫最寡者最先，次寡者次之，稍多者又次之，最多者最後，此物理之當然者也。故以奇耦多寡言之，而先後之序未嘗不在於其中。勉齋既以奇耦多寡爲說，而却以次序之說爲不可者，殆可謂得其外而遺其內矣。

蓋陰陽之氣與數二者，相合而物生焉，故輕清者屬乎數之寡者，重濁者屬乎數之多者，而其寡而清者居乎先，多而濁者居乎後，此豈非自然之象眞至之理哉？" 如是言之，不審如何？

《心經·坤之六二章》附註五峯說質疑

五峯"居敬精義"之說，蓋有合於程子"未有致知而不在敬"之說。故朱子稱其精切簡當，而篁墩收入之意，以精義作制行工夫。李景文曾言其失本意，近見葛庵先生《愁州錄》中，論此甚詳，嚴斥其偏主尊德性之病。妄意篁墩果以私意矯誣先賢之說，則誠有罪矣，抑或所見未到，不能得其正意，則容有可恕者耶。但此乃"敬以直內、義以方外"之附註，而朱子嘗以義以方外爲講學工夫，其爲《敬義齋記》，又以《大學》格致爲明義之端，《大學或問》，又引程子論格致之說曰："或應接事物而處其當否云云。"

合此數說而觀之，精義與義以方外，未嘗不爛熳同歸也。蓋見得事之是非得失卽精義之大端，而外之所以方，實在於此。若不能分明見得，則於何見心之制事之宜乎？恐篁墩此着，不必深罪。先哲往矣，無以稟正，將以問于景文。

九思堂續集

卷三

雜著
祭文
墓碣
行錄

雜著

《朱書》愛之之理便是仁辨【他說皆謂無天地萬物，則此愛之之理，亦有虧欠，鄙說謂雖無天地萬物，此理無虧欠。】

《朱書》曰："愛之之理便是仁。若無天地萬物，此理亦有虧欠。"某嘗讀此，以爲假使無天地萬物，則此愛之之理，亦將有虧欠乎？

蓋自程門有仁者以天地萬物爲一體之說，後之言仁者誤觀之，遂以此爲仁之名義。南軒之說，蓋亦有此意，故朱子以是說駁之爾。蓋仁只是愛之之理，於此觀之，仁之體盡矣。以天地萬物爲一體，是乃言仁者之心公平周徧耳，非仁之所以得名也。仁說論此意甚明，試以此書上下觀之。

其曰"愛之之理便是仁云"者，謂不待他求，而只此愛之之理卽是仁也。

其曰"此理本甚約，今便將天地萬物夾雜說，却鶻突了"者，謂愛之之理是仁也，是甚約矣，而却以天地萬物爲一體爲仁，則是夾雜而鶻突也。

其曰"孔子答'博施濟衆'之問，意亦如此"者，蓋謂子貢以博施濟衆求仁，則是以仁之功用而求仁之體也。故孔子以"己欲立而立人，己欲達而達人。能近取譬，可謂仁之方也"之說，明仁之體。蓋博施濟衆，正與天地萬物爲一體之說同故云爾。

其曰"《復》其見天地之心，一陽動處，天地之心，完全自足，非有待於外云"者，蓋以一陽動處便是天地生物之心，卽所謂仁也，非有待於外而後，見天地之心也。"愛之之理"四字，言仁已自足，非有待於天地萬物者，於此可見矣。

其曰"周茂叔'窓前草與自家意思一般'，若如所說則只說得一般，所謂'自家意思'，何處見得云"者，蓋謂窓前草與自家意思固一般，而當以在我者主之，不必幷擧天地萬物而後爲仁云爾。其語意脈絡，鑿鑿可見。

雖其所謂"此理亦有虧欠"一句，文勢似欠闕一二字，然此正所謂"以意逆志，不以辭害意"者也。況朱門書札文勢，往往與語錄相似，詳玩此句，蓋有反詰之意。以愚之所謂"云云"者讀之，未見其不通於辭。故自長上至儕流之達於文義、深於理趣者，皆不以爲然，而終不能自解其惑。

近聞李休文兄弟極非之，至著說以破之，令人瞿然。嘗竊潛思，設以彼說作己意而繹之，猶未能得其歸趣。蓋如彼說，亦非不善，然聖賢之言，所就而言之者各異。此書所論，方攻破當世言仁之弊，直擧仁之名義情狀而約言之，則不當又以天地萬物雜而言之也。若如彼說，則上下文義語脈，自相矛盾，難以通貫。又與仁說旨意逕庭，此終不能無疑，而無由一問於夫子家奴，雖放廢荒棄之甚，未嘗不耿耿於中。

日間偶讀《語類》，有問明道學者識得仁體之說曰："緣他源頭，是箇不忍之心生生不窮，故人得以生者，其流動發生之機亦未嘗息。推其愛則視夫天地萬物均受此氣、均得此理，則無所不當愛。”答曰：“此語有病，他源頭上，未有物可忍在。【止】既此氣流行不息，自是生物，自是愛。假使天地之間，淨盡無一物，只留得這一箇物事，他也自愛。如云‘均受此理氣，所以須用愛’，又是說後來事。此理之愛，如春之溫，天生自然如此，如火炙着底，自然熱，不是使他熱云云。”此一段語，正與《答南軒書》相發明。以此觀之，鄙說似不至無据，錄之將以質於休文兄弟也。

無極太極說記疑

李公浩問目中，論無極太極之極字，而引勉齋“屋極北極”之說，以爲以有喻無，以實喻虛，其說亦善矣。今之言極字者，多從此說。

然太極二字，本出《繫辭傳》，而朱子本義，但曰“極至也”，未嘗以有形之極言之者何也？蓋極之爲字，從木以成則其初命意，似或近於屋極者。然以之而名北極，則已遠於從木之義，而凡經傳所用極字，皆取至字之意。蓋至高者可謂極，至遠者亦可謂極，至中至正，至大至深，至要至妙者，皆可謂極。屋極之極，以屋之至高處而名之者也；北極之極，以天之至要處而名之者也；皇極之極，以道之至中至正者而名之者也，初何嘗有外於至字之義者耶？

今太極之極，亦不過以此理之至。凡天下之物，無以尙焉，故謂之極耳。是以言太極之極者，惟當以朱子本義之釋爲主而已，似不必求之於他書之所言也，而況所謂"無極而太極"者，上下極字，其義無別。若以有形之極爲說，則於無極二字，可以通矣，於太極二字，將何以爲說乎？既云無形而又云太有形，則其於義理何如也？

夫濂溪之加無極於太極之上者何也？蓋以謂之太極，則人或意此至極者，有可見之形體、可指之方所，故明其本無形體、方所，可謂至極者而曰無極。然畢竟是最至極者，故卽繼之曰"而太極"，朱子所謂"無形而有理"者卽此意也，非無形之形字是指有形之極也。

退溪先生答說曰"勉齋說精密"，且許李說之當，而不論屋極北極之說，恨無由仰質之耳。若其上下極字不同之疑，則先生已言其非是矣。【後看《語類》，朱子亦有屋極之說，然其意終不出至字之義。】

《禹貢》梁賦三錯，吳氏說辨

九州賦錯，凡四州，冀、豫、楊、梁也。冀之正賦，上上而錯爲上中；豫之正賦，上中而錯爲上上；楊之正賦，下上而錯爲中下；梁之正賦，下中而錯爲下上或下下。

蓋總計九州歲入多寡，相較以爲之等，而此四州地力人功，或不均一，故其賦往往錯出，不如他五州之一定不易也。然夏法，無論歲之豐凶，其貢賦有常數，雖於四州有此通變之法，而其總計大數，則亦必取足焉。故四州之中，有賦數減少者，則取四州中稍贏者，以足其大數。大數旣足，則雖當取者，亦棄而不取，此龍子所以謂之不善也。

如冀之錯爲上中，則升豫爲上上；梁之錯爲下下，則升揚爲中下；豫之錯爲上上，則降冀爲上中；楊之錯爲中下，則降梁爲下下；梁之錯爲下上，則亦降冀爲上中，其推移升降，不出此四州。故四州之賦有錯，而餘州無與也。

臨川吳氏論梁賦三錯之說曰"錯出第七則降楊於下中，錯出第九則升兗於下中"，夫楊之賦，但上錯第六等，而更不錯第八等，何由而降爲下中？兗之賦，惟爲下下之貞，而本非錯出之地，何由而升爲下中？信如彼說，則楊賦何以但云上錯，兗賦何以不言錯乎？是蓋徒知較等相補之意，而不知其推移升降只在錯出之四州爾。其於經文考之，亦不詳矣。

《幅巾圖說》記疑【《朱子大全·圖說》】

《第二斜縫向左圖》"㡇"字，以上作《㡇圖》準之，似不必横書。說中所謂"横㡇子"，蓋以繒之本幅言之，則長爲縱而廣爲横，今㡇子循其廣而成焉故云爾。然以巾之制，則當曰縱㡇，不當曰横㡇，而《圖》中㡇字乃横書焉，可疑也。

《第三圖》之"垂於後"者，以《中圖》縫路準之，其裔似當廣而横於項後，如一字樣，而今乃狹而尖，試依《中圖》縫路而製之，殊不相應，亦可疑也。

所謂“左邊右邊”，蓋姑據作帵時，提起摺疊，以相向者及反屈後斜縫之勢，而分左右。然以繒之本幅言之，初無左右可定之方。今於伸而平鋪之際，乃曰“就右邊屈處”，是又可疑也。

衰、負版、辟領說

《家禮》大功“去衰、負版、辟領”，楊氏說曰：“《儀禮》註云‘前有衰，後有負版，左右有辟領，孝子哀戚之心，無所不在’，疏云‘衰者，孝子有哀摧之志，負者負其悲哀，適者指適，緣於父母，不念餘事’。”

註疏釋衰、負版、辟領三者之義，惟子爲父母用之，旁親則不用也。《家禮》至大功，乃無衰、負版、辟領者，蓋《家禮》乃初年本也。後先生之家所行之禮，旁親皆無衰、負版、辟領。若此之類，皆從後來議論之定者爲正。

《備要》曰：“《儀禮》五服，皆有衰、負版、辟領，《家禮》大功，始除此三者，而今之行禮者，牽於楊氏之說，雖於祖父母及妻喪，亦不用之，恐非禮意，當以《家禮》爲正。

愚按《儀禮·喪服》經文，固不歷著衰、負版、辟領，但言衰則衰、負版、辟領，自在於其中。然亦未嘗言五服皆有衰、負版、辟領。註疏所釋則專以孝子爲父母言之，《家禮》大功，去此三者，恐從註疏爾。

但据楊氏說，則自朞服去之，似是朱子後來定論。然孫於祖父母，有子之道而爲正統之服，夫爲妻杖而禫，又不可與他朞服比而同之。雖註疏之意，恐當許用衰、負版、辟領矣。此二親旣用衰、負版、辟領，則於朞不可以去衰、負版、辟領槪之也。《家禮》至大功，去之，恐以此歟。

若《備要》直斥楊氏以爲非禮意，則亦容有可商量者。楊氏親承勉齋之教，用心於《通解續》纂輯之役，非他人比。勉齋歿後，附《喪服圖式》於《通解》之後者卽楊氏，而《圖式》卽勉齋所嘗條列指畫者也。《圖式》衰、負版、辟領條，特著之曰“惟孝子爲父母用之”，則安知非勉齋受朱子之旨者耶？且明言“先生家所行之禮，旁親不用衰、負版、辟領”云爾，則其爲朱子定論，亦可知矣。但謂之旁親，則正統之朞，用衰、負版、辟領，抑或爲朱子家所行之禮也。今且會衆說而觀，其通爲祖父母及妻，有衰、負版、辟領，餘親朞服，竝不用，無不可否？當問于知者。

《春秋》春王正月

《春秋胡氏傳》及《商書蔡氏傳》，皆謂殷、周、秦不改月數，竝仍夏月。胡氏又以春與正月，皆爲夫子所筆。朱子獨引《孟子》，以爲周改月數之證。愚按此恐當以朱子說爲正。何者？

若果不改月，則孟子必不背孔子“行夏”之意。舍時王所頒之朔，而但從建子之正，遂以五六月爲七八月，九十月爲十一二月也。《詩·七月》篇月數，與夏同，此可爲胡、蔡之一證，而胡氏之不引以爲說，朱子之謂無他可考，皆可疑也。然終無奈孟子屢言而如彼？朱子所謂"周元改月數，正月乃魯史舊文，而四時之序是孔子之微意云"者，誠不可易之說也。

意者臣民之義，不敢不用時王之正朔，故魯史舊文及孟子之言皆用周月。如《詩》、《書》是修飾潤色之文字，則可引前代之舊例爾。蓋殷、周，雖以損益之義，迭改正朔，然若天授時之大經，終不若夏正之爲至，而繼唐、虞而王天下者夏也。正朔之行，至四百年，謠俗見聞之習熟，又非後來更變之比。故歌詠之發、謨訓之作，仍舊而不改。若公私恒用之例，則不得不從時王之制也。

《左》僖三十年，晉侯使醫衍酖衛侯，甯俞貨醫，使薄其酖，不死

按晉文公怨衛侯，欲殺之而罪不及死，故使醫因治疾而加酖毒。夫衛成公無可死之罪，而文公以私怨欲殺之，且陰令醫酖之，其狠而譎甚矣。爲成公之臣者，既出而扞其牧圉也，則義當讎文公而禦醫衍也，見無禮於其君者，則逐之如鷹鸇之逐鳥雀也，況於戕其君者乎！力可以戮衍，則戮之可也，否則逐之可也。力不及焉，垂涕而道之，以乞其去酖亦可也。顧乃廑廑焉行貨賂之事，丐其酖之薄也，烏在其爲橐饘之忠也？

余於此竊疑之，旣而熟思而得其說焉。夫衛雖無故，非晉敵也，況當是時也，成公爲晉所執而歸之于京師，其勢濱於危亡矣。晉 文公方假尊周之義，以媚于天王，一擧手一搖足，惟其所欲爲。向使甯武子徒守人臣之正義，顯然爲討讎扞君之擧，其不爲千鈞之鳥卵乎？其君首領，且不得保，死於酖何論焉？君亡國墟，雖欲爲忠，將誰爲忠？使酖而薄，則其害特一時瞑眩而止，與亡何如哉？故姑以不逆晉侯之心，而使其君不至於死，忍耻含痛，委曲周旋，以冀他日之復國。縱使君安事定之後，有追論其與聞加酖之謀，亦不恤也。嗚呼，此其所以爲忠也歟！此孔子所謂"其愚不可及"者也歟。

書《東萊博議·虞叔伐虞公》篇後【《左傳》桓十年，初虞叔有玉，虞公求旃，弗獻。旣而悔之曰"匹夫無罪，懷璧其罪，吾焉用此?其以賈害也"，乃獻之。又求其寶劒，叔曰"是無厭也，無厭將襲我"，遂伐虞公，故虞公出奔共池也。《議》曰："虞公以貪失國，虞叔以吝逐君，貪吝非二法也。名雖不一，而同出於嗜貨焉。使虞公思吾求劒之心卽虞叔守劒之心，必不至於貪矣；使虞叔思吾守劒之心卽虞公求劒之心，必不至於吝矣。惟其不能交相恕而反相責，此其所以釀莫大之釁也。然則如之何?曰'不過以貪治貪，以吝治吝而已'云云。"】

朱子深病東萊之文曰："出入蘇氏父子波瀾新巧之中，更求新巧。"

愚嘗疑以東萊先生之學之邃、道之尊，而其立言著書乃如此者何也？今讀《博議》諸篇，固多名言確論，而往往儘有傷於新巧者。若此篇者，又近於欲巧而反拙，使人爲之駭惑，雖蘇氏亦未必至此也。

蓋聞以藥治病，不聞以病治病。貪與吝，人心之大病也，以貪治貪，以吝治吝，未知其何術也？徒見夫心之病之益深也。夫念之善者，固不可除，其惡者，顧非可除者哉？至理之中，無一物之可廢則固當矣，而曰"人心之中，無一念之可除"，則愚不敢知也。夫貪吝，非人人之所本有，情熾而蕩，慾蔽而痼，然後貪吝生焉。

今曰："苟本無也，安從而有？"固已過矣。又曰："苟本有也，安得而無？"信斯言也，彼氣質之不美者，終不可治而化之耶？況念之惡者，惟當求所以去之，又何論本有與本無也哉？

夫人自有生之初，固未嘗無欲，然謂之欲，則善惡未定也。曰貪曰吝，則已入于惡而遠乎善矣。故孔子告子張曰"欲而不貪"，子張問其說，則曰："欲仁而得仁，又焉貪？"蓋貪不可以欲言，而欲仁者不可謂之貪也。

孔子又曰："如以周公之才之美，使驕且吝，其餘不足觀也已。"蓋吝之不可與議於道也又明矣。求道之切、守道之堅，天理也，貪與吝，人慾也。天理人慾之相反，如子之與賊，而今曰"貪吝，孰非至理"，又曰"用是念，以求道以守道"，至以夫子之"學而不厭"、顏子之"服膺弗失"，皆歸之於貪吝之科，豈不可異也哉？

擧其本意，蓋謂求道如貪者之求財，守道如吝者之守財爾。然曰"念無二也"，曰"用貪吝，以求道守道"，則其爲言語之病，果何如也？加於事之善者，斯之謂善念；加於事之惡者，斯之謂惡念。其所謂"加"者卽是念也，烏在其念之無善惡也？

以孟子好貨好色之說觀之，好之得其正則爲善，好之不以正則爲惡。事之有善有惡，卽念之善惡所使然也。公劉之好貨、太王之好色，事之善也，齊宣之好貨色，事之惡也。是何也？公劉、太王之念善，而齊宣之念惡故也。今乃曰"事有善惡，而念無善惡"，不亦舛乎？

堯、舜、禹之授受也，曰"人心惟危，道心惟微，惟精惟一，允執厥中"，禹之告舜曰"惟幾惟康"，曾子之言曰"必誠其意"，子思之言曰"發而皆中節，謂之和"，濂溪之言曰"幾善惡"，從古以來，聖賢之言，莫不於心意情念之發，分其善惡。信如此篇之論，彼諸說者，皆可廢乎？竊觀一篇，殆無一句無病，不謂大賢之言乃至於此也。

余於寓中，借《博議》一冊而閱焉，冊是鄭文莊先生家舊藏也。《羽父弑隱公》篇末，有曰："君子之爲義，夜以繼日，不敢不用其極者，非特就義，亦所以避禍也。"其紙面上下空處，有墨題數行者，曰"非儒者之論，惜哉"，又曰"此是東萊少年時文字，未可以是病東萊也"，或云："是文莊手筆，其言可謂忠厚矣。"

固不可以一二文字之失，致疑於晚年德成之日。然所可惜者，不出於權謀辯士之口，而出於東萊之手也。夫行於天下，傳於後世，藏之者以爲珍，誦之者以爲法，孰復有論其文之成於少時與晚歲者哉？竊恐其亂前聖之說，誤後學之見，而使鄙夫之縱欲者藉口也。於是乎書。癸未五月日。

讀《退溪先生集·得其正正其心分體用說》

《傳文》"正"字，《章句》旣以心之用言之，則雲峯、整庵之立異《章句》，而謂是說心之體者固異矣。退溪先生，以朱克履、程徽庵之說爲當，而斥胡、羅二說之誤，則後學尤無容復致疑焉。

然竊恐程氏之說，亦有未盡者。其說曰："靜時工夫，戒愼、恐懼而已，不待乎正其所不正也。"夫戒愼恐懼，乃所以使此心無所偏倚於未發之際，以立天下之大本者，此非正心而何哉？故朱子語致中之說，旣本之以戒懼而終以心正言之。

今以戒懼爲無與於正心者，固已可疑。又謂"靜而未發，何待於正？"信斯言也，正心之工，只在動處而靜時都無所事乎？所謂"敬以直內"者，是但言已發之後而無所當於未發之時乎？是必因《或問》所謂"至虛至靜，無得失之可議"者而過推之。然殊不知《或問》所論於"鑑空衡平之體"，旣已說之盡矣，而於此又以其本體之正言之，故其說如是耳。

然使之至虛至靜，不失其本體之正者是亦所謂"正之"也，何必正其不正，然後方可謂正也？若果以爲靜時無待於正，一切任之而已，則吾恐至此，將不免有得失之可議者，而不能不待乎正其所不正也。此是不可不論者，而先生獨以通復之證爲病，而不及於此何也？惟二公之論，皆以不得其正爲說心之用者，正得《傳文》、《章句》之旨，此先生所以許之也歟。

追書正心說後

栗谷以饒氏所謂"《大學》不言戒懼"者爲不是，曰："無戒懼之功，何以明明德?" 遂以《正心章》當戒懼，退溪先生非之。若愚所論徽庵之說，其意與栗谷異。

蓋徽庵泛論正心之功，而乃曰"心之本體，不待正而後正，靜而未發，何待於正乎？靜時工夫，戒謹恐懼而已，不待乎正其所不正也"，其所以爲說者，專於心之用，而於正其體者，全然遺闕，有若眞無靜時正心之工者。竊恐其爲偏，故妄論之。若《大學》之不言戒懼，愚亦嘗聞之矣。

孝狗說

余與裴子度說荷塘翁所爲說義狗事。子度曰："比又有孝狗焉，子聞之乎？竹溪有畜狗者，狗乳一子，與人畜，後乳二子，自畜之。旣大，主殺其母狗，屠于溪。二子狗走，引前乳狗，隨之溪，環屠而立，睨其母，復視主，掘土仰俯，聲甚悲，而視其眶，有淚濟然也。

既屠歸而烹之，三狗環鼎而蹲。既烹將食，隣人適來，流涎而指曰'可食'，三狗則相顧大叫，張牙而跳，亂噛其人至死。主大怵曰'異哉！向吾屠于溪也，固見其異也，則不食'，竝其皮投之地。三狗共啣之，至屠所，收毛爪無遺，於麓下埋之，則又大號自斃死其側。蓋竹溪人云'吾叔祖嘗記之'。"

余喟爾曰："其信矣乎！是何其靈異哉！在人，其王偉元乎！其可以羞魯莊公矣。"扶仲在傍曰："彼屠而烹之者，與過而流涎者何如也？顧以飼養故不復，在人其懷小恩而忘大義者歟。楚有伍胥者，蓋異乎是矣。"余曰："養乎人而死乎主，畜之道然也。彼屠于主烹于主，何怨之可復？故異乎奢之非辜而戮也。隣人一言而讎視之，彼豈不恨於屠而烹之者，知養乎人而死乎主，畜之道也。使隣人屠而烹之，彼將裂其體、食其肉，何止於噛而殺之哉？"

祭文

祭逋軒 權公【德秀】文

嗚呼哀哉！方公盛時，如樂行藐然後生輩，固不敢望門墻而承緒論。三二十年來，吉凶貞勝，不勝其紛然，而皆非後生所敢與聞。

至乙亥以後，則公已病矣，而樂行又崎嶇偪側於太白之下。嘗得"薑桂藏逾辣，萍蓬轉刼歸"之句，竊欲續成之，以獻于丈席之前，未果而訃書出矣，卒未能仰質其"辨德、介震"之微旨。嗚呼！吾將抱此恨以終身。夫然則癸酉之前、乙亥之後，吾不得以言，獨以甲戌夏窺德承誨之一二言之。

高明特立而勤於敎人，獨到昭曠而察於邇言。耄期且至而篤於念書，此先聖賢之所遺，而人人之所難。若是者殆擧世而一人乎。

嗚呼！九原不可作矣，奈斯道之日堙？嗚呼哀哉！同人先號咷而後笑，此吾先人所以懸懸於十年瘴海之上，公之所以操文哀臨於吾先人之靈，而不肖小子所以奔走長號於今夕者也。

祭權季心【正傳】文

我昔忝贅，有赫其門。
荷、雪雖遠，典刑尙存。
上事諸公，下逐儕類。
儕類彬蔚，髦俊所萃。
博雅士安，醇飭翼甫。
兄居其間，風致是主。
放懷巖泉，出入遊衍。
容我拙劣，動相招牽。
蓋兄少日，倜儻不羈。
疏處自疏，奇處自奇。
脫衣衣寒，不謀於室。
推食食餓，不厭其數。
蓋此氣義，自是家風。
兄尤好之，積德于躬。
及至中晩，益就平實。
宗黨所仗，隣里所服。
羣弟羣妹，以至姻客。
咸受其賜，孰不慕悅？
念兄質相，宜福宜壽。
始衰便折，其禍焉祟？
嗚呼哀哉！
自我凶矜，無意齒人。

屛伏深山，躬耕負薪。

是我之願，但恐無因。

我聞婦言，兄有所云：

"而夫於今，念絶世事。

吾亦向衰，無進取志。

太白山中，最窮絶處。

有菑可耕，有美可茹。

扶老挈妻，同往接屋。

混迹山氓，與世相隔。

餘年至樂，無過於斯。

歸語而夫，其共圖之。"

我聞此言，實獲我心。

虛徐不亟，荏苒光陰。

屬玆漂寓，人事非昔。

兄言在耳，太白在目。

其奈惠好？九原難作！

兄念我窮，爲割一田。

豈兄遠慮，知有今焉！

雖感高義，實增愴懷。

存沒之間，欲報焉階？

屬兄除靈，悲情自激。

兄妹供奠，出自肝膈。

今焉何益？不見其食。

雖不食之，尙其格只。

祭古墓文【朴日洞先塋奉審時】

惟我先祖，典書府君。
衣冠之藏，托在此山。
累經兵火，致失兆域。
纍纍丘壟，疑晦莫的。
頃歲遍尋，竟無可徵。
每年一祭，設壇而行。
近有人言，指點此墳。
積恨在心，羣疑更紛。
考驗之擧，在所不已。
玆擇吉辰，暫破畧宰。
非敢毁動，實出窮迫。
封中壙南，或得誌石。
果是先塋，固爲大幸。
如其不然，爲他人塚。
無主荒墳，可知誰氏。
訪其雲仍，相與告指。
餒鬼孤魂，更享芬苾。
後孫悏心，彼此何別？
又若不幸，無所考信，
亦當完築，以敬以愼。
適補崩頹，無損壙塋。
伏惟神靈，不震不驚。

墓碣

徵士風乎亭 申公墓碣【附遺事後敍】

故徵士風乎亭 申公之葬，在眞城縣西茅田向坤之原，宜人咸陽 吳氏祔于後。九世孫應鉉追其先考翼之志，與族子正兌謀表于公墓之隧，來責銘，不敢終辭。

謹按公諱祉，字篤慶，本寧海人，高麗 文貞公 賢之後。曾祖諱得淸，恭愍朝以判事致仕。祖諱藝，中郎將。考諱永錫，教導官。妣原州 李氏，監務裯之女也。

公以我恭定王某年月日生，性至孝。稍長，恪受教導公教誨，篤志向學。自中郎公徙眞城，至教導公，又寓居原州，而與李氏間一日而沒。公時未冠，親執喪事，自斂至葬，竭力無闕禮，泣血三年以致毁。

天順中，登國庠，已而絶意進取，退居求志。惠莊王癸未，察孝廉，除義盈庫副使，公曰“祿不逮養，學未及成”，辭不就。晩歸眞城，作亭合江上流，命曰風乎。每春暮，攜冠童，臨流而浴，倚欄而風，曰：“想曾點之志而戒其狂。”

以早孤不得終養爲大痛，每日晨昏，涕泣謁祠堂。年八袠，猶親奠獻，厚置祭田，爲歌詩以寓哀慕之意。當時士大夫祭三代，公獨据程、朱說，設四龕，祭及高祖。有二弟三妹，友愛篤至。與上舍公禧，至老相提携以爲樂。教子孫，拳拳以文學忠孝勉之，有遺戒傳于家。

公歿弘治中，今且三百年，其事行不可得以詳。然同時名賢金瓜堂 宗裕，以公比之雪中松桂，公之外玄孫金文忠公 誠一，以行高當世稱之，後之欲知公者足徵焉。配吳氏，監司儼之女，有淑德。生子命昌，郡守。

郡守子眷副司果；女適金禮範，贈承旨卽文忠公大父。司果子：從渭，知丑山郡事，以孝聞于朝；光渭，司勇；景渭；應渭；守渭，習讀；餘不盡錄。

其著者在玄孫：曰濦有文行，嘗假牧尙州；曰演以孝聞，贈左尹；曰滌武科，丙子死雙嶺。

在五世孫，曰禮男，儀觀甚偉，當壬辰亂，賊遇而奇之，欲挈去，卽奮罵自決死，贈參判。妻閔氏，亦以貞烈旌閭，人稱雙節。曰智男，教官，有文行；曰忠男，贈軍資正；曰慶男，贈承旨。

六世孫：曰樾，濟用副正；曰楫，文科，光海時退不仕，後官至正；曰檢，贈參議；曰橈，以孝稱；曰 䉶，丙子後，廢舉隱居。

七世孫：曰周翰，贈參判；曰光斗、曰周伯，竝生員。八世孫，曰垕，文科，縣監。十世孫，曰達濟，進士。

嗚呼，觀於子孫節行之盛，可不知所自乎！銘曰：

維志之高，維德之厚。忠孝作先，以錫厥後。無謂遠矣，其徵則有。

頃年申君應鉉 大瞻甫，以其先祖風乎公遺事，來示樂行，責以墓道之文。樂行八世祖妣申氏，於風乎公爲孫女，樂行卽公之外裔也，義當相其役，遂不敢終辭。然後世刻石，率屈於力，文必取簡約，雖眞爲秉筆君子者，且不免，況樂行哉！其大而不可闕者，固不敢不書，亦節而略之，不能畢著其本末，其小者又不暇及焉。然事雖小，而所係於潛德者大，若是者，烏可以終沒之哉？

公曾祖判事公登甲科，仕恭愍朝，知麗之將亡，退老于家以終。皇考教導公早孤失學，旣冠，受母夫人之戒，感奮，就教官受業，篤志好學。後登上庠，調江界教導官。其世德家學，固已有源本矣。

公生有異質，幼而馴雅，教導公甚愛之，爲文以授之，所言皆篤學力行之意。其家庭之間，所以期望而傳授之者又如此。公孝思出天，當其喪二親於原州也，他鄕無宗族，二弟幼，公獨自經紀。旣合葬，卽竪碣以表之，築石爲墻，以防野火。

旣老，猶自力於祭祀，盡其追養之誠，置祭田奴僕特厚，遺命，使之永不祧教導公。幼時，從母元司直夫人及外祖兄弟同正 李公某有鞠養撫愛之恩，而兩家皆絶不祀，公曰"非族之祭，雖云非禮，吾不忍餒彼之鬼"，每於其亡日，祭之甚謹。

夫根於心者質也，質者本也；修餙於外者文也，文者末也。與其文勝而事末也，寧質勝而敦本。是故君子之失，常在於厚。縱使公之遺命及祭元、李數事，有違於禮典，此君子之失也。非仁孝厚德根於心，能之乎？凡世之早孤而失養，窮獨而無後者，讀公之《遺事》，皆可以隕淚矣。

公自少好山水，旣歸眞城，愛合江上流水石之勝，遂作風乎亭，日靜處其中，謝絶世事，詠歌以自樂，其襟懷趣味，固超然出於流俗矣。且以公之行事考之，其發於言者，亦一本於質實而不以文飾虛假，可知也。乃以曾點之志自許，而以之名其亭，豈程子所謂"已見大意"者歟。

樂行讀公所爲《家傳書序》、《祀位詩》、《風乎亭詩序》諸篇，其詞華，雖若有遜於後世纂組之工，然亦皆藹然出於肝肺，而不屑屑乎聲病粉澤之末，此又可敬。樂行因是而益知古今人之不相及也。

古之君子，辭或不足，而其不盡之意，在於言句之外，取名於世者不盛，而蓄德於中者甚富。今之人號爲操觚墨者，類能摛華綴藻，燁然可觀，而求其實，則與其言不同者多。然世且以美名歸之，受之者亦詡詡然無所讓，此亦末俗文勝之弊。主世道者，宜若可以反之也。

公之《序》曰"昔先人作書戒之，純深懇到。余謹受教，有志於學，而誦習經傳，未透精義，講劘師友，未得領會，學未深造，孤負先訓"，蓋敎導公之所以訓公，公之所以自勉，非世俗詞章名利之業也。旣擧進士，卽退而養靜者，蓋欲專意此學，以體先訓，故其被徵也，亦以學未及成爲辭。然孟子曰"誦[9]其詩、讀其書，不知其人可乎？是以論其世也”，今論公之世而迹公之不就徵，其微意又可見也。

金瓜堂贈公詩曰：“長占雲林寄此身，不聞時事轉頭新。滿園松桂偏宜雪，泛水鳧鷖豈受塵!”是其知公者哉！自公之沒，歷數百年，累經兵燹，遺文字多放失，平日事蹟不盡傳惜哉!

公之後以孝節文學相繼，蔚然可述。丑山公有畫像，後人於合江上建影堂，以祭之。參判公夫人閔氏貞烈事，見《續三綱行實》，其棹楔，今猶在玄谷村前路上。

諱楫，嘗爲密陽府使，故世稱密陽公，少遊鄭文莊公之門爲高弟。諱欃，丙子後隱居，名其室曰新亭，以寓感憤之懷，有述志詩。諱橈，明經飭行，父喪服闋，又居憂三年云。應鉉卽新亭公之曾孫，其先公諱某有文行，以長德稱於鄉黨。應鉉老而讀書，淳厚信善，克世其家，方纂述先德，圖所以傳於後者。

9 頌 : 저본에는 “誦”. 《孟子·萬章下》에 근거하여 수정.

行錄

孺人金氏行錄

孺人聞韶 金氏，新羅王子錫之後。入本朝，有贈判書璡，號青溪，生五賢子，內資寺正藥峯公克一卽其長也。三世而至贈執義瓢隱公是榲，有八子，長成均生員邦烈，是爲孺人高祖。曾祖諱呂重，通德郎。祖諱之鐸，通德郎。

考處士諱敏行，以行義氣概爲鄕邦重。今上四年，逆亂起，有賊爰辭誣引公，上諒其冤，不問而宥之。公義不以平常自處，杜門謝賓客十年而卒。妣務安 朴氏，兵馬節度使·贈戶曹判書毅長之後，通德郎震相之女，才德識慮，遠出凡婦人。處士公早樹立持宗事，支傾興廢，拓大先業，其所籌度布置，多內助云。以明陵乙酉八月八日生孺人。

幼頗疏俊，有男子氣，然慈仁甚，見聞人厄困失所，輒爲之下淚。又愛書，耳剽經傳句語，雖不識其義，常諷誦不絶口。旣通曉諺文，日玩古昔賢人君子、貞女節婦事行，至有感於心者，爲抽一二章，擊節而讀之，琅然可聽。

稍長，自折抑爲婉娩，供女事循整，與稚齡絶異。事親至孝，愛而能敬，在側怡愉巧變，務順適其意。

年二十一，歸于載寧 李君輝遠 子實甫。方往，處士公手書訓語以授之，孺人佩服不敢忘。孺人有二姊出嫁已累歲，及裝遣孺人，服飾奩具當新備，孺人辭曰“在二兄者，尙不敝且可假用，願父母毋復勞心力”，父母嘉其志而聽之。

李氏故法家，閨梱名論，異於他族。及孺人入門，儀度甚修，王舅通德郎公、姑申夫人深喜之，上下內外見者，交口稱賢。申夫人寡居而奉通德公，孺人助議酒食，以忠養之。通德公性嚴少假借，門戶闊大多事。孺人上承下際，咸得其宜，通德公悅曰：弱年婦行如此，我宗祀其無憂矣。”

戊申冬，私親家喪其一子。孺人念父母年老慘瘁，請歸養得命。在親家數歲，代幹內政，不擇燥濕。凡紡績針線之關於己者，一切屛去，惟以調護二親慰安其心爲事。

丁巳，處士公疾彌留，起居寢食皆須人。左右侍者亦衆，無以稱其意，惟孺人晝夜扶護。匙箸進徹、袵席斂設、藥餌和調之節，無不自執，累嘗糞以審其差劇。時當夏月，公欲甛瓜，傍人恐其害於疾，不敢進。公竟不起，孺人以是終身不忍食甛瓜。

母夫人荐罹痛毒，益欲諸女在側。孺人往來省覲，殆無虛歲。溫凊抑搔，進退應唯，無不如所欲。母夫人甚安之曰：“此兒最適吾心。”從弟始亨，嘗以“視於無形、聽於無聲”稱之。

壬戌，王舅公沒，初終葬祭所需，孺人一皆爲之措處，未嘗有窘敗。嘗臨當饋食，婢使跌覆粢盛，上下擧驚遑，孺人預具副盤，卽令更進，其周於慮事如此。

己巳，申夫人沒，喪具之外，凡家事細大，悉規畫有條緖，不以冗務煩夫子。然亦未嘗專制，必稟而後行。旣遭家多故，又累被水患，產業頗落。乃以甲戌，卜遷于安東之青城村。孤寓草創，仍之以饑饉，其艱苦有人不可堪者，孺人能安而處之，無戚嗟怨尤之意。居數歲，疾疫大行，夫黨之留故土者，死喪相屬，殆不能自立。於是撤而東還，親族餘存者，皆迎喜，以爲依歸。

戊寅秋七月，孺人歸哭處士公忌日，遂留侍母夫人數月。旣而告還，母夫人篤老心弱，意難決別。孺人請曰"寒且至矣，將歸爲夫子衣事了，敢不復歸省？遠不過新春"，母夫人乃許之曰："毋負此期。"

及還，亟治衣資，手自裁縫，日夜不休。十一月初旬衣成，乃戒子宇一曰"汝可具僕馬，致我川上"，宇一曰："唯命。"未及而以是月十七日感寒疾。疾劇，無一語及家事，其吃吃喉間者，惟念親之語。有問疾者，輒告之曰："乞令我病愈，得復見老母。"竟以二十三日屬纊，享年五十四。

夫從叔父上舍公哭之慟曰："此婦賢德，世鮮其儔，今不可復見。"婢僕老少，皆失聲哀痛。時母夫人奄奄在牀褥，侍者諱不以告。至冬盡春生，日夕望孺人之來。及期已逝則疑怪萬端曰："吾女得無死乎？"自是食日減、氣日微，未幾感疾下世，親戚莫不悲之。

孺人自十數年來，雖迫於幹家，不能源源歸侍，然時節候問不絶，所以慰悅親心者，殆無異於就養。中經艱難，備嘗酸辛，而未嘗以愁苦語聞於母夫人。惟恐以身之故爲親憂，乃於死生之際，不免貽戚，悲夫！

孺人嘗曰“吾年近六十，死無足深恨，但恐死於親在之日，以重傷其心”，至是而其言符，豈非命哉？以己卯四月十七日，葬于寧海府西魯谷負辰之原。

孺人旣孝於父母，又篤於友悌，敦於睦婣。在夫家，自叔舅姑諸房若諸娣，無不得其歡心，一門之內，油油如也。申夫人嘗語人曰：“此吾賢婦，吾死可以瞑目矣。”謹於祭祀，齊之日，親灑掃室堂以及廚庭，宿視庶品，極其洗鐲。夜明燭而坐，以待行事，不以祁寒盛暑而或懈。凡時物未薦，不敢食。有賓客，雖値匱乏，待之必以禮，未嘗有厭倦色。每戒子女曰：“人家大節在賓祭，無論豐薄，當盡吾誠敬。”

其不忍人之心，終身如一。聞人之死，無戚疏貴賤，皆爲之不肉。周窮濟急，如己憂。或至徵求煩數，而隨所有以應之，不以爲苦。其老病無依者，尤矜恤之。里嫗輩感其恩，祝以壽福，或有言“死必報德”者。

御婢僕，寬而有容。視小婢如女，有疾病，特加救視，有罪，從容敎戒，使自感化，他家婢僕皆慕之，願得主如此。凡見人有不是，心爲之愍然，冀其改而之善。然不明言以揚之，人有言之，若無聞焉。至子女有過，則糾責不少貸。

平居必晨興，掃除塵穢，整齊器物，不令荒亂。辭氣動作，常自修飭，不以猝遽而有變。嘗遇隣家失火，一室蒼黃，孺人徐曰：“何至失常度乃爾？”

生長富厚，而不樂世俗芬華，衣服食飮，惟取潔淨而已，未嘗爲巧麗珍異之飾。嘗曰：“非故以儉爲賢，寒士之婦，尙侈何爲?”又不喜左道，巫覡毋得近前。獨平生愛文史不衰，聞讀書聲，輒欣然傾聽曰:“男子而不此之嗜乎?”

蓋嘗觀孺人孝順之德、仁惠之心，固其性也。若其他氣質行事，前後殆若二人焉，是未必非玩習古訓，想慕烈女之力也。豈如時俗婦女疲精敝舌於浮誕綺麗之談，損情性而妨職務者已哉? 爲丈夫而不學寡聞，終身居下流而不能自拔者，亦足愧也。

有男一人、女五人，男卽宇一，女長適金達國、次適金壎、次適南宅陽、次適趙居善、季幼。子實甫同室三十餘年，習知孺人志行德美之詳，惜其沒而不傳於後，間嘗錄其事實，以示樂行，托以撰次之役。

顧樂行非其人，然竊自念樂行於孺人，以本宗則爲再從親，以外黨則爲姨從兄弟。自孩提，同養於二母，情義無間同胞，於今日之請，有不可終辭者。謹已承命而留之，旣而宇一又再來請甚愿款。仍語及凶變時事，嗚咽泣下，不自勝其孝思，又有足動人者。遂據本錄及宇一所口傳而悉書之，間附平日耳目所及，以備世之考壺範者採焉。謹錄。

九思堂續集

卷四

附錄

附錄

行狀

先生諱樂行，字艮夫，姓金氏。初諱晉行，字退甫，舊字以行久，呼者不能易。

義城之金爲國內大姓，麗朝太子詹事諱龍庇，其始祖也。中世有諱璡，號青溪，有五子。長諱克一，號藥峯，與弟龜峯諱守一、雲巖諱明一、鶴峯諱誠一、南嶽諱復一，俱受業溪門。仍父子享于泗濱 景德祠。藥峯公無子，以龜峯公之子諱潡爲嗣，進士。是生諱是榲，號瓢隱，崇禎丙子後，遯跡山林，除光陵參奉不起，自稱崇禎處士。英宗甲寅，特贈司憲府執義卽先生高祖。曾祖諱邦烈，生員。祖諱泰重，通德郞。考諱聖鐸，號霽山，以學行屢被徵命，尋擢第，官至弘文館校理。妣務安 朴氏，武毅公 毅長之後，通德郞震相之女。習典訓通事理，有古女士之風焉。

先生以肅廟戊子正月初九日，生于安東府川前里第。幼俊逸有至性，嘗從隣兒學雜戲，母夫人曰"士君子當學孔子，不當學雜戲"，乃瞿然斂膝而坐曰："如是則可以學孔子乎？"自是不復遊戲，常在父母之側，應對敬謹。或以美味與之，則輒遜避不食曰："堂有老親，小兒輩何敢食此？"既入學，欣然慕古人，思與之齊。年至十四五，文行已褎然有成。

十八，遊西嶺甥館，與諸名勝，講《退陶集》于石泉亭，其見識文章，盛爲北縣士友所稱道矣。以庭命執贄于密翁門下，講《近思錄》、《心經》等書。

丁未，奉先先生，避痘瓢溪村。村中多文學長者，先生年甚少，諸長老皆以老成彊輔待之，有疑義，必與之商量。嘗爲祈雨祭，執事言于知府曰"舊例祭山川，行四拜，此乃我國臣拜君之禮也。今我主上爲封內山川之主，山川之神，於主上有臣道，恐不可以臣拜君之拜拜之"，知府是之，遂定爲再拜之禮。

乙卯，霽山先生登第，直拜持憲。先生爲應鄉解覆試上京，因留侍。時賀書沓至，賓客盈門。先生承命裁答，筆翰如流，應接賓客，委曲周徧，觀者歎曰："大爺方爲斯文宗主，而佳子弟又左右先後之，何其盛也?"

丁巳，霽山先生在玉署，一邊人上疏構誣，醜辱及於師門，五月，上章引嫌，因略陳師門寃狀。時人羅織成案，熒惑天聽，遂至設鞫，事將不測。

先生廢食飮，夜不處房室，夏衣至秋不易。囚首伏稾，號泣于金吾門外，兩手掘地，十指皆血。有時氣盡昏仆，市井男女，皆奔走來救。或持酒灌口，或以稾席蔽陽。獄卒亦曰"吾輩亦人類，何忍以犯科之故而不用情於孝子乎"，爲通獄中消息，藥物及食飮，誠心傳納。雖當路與我爲仇敵者，過之亦愍然以爲孝子也。

九月，始有濟州之命。旣出獄，傍近居民相語曰："自此金孝子不露地宿，而俺等亦帖席臥矣。”扶侍登途，夜必耳其呼吸，坐而至朝，隨證投劑，時其飮啖。旣達謫所，病患漸次向安，親近書冊。先生獨侍左右，滿心歡喜，不覺其有異域孤囚之悲也。仙山在咫尺，而不一登覽，惟以慰解親心爲事。或講質文義，或唱和詩篇。退具盤飡，手調鹹淡，島民無不感歎，得異味則必來遺。

戊午，移配光陽。家鄕漸近，親戚迭來侍側，丹、晉士友亦往來相從。始以親命歸省重闈。蓋自丁巳以後，所遭境界，非人理所堪。五朔露處，十年奔馳，能卒保性命，未嘗以疾病之故，貽老親憂，雖其氣稟有大過人者，而亦豈非神明之所扶佑者耶?

丙寅冬，蘗山先生寢疾，先生左右扶護，靡不用極。以丁卯四月遭大故，絶而復穌者數矣。旣斂，奉櫬從木道還，至洛江中流，風濤大起，覆沒在呼吸，先生扶屍柩號泣祝天，已而風定利涉。

持喪之節，一從禮制。其疑文交互處，必博考參酌而行之。世俗例於葬後上食，有闔門止哭之節，先生曰:“《家禮》上食之儀，只見於《初喪章》，蓋以下室之薦象生時，無葬前葬後之異也。”小祥時，喪人絞帶，疑於用布，先生曰“斬衰喪人小祥布絞，出於賈疏，《備要》亦引而爲說。然疏說亦非有經據，只因‘公士衆臣爲君服布絞’一段，而‘彼有所壓，此無所屈’，不可爲證”，遂以用葛爲定。其論禫後服色曰“禫後著纖縞，吉祭卽吉禮也。今人多於禫後因著吉服，吉祭則行於年久之後，失之甚矣”，遂於禫祭時，暫著吉服，祭訖，服白衣，帶用緇色，踰月卽行吉祭，服吉。

乙亥，邑大夫爲一文字，侵斥先先生，見者無不憤惋，而先生若無聞焉，卽曰"先君子嘗有移居北峽之意，今可成其志也"，遂移居鳳城。丁丑撤還。

壬午，母夫人下世，喪制一如丁卯所行。自此尤忽忽無意況，惟以溫理舊業爲事，俛焉日有孜孜。所傾心相與者，不過數人，而與李大山契誼尤密，有時思起，輒命駕相造，論道講書，至欲移家相就而未果。

丙戌冬，忽示疾至數日，證不可爲。每便旋，必令人扶起出外，子弟以時方劇寒，請勿觸冷添傷，先生曰"祠廟在至近之地，病雖甚，何可泄痢房中"，以十一月十六日啓手足，享年五十九。訃出，士林皆爲位而哭。以丁亥八月，葬于輞川午坐之原。

先生無齋號，諸公欲依孟貞曜、陳龍川故事，號以虛菴，蓋取顏子實若虛之義也。後於先生書篋中得圖章，有"九思堂"三字，士林曰"此先生平日實用工處，不可他求也"，遂號之曰九思堂。

先生配永嘉權氏，處士蘚之女，忠定公諱橃之後也。有淑德懿行，克配君子，後先生九年而卒，墓在輞川東麓。有四女無子，以弟甕行之子始全爲嗣。女適張壽鶴、李宇弼、朴漢章、柳允文。始全有四子，曰翼運、鱗運，餘未娶。張壽鶴有嗣子胤禎。李宇弼有男光璞、光周，女適金躋壽。朴漢章有男三寧、維寧，女適權載健。柳允文有男女皆幼。

先生天資絶異，志氣豪邁。最少時喜讀《莊子·秋水》

篇，先先生以汎濫不切戒之，卽止不復讀。然嘗慨然以古人自期。嘗曰"爲學當學程、朱，爲文當學漢、唐"，訥隱李公、江左權公聞而善之。及先生在湖南之日，權公與書，復及其說，先生曰："此吾幼少時所云爾。今以家庭之敎，而已覺前言之爲妄發矣。"乃復書曰："竊嘗聞之父兄'孔子曰「辭達而已矣」，爲文能達意足矣，何必極力求爲如是之文哉？況君子事業無窮，而用一生之力於區區小技，其於遠者大者，將何如哉'，某旣自量，雖竭一生之力，而不能庶幾於作者之林，與其爲無益之求，豈若從事於學問思辨之功，分寸之得，皆切於己乎！"其後權公，復有道學文章無二致之說，先生乃曰："此朱先生《唐志》說之意也，議論自好，敢不承款耶？"蓋先生進學之志甚篤。雖在流離困苦之中，而此志益堅，日侍家庭，辨疑答問，至義理肯綮處，精思力索，不得不措。如有所疑，則雖家庭之說，而亦反復不置。

先先生每以善於思索許之，嘗曰："家兒見識如此，而以吾之故，不得專力於此事，可惜也。"每還鄕，戒之曰："須與鄕里諸公講討，錄寄其說話。"先生受命而歸，或以憂病，未能如戒，則深以爲歎。其答人書曰："喪難來，無以慰親心，獨有進業一事，爲可寬解之資，而今將垂槖而往，恐無辭可對矣。"江左翁嘗問《中庸疑義》於先生，先生條對甚詳，皆有經據。先先生曰："一甫才高，故求索太過，其於《章句》、《或問》，少沈潛厭飫之味，而有別立己見之意。兒子才不逮，故其所爲說，謹守先儒成說，得免病敗也。"又與李大山講《心經》，錄其答問，上謫所，答曰："得如許好朋友，講如許好議論，此近來所未聞見，使我累日慰悅。"

訥隱、江左二公，嘗有《中庸》、《周易》相爲表裏之論，以爲知二書之義，則遇變，可免於刑戮，先生曰："《中庸》所謂'驅而納諸罟擭陷阱之中，而莫之知避'者，固爲不智，而'國有道，不變塞焉；國無道，至死不變'，實爲君子之强。以《易》觀之，'何校滅耳'，固爲凶，而'致命遂志'，亦君子遭不幸者之所以也。況人生吉凶禍福，莫不有命存焉，非智力所可圖也！孟子曰'夭壽不貳，修身以俟死，所以立命也'，君子行己，惟視道之當然而已。禍患之來，亦將如之何哉？"乃作《讀易說》曰："《易》中大義，在於扶陽抑陰，其所重在於剛健中正，而以諸卦言之，《屯》之'經綸'、《坎》之'行有尙'、《遯》之'與時行'、《睽》之'同而異'、《困》之'以剛中'，蓋亦處難行患之一道也。

竊怪夫世之論《易》者，執其一而遺其全。於《大過》之象，則捨'獨立不懼'，而獨取'遯世无悶'，於《坤》之爻，則略'直方大'，而必曰'括囊无咎'，其所主每在於'低頭退步，保惜一已之意'，其於'開物成務'之大用，豈不爲偏？而末流之弊，陽或可抑而陰或可扶也，剛健中正，不爲貴，而柔懦偏邪，不爲非也，如之何其可也？

是故學《易》者，必先取夫《乾》之自强不息，《蒙》之果行育德，《大壯》之非禮弗履，《晉》之自昭明德，《損》、《益》之懲窒、遷改等處，以爲受用之地，而若《否》之儉德辟難，《旣濟》之思患豫防，不害爲隨時相濟之一義。

然其要歸，又在利貞二字。蓋貞，正也固也，貞則无不利，不貞則無攸利，貞則過涉滅頂，亦不爲咎，不貞則不出門庭，未免於凶矣。是故六十四卦之義，皆以利貞爲主，而又有曰'利永貞'，永貞又利之大者也。讀《易》者，盍亦以此義讀之哉？"

先先生見之，喜其有不挫之志。嗚呼！旣講之於朋友，又質之於家庭，當時文獻之盛、家學之正，可以想見，而其所以磨礱道義，淬厲志節，有如此者。故其門路正當，樹立巍卓，雖經歷事變，閱盡風霜，而剛大直方之氣，不少撓屈，其發之言議之間者，若是其偉也。且其規模甚廣，氣象悠遠，有以見夫仁體之大，而深有得於《西銘》之旨。

嘗曰："惻隱之心，本天地生物之心也。人得是心以生，而混然處乎天地之中，則自我一軀殼，以至天地萬物，此心彌滿充塞，無空缺處，是豈有內外彼此之間？譬之草木，豈可言一草一木，獨有此生意？卽藹然充滿於天地間者，無非此生意。但草木無知，雖連枝竝蔕，亦不能推而及之。惟人最靈，隨感而通。故乍見孺子匍匐將入井，此心便發出。然常人亦蔽於有我之私，則又不能擴而充之。惟廓然大公，以天地萬物爲一體者，方能立其體之大，而致其用之廣。初學之士，固難遽議於此。然亦須先見得大意，驗之於身，措之於家，隨其分而推之，庶不至孤負此心也。"

又曰："心有體有用，專於用而遺其體，則無以立天下之大本，而其用無所本矣；專於體而遺其用，則無以行天下之達道，而其體無所施矣。"

於此可見先生之學，有本有末，可以修之家而達之於天下也。然其下手用功，却在於至親至切處，一行之細，而不曾放過；一事之微，而必加審察。嘗語學者曰："懲忿窒慾，最是難事。吾氣質偏滯，粗暴之氣多，而含忍之力少。流離湖海十年，而此病愈甚，先人嘗擧《旅》九三'喪其童僕'之辭，以戒之，而猶未能頓改。吾素嗜麴糵，以國禁斷酒十年，每於憂愁之時，輒有思飮之意。又於少時，以事久留京城旅次，主媼之女有容色，來相款狎，初不能無動，忽念朱先生'幾人到此誤平生'之句，遂斷然却之，而其姣艶之色，有時往來於心。此等處當一刀斬斷，絶去根株，勿使留於念慮之間可也。"

痛念二親千里相隔，七年不入內室。後奉慈闈，團會謫所，人或疑之曰："於古有此否？"先生曰："昔劉元城，擧家流竄，柳眉巖北遷，夫人隨往，有'三從義重一身輕'之句，謫中挈眷，朝家之所不禁也。"

嘗以所遭境界，古今所罕有，使孝子處此，必有其道，而乃伈伈不一用其力，誠可痛恨也。爲擊金原情，將冒死一鳴，爲一二老成所持重不果。先生以至寃未伸，不以平人自居。跡不到城府，口不言時事，儒林公會、知舊宴樂，皆謝不往，終日掩關端坐，紬繹舊聞。對學者，未嘗輕語以性命之說，然有問者，則亦必開示無隱。前後居喪，泣血三年，冬月居處冷突，盛熱不脫絰帶。奉先極其誠敬，物品之薦，必躬自監視，將事之際，僾然如在，祭畢，愀然以終日。非有疾病，必晨謁家廟，退而問安于仲父與諸母。

有一弟，視之如手足，保之如嬰兒。待宗族，禮恭而情摯。接賓友，氣和而辭順，雖頑夫悍孽、婦人小子，苟一瞻其顔色，自然起敬。下鄕有一人習性悖慢，士友皆置之度外。先生嘗過其鄕，至一親舊家，其人適在座。方與人作鬧，見先生威儀之莊重、辭氣之溫恭，忽茶然沮喪，斂膝致敬而去，豈非所謂"望其容貌，而人不生易慢之心"者耶？喪難之餘，家業蕩殘，有時竝日而食，未嘗有求於人。嘗避痘于先夫人墓下。時饑甚，日啖爆豆百枚，朝夕上墓哀省，歸便讀書，無饑困色。

其爲學也，以自治爲先，遜讓爲節，己有微愆，不敢自恕，人有過惡，持以自警。居常惕厲，若蹈虎尾，如履春氷。蓋無一日而無工夫、一刻而忘自撿也。涵養旣久，德性日益完厚，造詣日益高深，不出常行，而有人不及知之妙，不自高揭，而有人不可踰之實。言不必擇而信，心不待操而存，表裏交融，內外一致，而所存所發，粹然一出於正。與大山李先生，屹然爲東南善類之宗主矣。

先生葬日，大山先生言于長源等曰："此老德性，難於形容。以爲寬裕底人，則覺甚剛毅；以爲剛毅底人，則覺甚寬裕。似疏闊而却細密，儘平易而却難及，甲視之則如此，乙視之則如彼。譬如千頃之陂，不可得而挹也，其殆黃叔度之倫而充之以學力者乎。所著有《啓蒙質疑》、《蓍法質疑》、《喪服經傳註疏通考》、《講錄刊補考疑》及遺文若干卷，其文章議論浩博精切，皆可以傳之百世云。"

金斯文道行草先生《遺事》，授長源曰："知先生之深，恐無如吾子者，狀次之役，敢以煩吾子。"長源以非所敢當固辭，而不獲命，仍竊惟念長源自幼少時，獲近門牆，先生引而置之收敎之末，誘其迷惑，開其偏滯者，至深切也。

顧長源才智下，不克大有所受，而其區區發端，粗免蒙愚者，實先生之恩賜也。屬此年耄志荒，不勝撫念悼恨。今以文字之役，粗伸平日依仰之忱，亦情義之所不敢辭也。謹拜受《遺事》而讀之，其所記錄，皆長源所嘗竊覸而心識之者。嗚呼，其實錄也哉！乃敢就其中，更加增刪而第錄之，秉筆君子，或恕其狂僭而有採焉則幸矣。

上之十九年乙卯四月甲申，後學完山 柳長源謹狀。

是年十月，始全君擊金訟霽山寃狀，上特命復官。仍令政院傳諭始全曰："渠祖行誼，厚被先朝恩數，而渠父行誼，亦所藉稱，未及收用於生前，此爲欠事。"

嗚呼！先生下世，今三十年矣，其潛德幽光，久而彌章，終能受知聖主，蒙被罔極之恩，鶴鳴聲聞，其理有可必者。嗚呼欷矣！事在狀成之後，玆又追書云。十二月朔朝，長源再書。

墓碣銘

朱夫子作《小學》一部，萃集千古至性絶行，竝載之，是所謂"做人樣子"。今夫人有至性絶行，未必不及於古人，而以其生之後於《小學》編輯，名湮沒不稱，豈不可恨也哉？然之人也，以天賦之美爲吾所當爲而已，人之知不知、名之傳不傳，顧何與於吾身哉？第以愛慕者言之，明知其至性絶行，足可爲做人樣子，而任其生不逢朱子，使埋沒來後而止，則亦豈秉彝好德之心也？余於九思堂 金公之狀，竊不勝三歎息焉。

公諱樂行，字艮夫，義城之金，麗朝太子詹事龍庇之後也。入聖朝，有諱璡，號靑溪，生五子，俱受業退陶門，仍父子享于泗濱 景德祠。高祖諱是榲，號瓢隱，崇禎丙子以後，遯跡山林，除陵署郎不起，自稱崇禎處士，英廟特贈司憲府執義。曾祖諱邦烈，國子生員。祖諱泰重。皇考諱聖鐸，號霽山，英廟聞有學行，屢徵召，尋擢第，官至弘文校理。妣務安 朴氏，武毅公 毅長之後，震相之女。以肅宗戊子，生于安東里第。

方稚齡，從隣兒學雜戲，母夫人曰"士君子當學孔子，雜戲何爲"，色若瞿然而對曰"如是則孔子可學"，自是不復遊戲。既就傅，欣然慕古人，思與之齊。以父命執贄于密庵 李公，講《近思》、《心經》等篇，諸長老皆以彊輔待之，有疑義，必相與商量焉。

丁巳，霽山公在玉署，湖、嶺儒生之化身媚當路者，投疏構誣，辱及師門，義不可泯默，上章略暴。當路者抉摘二字，驚動聖聽，無不至。於是發緹騎，捕入詔獄，至栲掠屢施。公晝夜伏金吾門外，號泣不暫輟，兩手掘地，十指皆血。如是者凡五朔，有時氣盡昏仆，鐘街市井，皆奔走來救。或持酒灌口，或以藁席蔽陽。獄卒皆曰"吾輩亦人耳，何忍不用情於孝子乎", 爲通獄中消息甚悉。時人之視若仇敵者過之, 亦愍然以爲孝子也。因豐原君 趙公顯命, 抗疏以爲非其罪, 上命幽于耽羅之旌義。旣出獄, 市井輩相語曰: "自此金孝子不露地宿, 吾輩亦帖席臥矣。"

公在途, 夜必耳其呼吸, 坐而至朝, 跪進藥餌, 泣勸粥飮。滄溟萬里, 若神明扶護。旣到配, 當食而親調酸鹹, 則以身而替婢使也; 備炊而躬採薪蒸, 則以身而替僮指也。有餘力則讀書講質, 要以解親心, 島民雖蚩蠢, 見聞者無不感歎, 得一味, 輒來獻焉。

明年, 移配光陽, 光與嶺壤相接。校理公以太夫人尙在堂, 命公歸省。公雖順志而歸, 以爲父母千里各所, 爲人子, 豈忍有居室之樂? 以故足不躡內閤一步者, 前後爲七年。

丁卯, 校理公卒于光, 公絶而復甦者數矣。旣斂, 奉櫬從木道, 還安東舊第, 至洛江中流, 風濤大起, 覆沒在呼吸, 公益攀擗祝天, 已而風定利涉, 若有所相者。

壬午, 遭母夫人艱, 執禮一如前。嘗避痘墓下, 時饑荒甚, 日啖爆豆百枚, 朝夕上墓哭盡哀, 歸便讀書, 無饑困色, 人異之。公前後泣血, 髮膚無不受病。閡制之再明年丙戌, 疾已不可爲。然每便旋, 必令人扶起出戶外, 子弟以寒劇請勿觸, 公曰: "祠宇在近, 病雖甚, 何敢溷穢於此乎?" 竟以十一月十六日終, 享年五十九。訃傳, 士林皆爲位而哭。丁亥八月, 葬于輞川午坐之原。

公嘗曰"爲學當學程、朱", 平日所用工, 有本有末, 可以修之家而達之天下。然其喫緊下手, 却在於至親至切處,一行之細, 而不曾放過, 一事之微, 而必加審察。以故自事親奉先, 愛同氣、接宗族, 無一不盡分。對學者, 未嘗輕語以性命之說。然有問者, 亦必開示懇懇, 嘗曰: "窒慾最是難事。吾素嗜麴糱, 以國禁不近口十年, 或値憂愁, 瞥然思飮。少時因事久留京城旅次, 主嫗之女有容色, 來相款狎。忽念朱先生'幾人到此誤平生'之句, 雖斷然却之, 而其姣艶之色, 時或來往於心, 豈非不能以一刀斬其根株之致耶? 此等處甚可畏也。"

以至寃未伸, 不自居平人, 跡不到城府, 口不言時事, 儒林公會、知舊宴樂, 一切謝不往。惟趙公恩, 銘在骨髓, 佩一壺酒, 齎數三薨魚, 千里踰嶺入畿甸, 訪問趙相國墓何在, 澆酒讀祭文哭半日, 百拜而去。祭文所自製, 其辭悽惋悲苦, 人至今誦傳。

每與江左 權公萬, 貽書辨文章道學。尤與大山 李公象靖, 契誼甚密, 有時思起, 輒命駕相邃, 論道講書, 至欲移家相就。

其自治也, 遜讓爲先, 己有微愆, 不敢自恕, 人有過惡, 持以自警。涵養旣久, 德性日益完厚, 造詣日益高深, 言不必擇而信, 心不待操而存, 表裏精粗, 粹然一出於正矣。

方葬公於輞川也, 大山公爲臨壙而至, 語會客曰: "此老德性, 難於形容, 以爲寬裕底人, 則覺甚剛毅; 以爲剛毅底人, 則覺甚寬裕。似疏闊而却細密, 儘平易而却難及, 甲視之則如此, 乙視之則如彼。譬如千頃之陂, 不可得而挹也。其殆黃叔度之倫, 而充之以學力者乎! 聞之者以爲善形容。

公之平生所著，有《啓蒙質疑》、《蓍法質疑》、《喪服經傳註疏通考》、《講錄刊補攷疑》及遺文若干卷，其文章議論，浩博精切，皆可以傳之百世云。"

公配永嘉 權氏，忠定公諱橃之後，處士薛之女。淑德懿行，克配君子，後公九年而卒，葬在輞川東麓。有四女無子，以弟霽行之子始全子之。四壻張壽鶴、李宇弼、朴漢章、柳允文。始全有四子，曰翼運、鱗運，餘未娶。張壽鶴子胤禎。李宇弼子光璞、光周，壻金躋壽。朴漢章子三寧、維寧，壻權載健。柳允文有男女皆幼。

今上乙卯，上特念校理公寃狀，辭教惻然，賤臣適伏於前，起而言曰："其子金樂行有至性絶行，無愧《小學》編中所錄諸賢，不獨臣知之，士林無不言之。有子如此，以義方之教推之，平日不負國可知。"於是上下十行綸音，特給校理公職牒，仍以不及用公，爲世道恨之，似公忠孝之性，豈不思結草報恩於九泉之下乎？濟恭旣知公，今於始全之爲親乞銘，安敢辭？

銘曰：天可怨乎？天不可怨。天旣不可怨，吾且爲之天問。賦以至性絶行，餉以險阻艱難。抱至寃而歸之地，天曷故焉？

大匡輔國崇祿大夫、議政府領議政、兼領經筵弘文館·藝文館·春秋館·觀象監事·奎章閣檢校·提學蔡濟恭撰。

遺事

從弟道行撰

公諱晉行，字退甫，姓金氏。高麗時，有諱龍庇爲太子詹事，以功封義城君，是公始祖。入本朝，代有顯人，至十一世，而有諱璡，號靑溪，有五子，長諱克一號藥峯與弟龜峯諱守一、雲巖諱明一、鶴峯諱誠一、南嶽諱復一，事退陶李先生，大爲師門所愛重，士林依四令、九賢祠例，合享于泗濱 景德祠。藥峯公無子，以龜峯公之子諱瀓爲嗣，成均進士，號大朴。是生諱是榲，號瓢隱，又號崇禎處士，以節義英宗朝贈司憲府執義，是公高王父。曾祖諱邦烈，成均生員。祖諱泰重，通德郞。考諱聖鐸，以弘文館校理，上疏忤時議，竄配十一年，沒世于謫館，號霽山。妣務安 朴氏，節度使謚武毅公 毅長之後，通德郞震相之女。習典訓通事理，有古女士之風焉。以肅廟戊子正月初九日，生公于安東府之川前里第。

幼而有至性，不喜隨羣兒狎弄，常在父母之側，應對敬謹。母氏得美味與之，則遜避不食曰："留爲親饌也。"

九歲，入四書，已略通大義。先府君嘗臨壯，使公代書慰人書疏，公退而卽書進，字畫精楷，無違式。時公年僅十一歲矣。

十八，授室于忠定 權先生之後，處士蘚之女。權氏是南中文獻大家，多聞人碩士。公遊其間，甚有觀感資益之樂。江左 權公嘗見公製述，瞠然曰："雖久聞聲華，而亦不意其見識文章，至於如此也。"以先府君命，執贄于密庵 李先生之門。密庵甚期許之，與先府君書中，極其稱賀。

時知府將行祈雨祭，以公爲執事。舊例祭山川，行四拜之禮，公言于知府曰："四拜乃臣拜君之禮也。今我主上爲封內山川之主。山川之神，於主上有君臣之分，今何可以臣拜君之拜，拜山川乎？古禮或謬襲，請釐正何如？"知府喜曰"誠然矣"，遂行再拜禮。知府每對人言曰："金某非但理學高明，禮學亦習熟矣。"

癸丑，豐原君 趙公顯命爲道伯，令本府選士，月講于校院。顧齋李公樸爲訓長，發經書疑義問目，試多士，每得公所對，喜曰："諸生中，惟金君說，令人心目開明矣。"

乙卯，先府君擢大科。時公爲應鄕解覆試，上京因留。先府君唱榜後，卽付臺職，自公卿以下，至韋布，賀書沓至，應答不暇。公承命裁答，無一留滯焉。

丁巳，先府君在玉署，一邊媢嫉之徒，慫恿鄕曲儒生，上疏構捏，無所不至。以及於師門，先府君將陳章辨誣，老成諸人亦多勸之者。公獨隱憂深慮，乘間力陳其不可輕犯忌諱，先府君曰"汝言然矣，而到今事勢，不可不引嫌。因引嫌之章，略及師門寃狀，有何禍患之可深慮者哉？設有意外禍患，道理所當爲者，爲之而已"，遂封疏。

五月，拿命至，公隨嚴程入城。時朝著波蕩，禍機叵測，先府君屢次受訊。公廢食飮，夜不處房室，夏衣至秋不易，囚首伏藁，日號泣于金吾門外，市井胥徒，莫不感動嗟傷，奔走致唁，或以物來遺。雖當路與我仇敵之人見之，亦惻然以爲孝子也。

九月，先府君出獄，公扶護達濟州配所。無它子弟從行，只有二僕隨來。鼎鑪飲膳，凡婦女婢使之役，躬親奔走，夜不就寢。有暇隙，或講質文義，或間以吟詠瀉懷，一以慰解親意爲心。

戊午，先府君移配于光陽縣。時王母夫人及母夫人在鄉廬，公往來省覲，血脚千里，艱苦備至，而亦未嘗以疾病之苦，貽老親憂。丁巳、戊午兩年，痘疫大熾，前後犯危不知其幾，而卒無事，人以爲孝感所致。

庚申冬，王母夫人下世，有歸葬之命，奉僾輿歸哭。辛酉春還配。

壬戌，大山李公來訪公，講論《中庸》、《心經》、《太極圖解》疑義。又會於龜潭書堂，留數日講討，有未合者，歸後以書往復，至數十幅，載在文集中。

江左權公嘗著《中庸疑義》一編，示公請斤正。公條錄其可疑處，爲一冊，名曰《中庸質疑》。先府君見之曰："一甫才高，故究索太過，其於《章句》、《或問》，少沈潛厭飫之味，而有別立己見之意。兒子才不逮，故其所爲說，謹守先儒成說，得免病敗也。"

乙丑，先府君以臺繳，移配于康津縣之薪智島。

丙寅，還配于光陽。先府君素多疾病，患難以來，爲水土瘴癘所傷，至是冬添劇。公衣不解帶，夜則沐浴祝天，請以身代者，數月矣。

以丁卯四月遭大故，公絶而復甦者數，旅櫬從木道還。至洛江中流，風濤大起，覆沒在呼吸，舟中皆號呼失措，公扶屍柩安坐不動。已而風定，舟得利涉。喪制一從禮經，其有疑文變節，必往復于平日朋友，折衷而行之。

乙亥，邑大夫聽人指嗾，爲一文字，名曰《曉諭文》，醜辱本鄉向來先輩，無有餘地，以及於先府君，見者無不驚駭憤惋，而公若無聞焉。

丙子，移籍于奉化縣，因寓居于縣之黃海村，有所不樂于故土也。丁丑撤還。

壬午，母夫人棄世，喪祭一如丁卯所行。

丙戌冬，忽示疾至數日，證不可爲。每便旋，必令人扶起出外，子弟以時方劇寒，請勿觸冷添傷，公曰："祠廟在此，雖疾病中，何可不致謹也？"以十一月十六日，启手足，享年五十九。訃出，遠近士林，皆驚悼奔走，爲位而哭。以丁亥八月，葬于輞川午坐之原。

公平日無顯稱別號，方丈李公台煥，書請大山先生，欲如韓文公之於孟貞曜、朱先生之於陳龍川故事。大山答書曰："示事曾於川上之會，語間謂亡友曰：'兄之軒號謂何？'亡友曰：'無有矣。'某謂'兄執德謙虛，所居地名又雨谷，取「山中雲出雨太虛」之義，號以虛菴可乎？'亡友笑曰：'吾腹中虛無物，謂之虛菴，誠爲著題語也。'此雖近於戲劇而一時酬酢之語，化者已笑領之矣，今以虛菴爲亡友軒號如何？"後公所藏圖署出焉，有"九思堂"三字，士林遂稱之曰九思堂先生。

公無子有四女，以弟霽行之子始全爲嗣。女適張壽鶴、李宇弼、朴漢章、柳允文。始全有四子，曰翼運、鱗運，餘未娶。張壽鶴有嗣子胤禎。李宇弼有男光璞、光周，女適金躋壽。朴漢章有男三寧、維寧，女適權載健。柳允文有男女皆幼。

公天資絶異，志氣豪邁。其在最少時，喜讀《莊子·秋水》篇，先府君以汎濫不切戒之，卽止不復讀。然嘗慨然以古人自期。嘗曰："爲學當學程、朱，爲文當學漢、唐。"訥隱 李公、江左 權公聞而喜之。及公在湖南之日，權公與公書，復提及漢、唐文章之說，公曰："此吾幼少時所云耳。今以家庭之敎而已覺前言之爲妄發。"乃奉書權公曰："某自量審矣，歷觀而驗之亦多矣。彼皇明諸公，其才力何如，自期何如哉？薄視歐、蘇，動說漢、唐，然由今以觀，其不出於宋人之下者幾希。我東一二名家，亦頗有高自標致者，要其歸，又皆皇明諸公之糟粕耳。今以不逮之才，妄欲步驟古作者，豈非不知量之甚者乎？抑嘗聞之父兄：'孔子曰辭達而已矣，爲文能達意足矣，何必極力求爲如是之文哉？況君子事業無窮，而用一生之力於區區小技，其於遠者大者，將如何哉？'某旣自量，雖竭一生之力，而不能庶幾於古人，與其爲無益之求，豈若從事於學問思辨之功，分寸之得 皆切於己者乎？"

公雖在流離困苦之中，而進學之志，不挫不已。日侍家庭，以辨疑答問爲事，自經傳子集，以及陰陽星曆地理醫方聲律之流，靡不窮探講討，傍通兼解。至義理精微，精思力索，蠶絲牛毛，剖析無遺。有疑辨論未合者，雖家庭之說，而亦反復不置。先府君每以善於思索許之，嘗曰："家兒見識如此，而以吾之故，不得專力於此事，可惜也。”

丁卯以後，閉門齋居，口不言時事，跡不到城府，儒林公會、親知宴樂，皆謝不往，終日對案，溫理舊業。嘗自謂“吾氣質偏滯，往往應事接下，粗暴之氣多，含忍之力少。流離湖海十年，而此病愈甚，先人嘗擧《旅》九三‘喪其童僕’之辭以戒之，而猶未能自改。禍變以來，百感在中，而此事尤爲無窮之恨。自今當痛加功力，變化氣質，以無負先人之訓也”。於是益用力於治心養性、省察體驗之功，謙退遜順，畏約愼密。居常警惕，若蹈虎尾，如履春氷。一事之微，而不爲放過；一行之細，而必加點檢。涵養旣久，德性純熟。言不必擇，而自無悖出；身不必勑，而自無妄動，溫厚和平，寬裕簡靜。蓋公平生用功，無非爲己·謹獨之事、持敬·精義之方，而後來所得之深、所造之卓，非後生淺見所可得以容議也。

就其可見之行而言之，則事親之際，下氣怡聲，愉色惋容，罔或少失，洞洞屬屬。雖疾病寢睡之中，而一念常在於父母，所謂“視於無形，聽於無聲”、“一擧足，而不敢忘父母”者，公之謂也。丁巳以來，海浮陸走首尾十年，而左右扶持之道，靡不用極。所館蟾津村人，見公所爲，或有感激流涕者。常以爲所遭境界，古今所罕有，使孝子處此，必有其道，而乃伈伈不一用其力，誠可痛恨也。爲擊金原情，將冒死一鳴，而爲一二老成所持重不果。

母夫人素患虛勞，常在床褥，公年已向衰，而得饌味，一不入口，以家貧甘旨難繼也。親執僮指之役，每登山手拾枯根落葉，以爲炊爨，雖隆寒暑雨，不少廢弛。公疏糲不充，而母夫人奉養之節，無異富家，卒綿延氣息，享有高壽，實誠孝之力也。

居喪哭泣，哀動傍人。雖盛熱，不脫衰絰，夜則枕凷而臥，未明而起，哀省几筵。祭奠之物，情文備至。蓋不以筋力爲憚，家計爲念也。忌日前期宿齊，祭需必親監，令內外安靜，無得喧譁。將事之際，肅然僾然，如在其上，如在其左右，在位之人亦皆肅敬，罔敢生懈怠之心。卒事，愀然以終日。

非疾病，必晨謁家廟，退而問安于仲父與諸母。有一弟，愛之如手足，保之如嬰兒。待宗族，隨其老少親疏，情意周洽，禮貌曲盡。以故人皆悅服，仰之如父師，信之如神明，每事必稟而後行，其作過失，惟恐爲公所知也。丁巳以後七年，不入內室。公素嗜酒，英廟朝酒禁，斷飮至十餘年。

從祖祖適庵公，於先府君，有敎育之恩，忌日必送助祭需。豐原趙公於我有難忘之德，聞訃，爲位而痛哭，祥日設奠於私室，爲文以告之，又親祭於其墓。凡於先府君親友及患難相救之人，聞喪必食素，及葬，操文以祭之。其在遠不得親問者，以書尺存問，其子孫終身不忘焉。

公德器渾厚，對面而和氣薰炙，不言而志意灌注，令人鄙吝自消。雖頑夫悍孽、婦人小子，苟一瞻顔色，自然起敬。下鄕有一士人習性悖慢，人置之度外。公嘗過其鄕，至一親舊家，其人適在座。方與人作鬧，見公，忽茶然沮喪，如不置身。因卒爲善人，豈非所謂'望其容貌而人不生易慢之心'

者耶?

公與大山先生爲道義交，或往來相從，或以書疏論辨，其有義理不合者，十反不已。常以大山爲斯文宗主，書辭際接之際，自處卑遜，有學者來問疑義，則從容酬答曰:“吾見必不是當，何不就質於大山也?”大山亦於公極其尊敬，互相推轂於斯文，其相長相與之意，蓋當世無比也。

公多著述，書札雜著文集所載之外，有《四書箚疑》、《禮論箚疑》、《幅巾說》、《續袵鉤邊說》、《王制封方解》、《琴律說》、《律呂說》、《謏錄》等書。大山先生以爲儘多至言，而文多不可盡錄於集中，當別爲一錄也。

公嘗收拾先府君遺文，將手寫淨本，未就而卒。嗣子始全繕寫一本及公遺稿幾冊，以獻于大山先生，先生爲之校正，以所勘未盡，付之南澗、東巖兩柳公，更加讎校，至歲餘粗成完本，藏于泗濱書院。

道行侍公三十餘年，耳聞目見，無非孝悌忠信道德仁義之說，而才志鹵莽，學焉而未能，及遭山樑頹壞之變，則安仰之悲?莫追之悔，已無可言者。每欲記公遺事一通，以請于大山先生座下，先生亦以事契之重，嘗屢言及此，而自顧蔑識無文，不足以備述德行，侔狀輝光，執筆還閣，遷延歲月，以至于今，道行不敏不仁之罪甚矣。今始粗記聞見所及，爲言行一錄，拜獻於執事，而所錄是公中年以後居家處事疏節細行，至於公心學之要、制行之高、執德之弘、任道之重，謹嚴堅固之功夫，篤實刻厲之操履，昭曠獨到之見識，汪洋不竭之文章，孝順通於神明，精誠貫於金石，仁愛可以濟物，才具足以經世，謙謙乎若一事之無所能，逡逡乎如愚夫之無所知，而若其自信之篤、自守之固，確乎有不可拔者。迨其晚年，涵養旣久，德性日益完厚，光輝自然宣著，表裏交融，內外一致，包涵渟滀，坦泰睟盎。風聲所及、秉彝所同，雖遠外異趣之人，亦不敢不以爲大儒君子。凡此盛德至行、妙道精義，善言者可以備記之，如道行不肖，只得識其小者耳。

伏惟執事有連世事契之重，有平日從遊之分，蓋嘗親切而尊信之矣，其見聞之間，必有得其大者深者。伏乞以一言發明潛德，以爲垂來裔詔後學之資，則其爲幸惠，非但一家之感銘而已。

祭文

李台煥

上之四十二年丙戌南至月旣望，九思堂先生聞韶金兄退甫，遘痘，不起於川前之里第。訃出，情友安陵李台煥病病，且有畏忌，不克走奉洇盤，爲位哭寢門，越明年五月某日，始得扶曳，一痛筵前。繼聞卽遠在八月三十日辛卯，而無力再起，謹以魚鰒之奠授男溥遠，替奠于靈几之下而哭之曰：

嗚呼痛哉！道在天下，由人而行。

時有顯晦，氣實虧盈。

左海奎運，明極而翳。

法門已敗，正脈幾閉。

逐聲尋響，惟子庶幾。
得自詩禮，有的鉢衣。
工先近裏，思絶騖外。
發軔灑埽，期税統會。
靜中有物，主翁常惺。
動處加功，私邪退聽。
門路整整，蹊逕了了。
自蹈平易，匪求冥杳。
相世志學，大驚小異。
高入玄虛，卑昵功利。
衡鑑高懸，詖淫自遁。
脊梁竪硬，歧惑寧慁？
謙以自牧，粥若無能。
毅然難奪，式嚴墨繩。
倘假以年，何地不到？
宜紹墜緖，可鎭羣譟。
若或相之，胡速奪斯？
旣爲公慟，且陳吾私。
叔祖高弟，緊先先生。
河南私淑，武夷漢卿。
而余狂疏，僅中下駟。
秪以先故，猥蒙收記。
詎敢逐隊！聊且躡塵。
時君兒侍，已出等倫。

及就長大，益見種績。

有偉囷倉，便驚心目。

遂遊父子，徂垂歲月。

誼以世敦，交由誼別。

昔訟師寃，媒禍先府。

七旬犴獄，十載炎滸。

伏藁泣血，悍卒心驚。

枕鑪瘴海，蠻嫗色更。

二親南北，久阻偶處。

不入妻室，六七寒暑。

惟性是率，匪愛曷以！

夫非盡子，純孝卽爾。

妹禁申嚴，動彼議讞。

嗜好難制，莊士不免。

一刀兩斷，毋近盃勺。

推自不欺，可驗學力。

餘事文章，間架傑傑。

自出機杼，不襲塗轍。

沃沃根榦，混混波源。

獨掃千軍，一筆萬言。

橫鶩別驅，匪今伊古。

試數於今，誰與爲伍？

閱歷滄桑，濩落身世。

覆盆之寃，何時可洗？

展布無地，康濟有身。
爬羅箋註，領略天人。
方飫道腴，肯役詞藻。
斂華就實，辭達理造。
騷壇盟主，吾黨宗師。
顧無知者，孰能信之？
卓彼大山，當世子雲。
知有信筆，應闡遺芬。
惟我兩家，義同朱、陳。
館甥逆婦，講舊締新。
因緣幸會，旣月經旬。
論學評文，洛·建、先秦。
性命過接，利義界分。
矩矱體裁，風神聲韻。
分毫析縷，秤斤停兩。
沛若決河，快似爬癢。
猶秉冲虛，每思退讓。
謂余先飯，過爲推奬。
儱侗如走，本無實得。
徒付口耳，未着跟脚。
塑質皮相，焉足控摶？
靜循生平，漿背汗顔。
樂善好賢，粗保天彝。
所以愛悅，於君實罙。

一向讚歎，亦非友道。
時拈少差，乃進規告。
斂衽色笑，欣然聽納。
庶作山石，見究大業。
何來惡疸，遽閼長筭？
闔家腹忮，瑤音絃斷。
慟繁傷時，怨劇喪己。
德門陽九，胡寧忍此？
扶友文雅，會兄豈弟。
儕流攸屬，鄉邦所徯。
同時駢命，天悽日慘。
矧又二妙，摠是楸欖！
如屋摧棟，若船失柁。
非無居人，實多戚我。
窀穸愆期，事故見黝。
近卜牛岡，密邇先垗。
薤謌咿咽，旋翣悽其。
人世已矣，泉臺可期？
築室相歡，先民亦云。
文以侑之，聞乎不聞？

又

李象靖

嗚呼痛哉！天意未可知也。旣賦公以溫良謙厚之德，精粹通睿之資，若將以有意於斯世，而卒之顚頓於患難之際，阨窘於憂戚之塗，未能萬分一施其所蘊，而空與草木鳥獸同其泯沒於無傳，則天之生是人也，其意果安在耶？

雖然使公容與於坦途，翶翔於泰階，以富厚逸樂大奉其身，而所以策勵磨鍊，以成就其德器者，未必其專且精，則或者天意其在於此乎？然則殷憂爲啓聖之方，貧戚爲玉成之地。動忍增益而完養其心性，困衡作喩而刻厲其志意。絶意外慕則內修之工得以專，斂跡世紛則嚮道之志益以堅。研究乎理義而睹昭曠之原，積累乎履踐而造平實之域。存而其厚德雅望，足以楷範乎一方；而沒而其遺風剩韻，足以興起乎後學。則天之所以厄公於四五十年者，乃所以爲千萬歲計，而其視夫享一時之富樂，而同歸於草木者，孰長孰短，孰薄孰厚，則天之意，居然可知，而後死者，亦可以無憾矣。

蓋公之學，孝友爲百行之原，忠信爲萬事之質。內蘊華美，而外執其謙虛，人仰尊光，而自視以卑約。聽其言、接其容，粥粥乎若無能者，而其自信之篤、內守之堅，確乎有不可拔者。蓋襍衆美以爲佩，而卒以一“誠”字成德，《易》所謂“默而成之，不言而信，存乎德行”者，其殆若人之謂歟。

象之愚辱與從遊，蓋四十年矣。縱敏鈍之異質，抑臭味之無爽，不惟資麗澤之益於平日，將以敦無斁之期於百年，而乃人事之不可知，奄然如此。古人輟絃喪質之悲，身履其境而後，方知爲實際語也。

嗚呼！公今爲地下人矣，不可復見於斯世矣，有疑而誰與叩，有過而誰與箴，斯文墜地，而將誰爲續耶？已矣已矣！痛哭痛哭！隻鷄瓣香，物非情摯，惟靈其尙饗。

又

李光靖

嗟嗟，退甫而竟至於斯耶！世之聰明者多矣，兼之以美質者鮮矣。美質者或有矣，充之以學問者，尤間世而難見。若公者，豈非聰明美質而充之以學問者耶？

蓋公孝友之性，得之於天賦；義理之學，藉之於父師。匪克知之，亦允蹈之，出而負斯文之望，入而爲稱家之兒。平居讌談，但見其愷悌而慈詳；患難憂戚，尤著其至行與純德。十年南北，飽歷乎風霜；一生林園，酣飫乎圖籍。學已博矣，而謙謙若一物之不知；德已崇矣，而逡逡若愚夫之不追。飮人以和，人人各醉於醪醇；制行於禮，事事皆可以持循。知之者，咸仰其騶虞之不殺、竊脂之不穀，非出於勉强，而不知者，亦莫不以爲溫厚博雅君子人也。

余之愚，蓋自總角而識公之儀形，及此垂老而益資於麗澤，雖駑馬十駕而難追，庶蓬麻相長而有立。龜潭之會，承妙論於數日；南寺之聚，款頂針於旬時。公之所是而余敢效其愚誠，余之一得而公或許以善思。於紛繳往復之際，每歎其心和而氣平；於義理窮索之地，尤服其見高而識精。豈惟今世之罕其儔？抑亦古人之難爲兄。豈意今年運氣之大乖？惟公家偏被其孼，中道而摧，絶學誰倡？齎志而沒，先志誰述？夫豈上天之不仁，抑亦吾道之運訖？六十年修身潔行者，發明於誰人？積一生含寃忍痛者，申辨於何日？歸全兮公又奚憾，孤存兮後死之悲！惟窀穸之過期，致遠邇之齎咨。屬三秋之搖落，丹旐翩兮何之？始匍匐而來吊，愧古人而忸怩。一盃兮告訣，痛深兮公私。

又

柳道源

兮我嶠南，霽山先生！
聖許文學，士推榦楨。
惟公美質，生此家庭。
門路旣正，見識惟精。
文窺斑、馬，學究朱、程。
往歲在巳，遭罹禍罟。
至孝純誠，可質神明。
卄載風霜，心喪存形。
今之子騫，古之顏丁。
忍窮守餓，杜門無營。
口絶論事，足不近城。
沈潛經傳，吟咏性情。
一視屯亨，兩進知行。

爰曁大山，爲我範型。
戮力吾宗，共執權衡。
亦不苟同，每加討評。
吾道不孤，蔚若藩屏。
胡不少留，引我衆盲？
顧余陋拙，擿埴行冥。
藉手先契，見容門閎。
義兼師友，情同弟兄。
公傳遺業，我墜家聲。
不我愚庸，誨誘丁寧。
昨歲維夏，辱臨溪亭。
共勘《朱錄》，務爲稱停。
無棄芻蕘，容受辨爭。
公留一本，尙在弊籯。
有時披對，語聲猶鏗。
公家之禍，嶺運之傾。
瞻彼芝谷，遺韻誰賡？
風流會丈，已掩泉扃。
公携二妙，共乘箕星。
獨立暮道，萬事飄零。
江蘺旣萎，階菊方馨。
彷彿音塵，如接英靈。
旣卜靑烏，有拂朱旌。
來薦薄物，冀歆我觥。

又

李宗洙

嗚呼痛哉！賢不數生，關時運汚隆之幾；道以德凝，係斯文興喪之責。望之超然，景雲靈禽之瑞世；卽之也溫，和風猗蘭之播馥。風霆震剝之際，異己者猶以爲君子；田廬遵養之日，飫德者奉之若明神。窺之而莫覩其涘，磨之而不受其磷，固天分之有得，亦充養之有道。

嗟乎！吾嶺有學，集成陶老，世遠教衰，門分路歧。有假糟粕，把爲伎倆，曾是之惡，競事佚踣，風流已高，實德則病，不有眞儒，孰反之正？

恭惟先生，稟純粹之姿，受父師之傳，存心致知，爲下學之門，彝倫日用，爲躬行之田。默以識之而致謹於章句之細，早見大意而不輟於銖寸之積。孝順通於神明，精誠貫於金石。王道必本於謹獨，成己可至於成物。謙以爲柄而執德則弘，和以制外而惟義之質。

邇年以來，靜養加力，造詣愈精密而愈崇深，德性愈端嚴而愈厚博。如不勝衣，而壁立乎流俗；若無所事，而不放於晷刻。包涵渟滀，坦泰睟盎，篤學者正焉而得有所折衷，志道者考焉而不迷於向往，則其學問之正、工夫之密，可謂一洗而反於眞，先生一身，豈非關時運而係斯文也歟？

所可恨者，志業伊始，憂患驟至，痛哭五月，血脚千里，飄流海陸，躬操漿滫，抱負深寃，疾痛終身，言有不盡，行有不伸。有如豫章之材，受變於長養之辰，雖其造次問學，增益乎德慧，而外鑠摧濩，詎保無顚頓？如使先生終始處安順界中，得以大肆力於此事，則開廓詣極，又必大有異焉。先生雖未嘗有幾微怨尤見於辭色，而豈不爲志士之所歎息耶？

先生以晚玩齋先生源派之同，交道素摯。所以磨礱德業，非後輩所與議，其有義理未合，亦必十反不置，所言切實精悍，愈出愈確，又可見勉勉進學，得之深而信之篤焉。

宗洙弱冠侍教，倏忽二紀。事物之理、子集之旨、古今之變、節文之微、持身之義、酬世之幾，辨疑答問，各極其歸。至其見面而德氣薰炙，不言而志意灌注，使麤心浮氣消融而不復萌，所以心悅誠服而不能自住焉。

竊自念年大業疏，卒負初心，慨然寤歎庶補，而今往來兩地，萬一求益，而先生迺不少留，寧慟割之可抑？

先生之葬，同志齎哀，如愚情深，愧淺之知，德行之媺，惟善言者形之。文章之偉特，先生之餘事，言止於斯，尙鑑我意。

又

權炳

嗚呼！二五之漓，生材鮮完。

厥有精神，而醇於難。

猗歟先生！得自天賦。

早歲聞道，有的其趣。

淵源羅、李，蔡、胡家庭。

金精玉琢，鵠峙鸞停。

乘運而起，若將高揭。

如羽橫空，如刃發礪。

噫嘻！歲巳，風雨西江。

蓬首天門，血脚炎瀧。

仰喜髭髮，俯執醯滫。

朝暮相將，父子知己。

何辜于天？卒以柩歸。

敝廬猶在，飢食寒衣。

隱求初心，先民是程。

由淺入深，從粗達精。

性情之微，彝倫之常。

天德之要，王道之綱。

心灑身履，禮卑知崇。

動靜互資，表裏交融。

愈晦而章，愈虛而盈。

藹兮春溫，湛兮淵泓。

邇之無斁，遠之有望。

一身中和，百世師長。

餘事文藝，亦造其極。

雲行雨逝，各止其則。

猗嗟！陶翁，集成東魯。

授受既久，日趨魯莽。

高者廣蕩，陋則口耳。

比彼橫奔，孰峙其壘？

卓哉，先生！中行獨復。
一洗俗累，以待私淑。
維德有隣，在湖之湄。
寂寞還往，千載與期。
小子顓蒙，猥荷提奬。
面詔紙悉，耳開心爽。
雨溪春宵，泗水秋堂。
慇懃晤語，指我周行。
感激肺腑，誓毋愆忘。
廿載悠悠，卒墮茫茫。
所冀晩承，以自洗濯。
今焉已矣！吾誰於學？
山哀浦思，雨暗雲愁。
俛仰今古，我心悠悠。
單觶告哀，辭不克究。
如靈不昧，庶賜歆右。

又

柳長源

眞儒旣喪，知行未一。
口談性命，而遠其實。
躬行孝弟，見或魯莽。
猗歟先生！足目俱到。

入而事親，今世曾、閔；
出講師友，咀嚼洛、閩。
眞知實踐，裕古諧今。
斂而不有，君子之謙。
允矣，斯人！霽翁之胤。
承襲家庭，儼有繩準。
嗟！吾道窮，世禍薄天。
遂令先公，易簀海堧。
西山既逝，尙有仲默。
胡天靳筭，而又不淑？
蓋公稟質，豈弟溫良。
言不欲盡，行不必方。
恂恂兢兢，恒若畏惕。
其中實確，威不能懾。
風霜旣緊，志行愈篤。
憂慽其身，操履益卓。
一生用力，誠正之關。
尊信《朱書》，寤寐陶山。
遊戲翰墨，咳唾珠玉。
行高藝備，遹爲全德。
顧余無似，荷公提掇。
拈出微旨，書商面鷩。
或有一得，輒賜奬誘。
其或執迷，辨論不置。

是以愚陋，得有省發。
而未大受，愧我朽質。
公曾來訪，校勘《朱錄》。
同我弟兄，極意究索。
遺以一本，使之更商。
未及卒業，公遽云亡。
書猶在案，何忍再讀？
此道年來，賴有先覺。
南有大山，東有我公。
而和而唱，牖我昏蒙。
今忽失公，如屋摧宗。
哀彼芝谷，亦已北邙。
儒林喪氣，國人同悲。
況我隣居，倀倀無依！
惟有蘭翁，播芳空谷。
庶幾相勉，扶持一脈。
公或默誘，俾免尤悔。
悲深文喪，一飯五噫。
知德者希，孰識公貴？
從氏優學，嗣子趾美。
收拾遺文，無敢失墜。
兩世德業，庶傳來後。
沒而不朽，君子之終。
公庶無憾，永安玄宮。

又

三從弟江漢

嗚呼痛哉！江漢山樑之慟，歷廿年如一日，而先生今又至斯，吾復何以爲懷也？旣悼家學之失傳，復憐孤蹤之無托，此所以骨酸臆塞，愈久愈甚，而不自知此身之果生而存也。

嗚呼痛哉！精金美玉，先生之資稟也；氷壺秋月，先生之襟懷也；氷鯉雪筍，先生之誠孝也；孔旨、邵畫，先生之學問也；蠶絲牛毛，先生之義理也；繩行尺步，先生之踐履也；地負海涵，先生之蓄積也；陳馬風檣，先生之筆勢也。嗚呼！先生平生大致，略數之如此，此亦可謂模狀其萬一，而後之欲學先生者，或可推此而得其詳耶？

嗚呼痛哉！江漢天倫師生之義，已定於老先生無恙之日，而扶掖培植之恩，得於先生者居多，而講習之工，廢於疾病，持守之力，奪於喪禍，歲月蹉跎，老將及之矣。三霜草土，頑命雖保，而一門滄桑，殘蹤如寄，魂驚魄遁，舊喪新味，追念初心，惘然失圖。是何先生之愛我深厚，而江漢之負先生，一至此哉？自今至死，未知餘日幾何，而尚能收拾精神，料理舊業，庶收桑楡涓涯之效，則亦可以見先生於九原之中耶。

又

從弟道行

嗚呼痛哉！我公有聰明溫粹之資，有樂易慈良之德，有堅固刻厲之操，有精微博大之學。行誼可質神明，精誠可通金石，篤敬可行蠻貊，定力可蹈湯鑊。文章才具，足以賁餙王猷，康濟斯民，而乃遭罹孔艱，蓄而未發，壽命遽摧，鬱而莫白，何天之賦於公者，若是其厚，而命於公者，如彼之嗇也？

蓋公平生所遇，一如九峯先生，而物色之求訪，迪功之追褒，古有而今無。又其壽年不及五歲，未知氣數愈往而愈變，世道日下而日壓耶？千秋必復，理之常也，而吾生有涯，久視無術，言之至此，寧不痛哭？

儀刑歸土，德範永隔，遺文滿篋，徵信在此，而道行才下識淺，不足以收拾編次，以發揮潛德。芝公云亡，老成無可恃，始奮短命，後生無可托，深恐兩世微言至訓，堙而不闡，重爲冥途之悲憾，而吾黨之慨惜也。

九思之號，忍公之所嘗云，季兄之所親承，而今於祭公之文，乃鄭重而不敢稱，蓋以體平日謙謙之德也。然盛德不可無表，公議不至泯沒，倘或異日者，天神有相，編輯得成，則目之爲《九思堂先生集》可乎！

嗚呼！山樑一頹，何仰何托？滿腔悲懷，文不能泄。惟此微誠，可通冥漠，伏惟尊靈，庶幾來格。

又

甥姪李萬運

嗚呼！我舅氏純深之學、卓絶之行，蔚爲後生之榮焉。乃壽未滿六十，猝報痘棄承學，皓天不復，憂無疆也。天之於後死何如也？

嗚呼！父母我外王考王妣，子我舅氏，而其報無徵，小子疑之。意天之報也，不以其富厚逸樂，而以壽考吉祥也，夫其篤生之厚、錫類之豐，萃乎我外氏，而無報也，豈天乎？

小子往年至雨溪，旋觀舅氏之堂，左規右準，前經後史，執簡箚則畬之寶樹也，講圖書則芝谷叔之斷金也，其提挈前後之則士會兄與漸之爲藩屛也。爰及諸賢，老安幼懷，型之鍊之，模之範之，人莫不畏壘之也。謂我外氏庶其亨於道而通於天乎。孰謂降此大戾，奪之速而禍之酷也？不遺其實，又椓其秀，摧其樑木而柱楣桷杙，無不毁焉，外氏門戶，末之階矣。善也惟恐其不積，祿也惟恐不嗇，年也惟恐不促，慽也惟恐其不荐，而向之庶幾於天者，終以無望，小子，於是知天之不可徵也。

嗚呼！小子生後而識蔑，不及我舅氏盛年進修之日，曁乎晚德，尤何述焉？嘗聞人之稱舅氏之孝曰："事親若某者可也。"

丁巳之難，我舅氏囚首露立，夜不席、居不矪，霜暑不再衣，蔬糲不下咽，雖當路怨敵，猶曰："是足以致天旱矣。"

外王妣累歲疾患，便身之具、粥飮之進，雖深夜未嘗委諸人。家事之可以貽外王妣慮者，至童孺小奚，不敢以聞於側也。及下世，外氏諸人皆曰："延至今日，誠孝之力也。"我舅氏執親之喪也，啜粥不菜果，致哀慽竭誠信，迨年至不毁，而猶自盡不懈，視禮制過之也。

小子竊覸我舅氏立心行己之大端大法，人人可知而言之矣。惟矜於細而防於微，不貴灼然於爲人，而專務闇然之在我，養之衾影之間，察之屋漏之下，是其實行之難盡也。敬於人之所易慢，仁於人之所易暴，不以己之能而求人之所不能，不以己之安而恬人之所不安。善則揚之如不足，過則隱之如不及，是其實心之無往不孚，而德美之不可以言極者也。

若其得之於家庭、私淑於師友者，明有端的可據之緖，而我舅氏以高立標致爲恥，以聚徒挂牌爲戒，不索隱而爲異，不激詭而爲名，蓋慕之者未必能知其所造，而淺之者亦不敢不以爲今世之儒宗矣。若我舅氏假之以大耋胡考，道日益明，業日益崇，而人日益信，其必上之闡揚父師之淵源，以有辭於天下後世，下之倡率後學，不泯泯於一脈之傳，豈惟小子俟之？實斯世斯人之所詡也。若興之而卒廢之，天實爲之，謂之何哉？

小子愚不肖，安於暴棄。雖微舅甥之親，苟有志焉，日負笈於門牆，將不暇焉，況濫被眷遇，蒙一言之知奬，庶可以感激憤悱！而顧志業淺陋，無以仰承誘掖之萬一，且不能自拔於塵冗，不克叨陪源源以叩緖論。

如遺稿編摩、行錄修正，或繕寫而未就，或有意而旋止，是則舅氏蓋嘗有須於小子之執役，而小子之所欲與聞也。至先賢出處之義、世道汚隆之幾、義利公私之分、邪正淑慝之别，鄭重而未盡辨析者也。經史諸子劄疑，詩文奇正，儒術古今同異，天人性命之名義，亦屢承發端，更擬仰質而未及也。

我舅氏在世，如行之砥，如龜之卜，如喬山之鎭，如江河之浸，小子不虞失路之悲、衆難之塞，頹其高、涸其深，今焉一失依歸，萬事瓦裂，倀倀乎瞽之失相矣，漭漭乎中流之失維楫矣。小子於何質疑而辨惑乎？發蒙而昭昏乎？固陋而何所觀感乎？講究而何所適從乎？小子何爲而不早從我賢舅氏，習聞天下之義理，庶幾粗識其向方，而直爲此沒身之恨也？

嗚呼！疾未及扶持，喪未及憑殮勢也。承實而不克奔赴，襄窆而不克引紼，日月愈久，而不克趨哭於筵几之前，尙可諉之勢乎？諉之勢而不來，其肯曰"予有甥"乎？

嗚呼！月朔之夜，小子拜我舅氏如平日，舅氏謂小子曰"吾有可語汝"者，若將敎詔者累焉，小子旣覺而感泣不自勝也。豈我舅氏，猶不斷棄予小子，憫其愚昧，冀其牖迪，而丁寧眷顧於冥冥中耶？嗚呼！小子雖不肖，尙無負舅氏之眷顧矣乎。嗚呼痛哉！

輓詞

朴孫慶

歲暮殘心寸草萎，爲君猶待載陽期。
天如可訴無今日，道故終非哭我師。
篋裏文章元自闇，眼前階級本從卑。

何人按例延陵墓，題着西山一片碑？

又

李象靖

正爾儀吾黨，遽然失此公。
斯文永墜地，何處更趨風？
海內眞元盡，山南大運窮。
寢門無限痛，懷抱與誰同？

自是生資美，兼之學力優。
天球溫更栗，山竹括仍鏃。
實地躋分寸，眞源恣泝遊。
方看進未已，誰道便長休？

末路誰堪比？當求古史來。
頹淵黃叔度，詳穩呂東萊。
覿德驕盈失，聞風鄙吝灰。
不言民自信，悲怛哭輿臺。

合下門庭好，從遊又錦湄。
《箕疇》仲默在，衣鉢慧能歸。
戶閉緇帷闃，心長素髮垂。
一身多少負？萬事忽成非。

尊翁初際遇，文網忽橫罹。
涕淚金吾外，蒼黃海徼時。
艱危猶問學，覊泊盡懽怡。
度世靈均願，人生易短期。

《刊補》斯文事，丁寧詔後蒙。
猶多魚魯誤，誰辨校讎工？
對榻湖村靜，孤燈野寺空。
書完人已昨，撫卷若爲衷。

高才慚魯質，夙昔幸隨肩。
幾處同文會，多年荷意憐。
昭原聯步武，學海共洄沿。
歲晏心期在，回頭墮渺然。

今年何運氣，哭盡意中人？
芝谷仙魂遠，酉山墓草陳。
風流一時減，哀怨百年新。
迷路將誰與？悲涼撫此身。

又

李光靖

夫公古人徒，適來於今時。

羣陰方贔屭，陽煦忽地垂。
百卉爭暄姸，寒梅標格奇。
天理自體貼，淵流藉父師。
質行傾齊、魯，忠信可蠻夷。
溫溫見心肝，藹藹驗睫眉。
憶昨蒼黃日，能令吏卒咨。
歸來八年餘，不承妻子嬉。
波浪何時平？菽水聊悅怡。
惟將好資地，獨向簡編孜。
德高人自醉，身修命還畸。
平生獨苦心，後人知不知？
深谷歲婉晚，幽蘭空自萎。
昨歲南寺會，《刊補》辨所疑。
微音待折衷，妙旨謹差釐。
玆書垂完潔，人事遽全虧。
山南運氣歇，出門何所之？
錦緖孰料理，釁編誰述治？
無人問慟乎！和淚綴短辭。

又

金宗敬

少日師門許老成，因將詩禮繼家聲。
體勝一裌衣猶重，筋荷千斤擔尚輕。

憂患經來修省密，平常做去等梯明。
知今運氣嗟無奈，可惜遺音孰再賡？

又

權思浩

古聖書中律己人，溫溫氣味徹皮眞。
虛襟泂照陶淵月，正脈流傳錦水春。
平地武高追上蔡，長杠筆健逼先秦。
斯文百六丁今歲，暮雨輞川誰百身？

著者 **金樂行**

1708(肅宗34)~1766(英祖42). 조선 후기의 영남의 유학자로, 본관은 義城, 字는 艮夫, 號는 九思堂이다. 密菴 李栽를 師事하였고 性理學에 조예가 깊었으며, 大山 李象靖과 함께 嶺南 士林의 宗匠으로 推重받았다. 부친 霽山 金聖鐸이 濟州와 光陽에서 귀양살이 할 때에 10년 간 血誠으로 모시어 자식의 도리를 다하였고, 부친이 세상을 떠난 뒤에는 은거하여 학문에 전념하였다. 효행과 학문뿐 아니라 문장에도 뛰어나 密菴의 간찰과 함께 九祭密札이라 일컬어졌으며, 그 제문이 人口에 膾炙되기도 하였다. 저서로는 《九思堂集》이 있다.

校勘標點 **金英玉**

경북대학교 한문학과 박사과정을 수료하고, 경북대학교에 출강하며, 영남문화연구원 국역연수실 강좌에 강의를 하고 있다. 現在 韓國古典飜譯院 圈域別據點硏究所 慶北大學校 嶺南文化硏究院 先任硏究員으로 在職하고 있다. 역서로는 《落陰遺稿》공역, 《敬堂日記》(韓國國學振興院)공역, 《木齋集1》, 《九思堂集2》, 《九思堂集3》 공역 등이 있다.

圈域別據點硏究所協同飜譯事業
慶北大學校 嶺南文化硏究院 硏究陣

硏究責任者 **鄭炳浩**(慶北大學校 漢文學科 教授)
共同硏究員 **黃渭周**(慶北大學校 漢文學科 教授)
責任硏究員 **宋熹準**
先任硏究員 **金英玉**
硏究員 **金崇浩**
補助硏究員 **沈大用**

校勘標點
九思堂集

金樂行 著 | 金英玉 校點
初版 1刷 發行 2017年 12月 31日
編輯·發行 경북대학교출판부
登錄 1973년 10월 10일 ㉱97호
住所 대구시 북구 대학로 80
電話 053-950-6741~3 | 팩스 053-953-4692 | 이메일 press@knu.ac.kr

값 30,000원
ISBN 978-89-7180-472-8 94810